刘凤桥 程立 主编

吴小如纪念文集（续编）

时代出版传媒股份有限公司
安徽文艺出版社

图书在版编目（CIP）数据

吴小如纪念文集：续编 / 刘凤桥，程立主编.
合肥：安徽文艺出版社，2025.6. -- ISBN 978-7-5396-8129-0

Ⅰ．K825.46-53
中国国家版本馆 CIP 数据核字第 20245LB201 号

吴小如纪念文集（续编）
WU XIAORU JINIAN WENJI（XUBIAN）

出版人：姚　巍
责任编辑：胡　莉　　　　　　　　封面设计：熙宇文化

出版发行：安徽文艺出版社　　www.awpub.com
地　　址：合肥市翡翠路1118号　邮政编码：230071
营销部：(0551)63533889
印　　制：安徽新华印刷股份有限公司　(0551)65859551

开本：880×1230　1/32　印张：12.875　字数：330千字
版次：2025年6月第1版
印次：2025年6月第1次印刷
定价：98.00元(精装)

（如发现印装质量问题，影响阅读，请与出版社联系调换）

版权所有，侵权必究

吴小如

吴小如手稿"追忆俞平伯先生的治学作文之道"（部分）

吴小如题"仪庐"

目　录

（本书所收文章以作者姓氏拼音为序）

马的眼镜（代前言）　莫言 /001

怀念篇

致刘凤桥信札二通　陈延嘉 / 003

我与"莎斋"主人的过从　陈子善 / 006

"得意缘"：吴小如先生的一篇花笺题记　谷曙光／022

永夜月同孤——吴小如先生百年诞辰的"通人"之思　谷曙光／028

吴小如先生的几本书　顾农／042

读《吴小如戏曲文集全编》得句　莫言／045

重温《马的眼镜》　莫言／046

我认识的吴小如先生　齐冲天／047

初入莎斋　书同／049

镂月裁云句已多——小如先生著译品读记　书同／054

吴小如：泾川茂林是故乡　书同／059

吴小如为《书品》做广告　孙永庆／065

学者教授群里的"性情中人"——纪念吴小如先生　王景琳／067

"嫡系"陈熙中:想起先生,总有一种寂寞感觉　王勉／080

吴小如先生佚文一篇　夏河／090

吴小如先生联语小辑　夏河／093

古来贤圣皆寂寞　佚名／115

"草根学者"吴小如　袁良骏／129

莎翁琐忆　张辛／132

小如先生与戏　赵珩／137

吴小如:传统文化传承一瞥　周生华／145

书斋清芬　朱航满／149

研究篇

论吴小如的杜诗学研究　陈麦歧／154

进入经典的方式——评吴小如《古文精读举隅》　方麟／171

凿破鸿蒙自成家:写在《吴小如戏曲文集全编》出版时　谷曙光／176

在"旧学"与"新知"之间——中国书法学术史上的吴小如书法及其
　　书学观　陆霞／190

吴小如先生《孟子》研究述评　陆岩军／204

守矩・思辨・纳新——吴小如昆曲剧论阐微　马天恒／222

试述吴小如先生的骈文史观　沙红兵／238

吴晓铃与吴小如的戏曲研究方法　苏航／248

茂林风雅结硕果——吴玉如、吴小如父子书法探赜　唐元明／256

吴小如和马连良　肖复兴／274

论吴小如戏曲著述的注释工作　徐辰／279

漫说吴小如书学之"通"　杨简茹／292

读《吴小如录书斋联语》　袁津琥／298

针孔藏须弥 喷薄淳气洽——吴小如书法摭议　张青阳／312
吴小如的戏曲艺术实践与戏曲艺术研究　赵佳丽　李宁／321

附录

《吴小如纪念文集》出版座谈会发言　程立　整理／334
吴小如年表　张青阳 编／369

编后记／402

马的眼镜(代前言)

莫言

1984年解放军艺术学院创办文学系,徐怀中老师是首任主任,我是首届学员。我们是干部专修班,学制两年。怀中老师只担任了一年主任,便被调到总政文化部任职去了,但他确定的教学方针以及他为这届学员所做的一切,却让我们一直牢记在心。今年三月初,文学系邀请怀中老师去讲课,因老人家年近九秩,怕他太累,便让我与朱向前学兄陪讲。讲座上,我忆起北京大学吴小如先生给我们讲课的事,虽寥寥数语,但引发了怀中老师的很大感慨,于是,我就写下这篇文章,回忆往事,以防遗忘。

吴先生为我们讲课,应该是在1984年的冬季,前后讲了十几次。他穿着一件黑色呢大衣,戴一顶黑帽子,围一条很长的酱紫色的围巾。进教室后他脱下大衣解下围巾摘下帽子,露出头上凌乱的稀疏白发,目光扫过来,有点鹰隼的感觉。他目光炯炯,有两个明显的眼袋,声音洪亮,略有戏腔,一看就知道是讲台上的老将。因为找不到当年的听课笔记,不能准确罗列他讲过的内容。只记得他第一节课讲杜甫的《兵车行》。杜诗一千多首,他先讲《兵车行》,应该是有针对性的,因为我们是军队作家班。这首诗他自然是烂熟于胸,讲稿在桌,根本不动,竖行板书,行云流水——后来才知道他的书法也可称"家"的。他的课应该是非常精彩的,他为我们讲课显然也是十分用心的,但由于我们当时都发了疯似的摽劲儿写作,来听他讲课的人便日渐减少。最惨的一次,偌大的阶梯教室里,只有五个人。

这也太不像话了,好脾气的怀中主任也有些不高兴了。他召集开会,对我们提出了温和的批评并进行了苦口婆心的劝说。下一次吴先生的课,三十五名学员来了二十多位,怀中主任带着系里的参谋干事也坐在了台下。吴先生一进教室,炯炯的目光似乎有点湿,他说:"同学们,我并不是因为吃不上饭才来给你们讲课的!"这话说得很重,许多年后,徐怀中主任说:"听了吴先生的话,我真是感到无地自容!"吴先生的言外之意很多,其中自然有他原本并不想来给我们讲课,是徐怀中主任三顾茅庐才把他请来的意思。那一课大家都听得认真,老先生讲得自然也是情绪饱满,神采飞扬。记得在下课前他还特意说:我读过你们的小说,发现你们都把"寒"毛写成了"汗"毛,当然这不能说你们错,但这样写不规范。接下来他引经据典地讲了古典文学中此字都写作"寒",最后他说,我讲了这么多课,估计你很快就忘了,但这个"寒"字请你们记住。

现在回想起来,吴先生让我们永远记住这个"寒"字,是不是有什么弦外之音呢?是让我们知道他寒心了吗?还是让我们知道自己知识的浅薄?

其实,我从吴先生的课堂里,还是受益多多的。他给我们讲庄子的《秋水》和《马蹄》,我心中颇多合鸣,听着他绘声绘色的讲演,我的脑海中便浮现出故乡一望无际的荒原上野马奔驰的情景,还有河堤决口、秋水泛滥的情景。后来,我索性以《马蹄》为题写了一篇散文,以《秋水》为名写了一篇小说。《马蹄》发表在1985年的《解放军文艺》上,《秋水》发表在1985年的《莽原》上,这都是听了吴先生的课之后几个月的事儿。

这两篇作品对我来说都有非常重要的意义:《马蹄》表达了我的散文观,发表后颇受好评,还获得了当年的"解放军文艺"奖。《秋水》中,第一次出现了"高密东北乡"这个文学地理名称,从此,这个"高密东北乡"就成了我的专属文学领地。我在很长一段时间内都以为我是在《白狗秋千架》这篇小说中第一次写下了"高密东北乡"这几个字,在国内外都这样讲,后来,我大哥与高密的几位研究者纠正了我。《秋水》写了在一座被洪水围困的小土山上发生的故事,"我爷爷""我奶奶"这两个"高密东北乡"的重要人物出现了,土匪出现了,侠女也出现了,梦幻出现了,仇杀也出现了。应该说,《秋水》是"高密东北乡"的创世纪篇章,其重要意义不言自明。

吴先生讲庄子《秋水》篇那一课,就是只来了五个人的那一课。那天好像还下着雪——我愿意在我的回忆中有吴先生摘下帽子抽打身上的雪花的情景。我们的阶梯教室的门正对着长长的走廊,门是两扇关不严但声响很大的弹簧门。吴先生进来后,那门就在弹簧的作用下"咣当"一声关上了。我们的阶梯教室有一百多个座位,五个听课人分散开,确实很不好看。我记得阶梯教室南侧有门有窗,外面是很大一片空场。因为我坐在第七排最南边的座位上,侧面便可见到窗外的风景,那天下雪的印象多半由此而来。我记得我不好意思看吴先生的脸,同学们不来上课造成的尴尬却要我们几个来上课的承受,这有点不公平,但世界上的事情就是这样。有一次学校组织学员去郊区栽树,有两位同学躲在宿舍里想逃脱,被我揭发了,从此这两人再也没跟我说过一句话。毕业十几年后,有一次在街上碰见了某一位,我热情地上前打招呼,他却一歪头过去了,让我落了一个大大的没趣。由此我想到,揭发别人,是一件得罪人最狠的事,但不揭发,心里又恨得慌,这也算做人之难吧。

虽然只有五个人听讲,但吴先生那一课却讲得格外昂扬,好像他是赌着气讲。我当时也许想到了据说黑格尔讲第一课时,台下只有一个学生,他依然讲得慷慨激昂的事,而我们有五个人,吴先生应该满足了。

"秋水时至,百川灌河,泾流之大,两涘渚崖之间,不辨牛马。于是焉,河伯欣然自喜,以天下之美为尽在己……"先生朗声诵读,抑扬顿挫,双目烁烁,扫射着台下我们五个可怜虫,使我们感到自己就是目光短浅不可以语于海的井蛙、不可以语于冰的夏虫,而他就是虽万川归之而不盈、尾闾泄之而不虚,却自以为很渺小的北海。

讲完了课,先生给我们深深鞠了一躬,收拾好讲稿,穿戴好衣帽,走了。随着弹簧门"咣当"一声巨响,我感到这老先生既可敬又可怜,而我自己,则是又可悲又可耻。

因为当时我们手头都没有庄子的书,系里的干事便让我将《秋水》《马蹄》这两篇文章及注解刻蜡纸油印,给每人发一份。刻蜡纸时我故意将《马蹄》篇中"夫加之以衡扼,齐之以月题"中"月题"的注释刻成"马的眼镜",其意大概是想借此引逗同学发笑吧,或者也是借此发泄让我刻版油印的不满。我没想到吴先生还会去看这油印的材料,但他看了。他在下一课讲完时说:"'月题',是马辔头上状如月牙、遮挡在马额头上的佩饰,不是马的眼镜。"然后他又说——我感到他的目光盯着我——"给马戴上眼镜,真是天才!"——我感到脸上发烧,也有点无地自容了。

毕业十几年后,有一次在北大西门外遇到了吴先生,他似乎老了许多,但目光依然锐利。我说:"吴先生,我是军艺文学系毕业的莫言,我听过您的课。"

他说:"噢。"

我说:"我听您讲庄子的《秋水》《马蹄》,很受启发,写了一篇小说,题目叫《秋水》;写了一篇散文,题目叫《马蹄》。"

他说:"噢。"

我说:"我曾在刻蜡纸时,故意把'月题'解释成'马的眼镜',这事您还记得吗?"

此时,正有一少妇牵着一只小狗从旁边经过,那小狗身上穿着一件鲜艳的毛线衣。吴先生突然响亮地说:"狗穿毛衣寻常事,马戴眼镜又何妨?"

怀念篇

致刘凤桥信札二通

陈延嘉

凤桥先生：

您好！祝节日快乐！

上个月去北京得以相见，并承热情款待，十分高兴，谢谢！谢谢！

您寄来《学者吴小如》时，我比较忙，只看了一部分，今日读毕，有的文章还读了两遍。您与其他几个先生做了一件好事——大好事！我的两篇小文得以忝列，既荣幸，又惭愧。荣幸者，是因为有向吴老学习的机会，并结识了您；惭愧，是因为学习还不够，理解不深不全面，而妄作评论，实为自不量力。不过，用笔之心真诚，唯此可以自慰。

北大中文系对吴老不公平！这已有公论。近读孙绍振《北大中文系，让我把你摇醒》，深有同感。吴老不能留在中文系，这确是中文系的耻辱！此文占了一整版，是《学者吴小如》一书的一个反响，再次证明你们做了一件十分有意义的事。

全书都很好，有助于认识吴老的道德文章，以及在当代学术上的地位,特别是一再强调的吴老的"四曰"和"一则",具有治学的方法论的普遍的指导意义,与钱锺书倡导的循环阐释有异曲同工之妙,再加之众多的实际成果,极富启示意义。您的两篇文章进一步加深了我对吴老书法成就的认识,一读再读,语言文字也不错。

对《学者吴小如》一书除充分肯定外,有两点想法,求教于编者。

一、说吴老是"乾嘉学派的最后的守望者",或是乾嘉学派的"最后的鲁殿灵光",这是很高的评价。但窃以为尚不足以准确概括吴老的学术地位。乾嘉学派贡献巨大,但也有明显的弊病:烦琐无谓的考据,盲目的材料崇拜(钱锺书语),再加上偏重训诂,轻视全篇,故有"偏诂"之病。而吴老扬其长避其短,提出"四曰""一则"方法和原则,并以大量的实践贯彻之。故而吴老不仅仅是"守望者",也是"开拓者",是继往又开来的一代学术宗师。

二、高书文《"猪跑学"的弘扬与"守正"精神的操守》说:"作为一个见过'猪跑'的学者,作者以其深厚的学养,将《孟子》一书的内容娓娓道来……"把吴老作为"即使没吃过猪肉,也应见过猪跑"的学者,大误!吴老非仅"吃过猪肉",而且是"进乎技"即入乎道的庖丁。高先生对吴老的评价,心意虽佳,但闹了个笑话。

第一个想法在前天发给吴老的信中已说明,第二个想法未说。不知您意下如何?

顺颂

秋安

陈延嘉拜
2012.9.26

凤桥先生：

您好！2013年已来临，祝您一切顺利。

前曾去信谈及吴老与乾嘉学派的关系，不同意说吴老是乾嘉学派的"最后的守望者"的评价。近读先生惠赠吴老六部著作之一《莎斋闲览》，其中《〈沈玉成文存〉序》中有一段话，为我的看法提供了佐证。吴老说："这种方法（指北大传统学风的学者的治学方法），人或视为不过是继承了乾嘉朴学的老一套，其实它要比乾嘉朴学更具科学性。简单地说，即如果研究某一课题，首先必从历史文献资料入手，从广搜证据入手（包括主要证据及若干旁证），以当时的社会大背（景）为依据，逐步论证出自己所研究的课题的结果，并一再进行检验，看看这结果是否符合当时的客观现实。"又说："而这一统绪，特别是游老（国恩）本人的治学方法，同样也体现在玉成和我本人的身上。"这说明，吴老对此是有着明确的自觉的。其中"更具有科学性"六个字包含了对乾嘉学派的肯定和批评。吴老继承了乾嘉朴学的优长，克服了它的缺点，故不能以"守望者"概括之。不知先生意见如何？

敬颂

编安

陈延嘉

2013.1.2

作者单位：长春师范学院

我与"莎斋"主人的过从

陈子善

题目是套用"莎斋"主人吴小如先生的《我与常风先生的过从》,吴先生在文中说:"我虽未上过常老的课,却始终执弟子礼。"我对吴先生也是同样的心情。虽未上过吴先生的课,无缘忝列门墙,但无论从年龄还是阅历、从学问还是识见来说,吴先生都是我的长辈、我的老师,我对吴先生始终执弟子礼。

一

寒舍过道一面墙上,十多年来一直悬挂一件楷书横幅,内容如下:

向晚坐花阴,摊书成独吟。言情平伯细,讲义废名深。碧落空无际,昏鸦乱入林。俄看月东上,香意涤烦襟。

录六十年前习作,应子善先生属 甲申夏　小如诗幅末又钤"吴小如八十之后书"阳文印一方。"甲申"是2004年,也就是说,这幅大字是吴先生在2004年夏天为我所书的。我奉收后,喜出望外,立即去信申谢。吴先生在同年10月6日复我的信中,回顾了他写作旧诗的经历并说明为何要把此诗书赠予我,窃以为很有史料价值:

子善先生:

您好!

承寄下拙文复印件,多谢。此文已收入拙著《书廊信步》,请释念。

弟"文革"前所作旧诗,已于1965年凭第七感觉(或作第N感觉亦可)自行焚毁(约近千首),少数只靠记忆。如写赠先生者末句即与初稿不同矣。十一届三中全会之后又不免故态复萌,但亦未全留稿。最近从邵燕祥兄大著中见到他所藏的影印件,自己即未留稿。给先生写毛笔字,因考虑先生是治现代文学的,遂写了含有俞、冯两位老师名字的旧作,字写得不好,乞谅。匆复。

敬祝

秋安

弟小如顿首启上

十月六日

原来我当时斗胆向吴先生求字,吴先生考虑真是周到,特意选出颔联写俞平伯和冯文炳(废名)的这首五律书赠我。俞、冯既是吴先生的师长,又都是新文学的名家,而我"治现代文学",确实再贴切不过。查《莎斋诗剩》,此诗题为《无题》,应作于1945年春。吴先生自己说过,"我从1944年学作旧诗",而称此诗为"习作",恐怕不全是谦虚,吴先生自己还是甚为看重的。这有他1946年孟冬所作长文《废名的文章》之《附记一》为证:

> 去年春天在燕城小住,偶然写了一首五律,大抵正是读《谈新诗》的时候吧,里面曾提到废名先生的名字。又因为读平伯先生的文章,听平伯先生讲清真词,所以把这两位大师的名字对成一联,后来还抄给平伯先生看。当时颇有不获废名先生亲炙的遗憾。孰意不及两年,竟尔如愿,为幸何如!诗的三四句云:"言情平伯细,讲义废名深。"其工拙可以不论,所取者只是一点敬其事之心耳。

到了晚年,吴先生在《读书是求师的桥梁》一文中再次提到这首五律:

> 俞平伯先生,我是自1944年随高庆琳兄到北京私立中国大学听课(实际是"偷"听)时见到的。及1945年,我冒昧地给平伯先生写了封信,请他接纳我做学生,并附上一首拙作五言律诗(即以上所引者,此处省略——作者注)。平伯先生很快回了信,信上有"以鄙名与废名作隅,甚可喜"及说"废公那个'深'字很恰当"等语,我随即款门问业。当时平老对我感到满意的有三件事,一是我读过平老所有的著作,二是我这年轻人居然会写几句旧体诗,三是我曾为平老用二王体小楷写录了一通他的长诗新作《遥夜闺思引》。因此平老直截了当地收了我这个门人。

可见这首五律在吴先生的问学过程中还发挥过重要作用,难怪他一提再提。而我从此诗尤其"言情平伯细,讲义废名深"联所得者,正是前辈对后学的关爱之心。可惜我当时忘了再请教吴先生,此诗末句初稿的原句,而今永远无从知晓了。

二

我不是北大学生,怎么认识吴先生的?记忆已经相当模糊了。但有一点记得很清楚,我最早是在"停课闹革命"那个年代里读到吴先生的书的,那就是吴小如、高名凯合译的《巴尔扎克传》(司蒂芬·支魏格著,上海海燕书店1951年3月初版)。一本厚厚的大书,也是吴先生翻译的唯一的一本书,囫囵吞枣才读完,内容早忘却,传主、作者和译者的名字却都记住了。直到最近才知道,吴先生早在1943年即开始翻译英国毛姆的作品,1947年10月6日天津《民国日报·文艺》第97期就发表了他以"少若"为笔名翻译的毛姆的《负重的兽》。在译后"附记"中,吴先生把毛姆译作"茂姆",很有趣。

到了1975年,在上海师大中文系培训班求学时,我又读到了以北京大学中文系古代文学教研室名义出版的《先秦文学史参考资料》和《两汉文学史参考资料》。也是后来才知道,这两部大书是在游国恩先生主持下完成的,前者是吴先生注释,后者也主要是吴先生注释。两书一直在海内外广获好评,迄今仍是研究中国古典文学的必备书。但当时也未能认真学习,说得严格一点,只是知道而已。

拜见吴先生已是20世纪80年代中期的事了。当时吾友安迪兄调入上海文汇出版社,雄心勃勃,准备大干一场。受他鼓舞,我接连编选了知堂译《如梦记》、《叶灵凤随笔合集》(三卷本)、柳苏等著《你一定要看董桥》等书。初战告捷,我们又商议更大的编选出版《梁实秋文集》的计划,于是结伴赴京,专诚拜访梁实秋长女,洽谈此事。此事虽然后来功亏一篑,但我们在京期间还一起走访了不少文坛前辈,住在北大未名湖畔的就有金克木、张中行……吴先生也应是在这次走访中求见的。

那天下午,吴先生很欢迎我们这两位不速之客,看得出他愿意与后辈交流。具体谈了些什么,早已不复记忆。只记得吴先生问起我俩是否喜欢京剧,安兄怎么回答的我没记住,只记得自己老实承认对此一窍不通,只知道"两芳一天":梅兰芳、周信芳和盖叫天。吴先生宽容地笑笑,马上转换了话题。此后,我多次拜访吴先生,他再不对我提起这个话题。吴先生是公认的研究中国古典戏曲(主要是京剧)的大家,著述丰赡,"京剧迷"启功先生、黄裳先生对他都很佩服。失去了在戏曲方面向吴先生请益的机会,当然是我的莫大的损失,但这不也说明吴先生体谅我这样才疏学浅的后辈吗?

值得庆幸的是,我与吴先生之间还有许许多多共同的话题。吴先生的高足和友人,不是以研究古典文学著名,就是在戏曲艺术领域颇多建树,还有的擅长书法和书法理论,唯独在现代文学方面,与他来往、向他求教的并不多。然而,吴先生在新文学书评创作上可算40年代后期异军突起的一家,他在这方面的可贵贡献,只要读一读他的《旧时月色:吴小如早年书评集》(北京大学出版社2012年9月初版)就可明了,可至今无人认真研究。施蛰存先生曾自诩一生开了四扇窗,吴先生其实也开了好几扇窗。也因此,我大概算是在现代文学方面可与吴先生聊聊的少数几位小朋友之一,交往也慢慢多了起来。

三

记忆中,历次拜访吴先生时谈到过的,有他敬重的老师俞平伯和废名(吴先生有多篇忆两老文),有他在北大的老友夏济安及夏志清兄弟(吴先生有《师友怀想录·回忆夏济安》),有他研究黄遵宪的同道郑子瑜……而常风先生更是不时被提起。吴先生对常风先生"始终执弟子礼",虽然读到他写的《我与常风先生的过从》较晚,我仍为常先生与吴先生的忘年交所感动。80年代末,我与常先生取得联系,鱼雁不断。应我之请,常先生先后撰写了《忆知堂》和《忆叶公超》两篇长文。这事吴先生知道了,很称赞。我1997年春到太原开会,专诚拜访常先生,这是我唯一一次与常先生见面。吴先生得讯后在同年8月10日致我的信中也特别提到:"您到太原见了常老,弟已知道,是常老令爱来信告知的。"

常风先生在20世纪40年代出版了两本评论集——《弃余集》(北京新民印书馆1944年6月初版)和《窥天集》(上海正中书局1948年5月初版),都很值得重印。1995年10月,辽宁教育出版社出版了收入《弃余集》的常先生回忆和评论文集《逝水集》。于是,我向常先生建议,再印一本《窥天集》增订本,有幸得到常先生惠允。正好,吴先生和上海谢蔚明先生合作,为山西教育出版社编选一套"读书阅世丛书",也有意再为常先生出书,纳入《窥天集》也就顺理成章。于是,我编选的《窥天集》增订本得到了吴先生的细心指点和帮助。他1997年5月5日致我的信就是指示《窥天集》编选工作的:

子善先生:

您好!

惠寄常风先生文集复印件收到,真是多谢!承武汉蒋锡武先生把您所开示的其余三篇常老佚文找到,我按照您的分类并改了题目分别收入第二、三组"集外文"。还有一篇评巴金的《爱情三部曲》,也载于《武汉日报·现代文艺》,我已托常老的令爱常立同志去搜觅了。如能找到,则当在您的"编后记"中把篇目数字略作改动。据山教社合同,编辑费是每本书稿酬的十分之一,等出书后,只要出版社一支付,我就负责寄奉。拙著及交谢蔚明先生书容有便再带去。尊编《周作人》一书,拜领,谢谢! 匆祝

夏安!

小如

5月5日

我在复印件上又作了一些处理,尊作《编后记》中引契诃夫语,我擅自删掉,以免引起误会,想荷同意。又及

这封信几乎专门讨论《窥天集》增订本的编选。完全可以这样说,吴先生审定了我编的《窥天集》增订本,不但想方设法增补了我一时无法找到的集外文,还修改了我的《编后记》,删去了不适当的引文,并在回信中特别作了解释。我当然大为受教。

吴先生自己又专为《窥天集》写了序,不仅回顾了常先生评论、编辑和翻译并举的文学历程,交代了自己成为常先生"私淑弟子"的过程,还强调自己曾在书评写作上"亦步亦趋,力图成为常先生的追随者",并着重指出:"我把常老的大著重温了一遍,同时也拜读了子善先生鼎力搜集的常老的30篇集外文。尽管这是常老五六十年前的旧作,今天重读,却依然饶有新意。我认为,这是一本治现代文学史和关注半个多世纪前文坛现状的必读书。"评价是相当高的。

《窥天集》增订本1998年6月终于问世,吴先生又为我能否及时拿到编选费而费心。他在同年8月7日致我的信中说:"先生为常风先生编《窥天集》,编辑费在千元左右。弟已屡向出版社明确交代,此款径寄先生。但迄今为止,弟与谢蔚明先生的编辑费一直未

收到,因此甚不放心。不知已寄先生否?望先生示及。"还感慨地说:"弟编此套丛书,生了不少闷气,今后再不干了。"这套丛书也确实是吴先生所编的最后一套书。吴先生对后学的关心和周到,由此也可见一斑。

四

除了指点我编《窥天集》增订本,吴先生对我的现代文学辑佚工作也一直很关心,很支持。我在查阅20世纪40年代京津报纸副刊时,无意中发现吴先生不少文笔优美的书评,虽然是他的少作,却颇有见地,其中又以新文学书评最为突出。我都录下提供给吴先生,他大为高兴。这本是作为后学的我该做之事,他却一直记着,出书时一而再,再而三地提到我。

吴先生出版《今昔文存》(湖南人民出版社1998年1月初版)时,在《后记》中说:"关于书评旧作,本留有底稿或剪报。十年浩劫中都被席卷而空……多承华东师大陈子善先生代检旧报,录示篇目。"十个月后,他出版《心影萍踪》(上海教育出版社1998年11月初版)时,在《后记》中又说:"上海华东师大图书馆的陈子善先生是为我查找旧作提供线索的热心人,我更应向他致谢。"此外,他准备把旧作《谈小田岳夫著〈鲁迅传〉——纪念鲁迅十一周年作》一文收书时,也在文前特别加了一个《作者按》,开头就说:"几年以前,上海的陈子善先生到北京来查阅旧期刊报纸,发现了这篇拙文,并建议收进我当时正在编订的集子。"后来,因他考虑到此文中对《鲁迅传》译者范泉先生译文"删节"有所批评,故没能收进他的几本书中。范先生谢世后,他更不愿"把这篇旧作公之于世了",但又有"熟人"提出不同看法,主张文中提出的应让"中国读者全面了解日本作家对鲁迅的观点"的看法并未过时,最后还是决定"存真",收入了《旧时月色:吴小如早年书评集》。

尤其使我铭感不忘的是,拙著《发现的愉悦》(湖北人民出版社2004年2月初版)出版后,我寄了一本给吴先生请他指教。原以为他老人家随便翻翻即可,不料不到一周就接到他的电话(吴先生不但常写信,而且喜欢打电话。有年春节,我的拜年电话还未打去,他的电话却打来了,使我很难为情),首先自然是表扬了几句,然后就不客气地对《发现的愉悦》提出批评,哪一页哪个词使用不当,哪一页哪个字错了,听得我汗颜不已,只能怪自己才疏学浅又粗心大意。万没想到,不久之后,他又打电话告诉我,他已写了书评,将在中华书局的《书品》上刊出,这就是发表于《书品》2004年第四辑的《陈子善著〈发现的愉悦〉》,文中大大表扬了我一番,实在不好意思再在这里征引。但吴先生十七年前在此文中所说的两段话,拙见至今仍有普遍意义,仍给我们以启迪:

远在若干年前,我就认为不但"古籍"需要整理,"今籍"也需要整理,甚至整理今籍的难度还要大一些。我所谓的整理今籍,用陈子善先生的说法,即"在中国现当代文学研究领域里'从事'史料学研究"。当然,从事史料学研究也有不同的切入点。如果对史料进行诠释工作,那就用得着治文字训诂的一套学问,即前人所谓的"小学";如果要从事"辑佚"工作,那就需要掌握目录学、版本学和校勘学等方面的基本功。

平心而论,古籍虽多毕竟"有涯",而近现代人的著作和近百年来的报纸、杂志,虽不敢说"无涯",但从中爬梳剔抉出佚文、佚著来,至少难度不比整理古籍小。愿学术领域中能多出现几位像子善先生这样的有心人,为我们现当代文学领域多开垦出一些有价值的、有意义的新的土地。

五

说到吴先生的早期书评,自然不能不提他讨论张爱玲的两篇书评。两篇都署名"少若"。先写的《读〈流言〉(张爱玲著)》虽在吴先生生前就已收集,但一直不明出处。这次为写这篇回忆录,我在友人的帮助下,终于查明其发表于1945年11月19日天津《民国日报·文艺》第2期,离抗战胜利仅三个月多一点。《文艺》是吴先生的友人刘叶秋主编的,因此,自创刊号起,吴先生就源源不断地供稿。《读〈传奇〉》发表于1947年5月17日的天津《益世报·文学周刊》第41期,后来收入《心影萍踪》时,吴先生在文末加了个"附记",说:"副刊是沈从文师主编的,此文曾由从文师过目。时过半个世纪,似乎文中有些意见尚未过时。既侥幸找到旧稿,收入书中,也算'立此存照'吧。"从文中可以看出吴先生对此篇也是比较自得的。

确实,自张爱玲在上海《紫罗兰》1943年5月第2期开始连载小说《沉香屑·第一炉香》到抗战胜利,她在上海文坛大红大紫期间,对她的创作,有分量的像傅雷《论张爱玲的小说》这样的评论,并不多见,北方文坛只出过一本拼拼凑凑的《苏青与张爱玲》。因此,吴先生这两篇书评就显得难能可贵,它们不仅填补了北方评论界研读张爱玲的空白,在抗战胜利以后也是首次从学术层面对张爱玲的小说和散文创作的得失进行评估,真可谓空谷足音。我有一次拜访吴先生时说到这两篇书评,他只是谦虚地表示:我据自己阅读的真实感受说了几句真话而已(大意)。

正是基于吴先生在张爱玲研究史上举足轻重的地位,我在出版拙著《沉香谭屑:张爱玲生平和创作考释》一书时,就想到了求他老人家题写书名。吴先生尊人吴玉如先生是公认的大书法家,而吴先生自己的书法特别是楷书,风格温润儒雅,恬淡冲和,也属学人书法中的佼佼者。近代以来,父子均以书法得名,实属少见。所以,我斗胆去信向吴先生恳请。

有必要说明的是,出书请名家题签当时已成风尚,但我有自己的想法,绝不盲目攀附,一定要这位题签者与书中内容有所因缘和关联才好,或是此书作者的师友,或是此书作者的研究者,这样才有意思。我与王自立先生合编的第一本书《郁达夫忆鲁迅》,请胡愈之先生题签,因胡愈老是郁达夫流亡印尼苏门答腊时的患难之交,还写了《郁达夫的流亡与失踪》一书。编《回忆郁达夫》一书时,我又请叶圣陶先生和刘海粟先生题签,两位前辈都是郁的友人,刘与郁还过从甚密。请叶老题签是通过好友商金林兄,叶老年事已高,五个字写了几遍,选出较满意的五字剪贴而成,实在难得。原以为封面用叶老的字,扉页用刘老的字,一横一竖,珠联璧合,不料出版社弃用叶老的,封面扉页都用了刘老的,以至于我一直觉得愧对叶老和金林兄。编台静农晚年散文,请蔡清富先生向启功先生求得"台静农近作选"题签,因他俩不仅是多年老友,启功先生还说过不敢把自己的字给台先生看这样的话。不料书名改为《台静农散文集》,这条题签又不能用了,至今仍放在我的抽屉里。有了这两次请前辈题了签结果却无法使用的教训,我以后就不敢再请了。这次请吴先生题签是我鼓足了勇气的破例之举。

吴先生很快就把书名写好寄来了,而且特别周到,横竖都写了一条,供我选用。他在2007年5月13日致我的信中专门谈了这次题签和他自己的张爱玲观,窃以为也很有史料价值,照录如下:

子善先生著席:

顷奉来示,遵嘱写尊著书名两条,殊不惬意。

近时体力衰惫,力不从心,作字每不中规矩,幸先生宥之。谨寄奉,可用即用,姑作纪念耳。刘绪源兄主《笔会》编政,老友情面,故勉为小文以应。他处报刊皆谢不敏。弟初写张爱玲书评时,已是张失意之始。盖抗战一胜利,张即受歧视矣。自信当时亦二十许人,而眼力尚不差,故四五十年后,拙作书评尚未过时。此日舆论对张,始终毁誉参半,弟已不再置喙。目前文坛与学术界、教育界、艺术界皆是非颠倒,难说真话。先生对张能锲而不舍,已极难可贵。而自1945至1948年,以弟亲身经历,似犹以宽容兼顾态度为主流。沈从文师对张爱玲,并非正面赞誉者,而弟评《传奇》小文,即由从文先生亲自编发于《益世报》文学副刊。而弟于林庚先生八十整寿时,写小文刊诸《笔会》;至前年为林老出纪念文集,拙文竟被刊落,畏首畏尾,一至于此,夫复何言!为先生题书名,虽是友谊情深,同时亦是一种表态也。想先生能察之也。匆复。

敬祝

撰安!

弟小如　顿首启上
二〇〇七年五月十三日

吴先生此信,有历史回顾,有现实关照,有自信,有感慨,也有对后学的殷切期望,我当时读了就深受感动,此次重读,仍然很受感动。《沉香谭屑》出书时,我在《小引》中摘引了这封信,并表示:"之所以把小如先生为《沉香谭屑》题写书名的原委公开,一则这是一段可宝贵的文坛史料;二则可以借此证实'张学'研究史的曲折历程。

至于小如先生对后学的期许,我自当作为最大的鼓励和鞭策。"这个观点我至今不变。

谁知好事多磨,等到《沉香谭屑》问世,已是五年之后的事了。不过令人欣慰的是,此书有香港牛津大学出版社和上海书店出版社两个版本,吴先生的这两条题签都用上了,都是竖写印在封面,横写用在扉页,在我所有的著编中,这是唯一的一次。吴先生俊逸清朗的题签,不消说,使拙著大为增色。牛津版样书一到,我就第一时间寄奉吴先生。虽然姗姗来迟,他老人家仍很高兴,特地来电表示祝贺。

还有一件事不能不提。早在改革开放之初,吴先生在1980年6月21日致作家姚雪垠的信中就说:"您信上所提到的那些作家作品,我全都想到过,如包公毅(天笑)、张恨水、徐訏、张爱玲……当前在课堂上讲现代文学史的人似乎都未必见过。这样搞法,岂不是愈搞东西愈少,搞来搞去把人都搞成'文盲'了吗?"不满之情,溢于言表。吴先生当时思想多么开放,多么有眼光,说得多么好。吴先生这封论学的信现存我处,我会常常翻出来看看,鞭策一下自己。《沉香谭屑》出版以后,我虽还数次拜访吴先生,但我们未再涉及张爱玲这个话题。我知道吴先生对张爱玲的后期创作评价不高,他认为张爱玲"真正可以传世的还是《流言》和《传奇》,出国后的作品实有'才尽'之嫌"(《读张爱玲〈流言〉附记》)。我后来想,如果吴先生读到《小团圆》,会不会改变自己的看法呢?

六

与吴先生经常谈到的,还有一位现代文学史上的重量级人物,我不说,有的朋友也许也能猜到,那就是"五四"新文学代表之一的知堂。知堂是俞平伯的老师(俞居知堂四大弟子之首),俞平伯又是吴先生的老师,按辈分算,知堂应是吴先生的太老师了。而我编了不少关于知堂的书,吴先生首次见我就表示肯定,我前引吴先生来信中,也有他收到我所寄请他正编的《闲话周作人》一书的记载。所以,我们谈到知堂是再自然不过。

然而,我读吴先生的书,发现他写知堂很少很少。也许我读得不够仔细,只见到间接写到的两处。一是他在《追忆俞平伯先生的治学作文之道》中写道:

> 我以为先生(指俞平伯——作者注)做学问有三个特点。一曰"不苟同"。这不仅表现在对时贤或门弟子的观点见解不轻易随声附和,就连对先生夙所尊敬的老师——20年代初期的周作人,也持"吾爱吾师,吾尤爱真理"的严肃态度。如先生在1922年4月发表的与周作人论诗的公开信(见《诗》第一卷第四期)即是如此。这封信里凡有不同意周作人观点的地方,都一一进行了阐释驳辩。

显而易见,这段话旨在阐扬俞平伯做学问的"不苟同",只是举出俞平伯"论诗"时不同意其师观点为例。虽然这个例子很有说服力,毕竟主要不是讨论知堂。还有一处则是吴先生在回忆知堂另一大弟子,也是他的老师废名时,在《我和废名师的最后一面》中写到的一段:

> 废名师一生只服膺两个人,古人是孔子,今人是周作人。40年代周已入狱,废名师在报上写文章就公开称知堂老人为"圣人"。1949年新中国成立后,周作人被释放,回到北京。有

一次我去看废名师,先生写一便条嘱我去八道湾面见知堂老人,顺便取回一件东西(似是一本书或一篇文章)。这是我认识周作人的开始。记得要取的东西由周给了孙伏园先生,于是我又到伏园先生处取回才交给废名师的。当我见到周时,他知道我是俞平伯先生的学生,又听过废名师的课,便说:"废名人太真率,只怕要因我而受连累,甚至会吃亏的。"我只能唯唯而已。

吴先生这段话里有一个误记。知堂被释放不是"1949年新中国成立后",而是在新中国成立以前。但是这段话清楚地告诉我们,吴先生首次见知堂,是代废名去八道湾知堂寓所"取东西"。这次见面的具体时间,将来知堂50年代初的日记公开,自然水落石出。首次见面,知堂知道了吴先生是俞平伯和废名的学生,除了对废名的命运表示担心外,还对吴先生说了不少话。吴先生逝世后,上海《文汇报·笔会》的刘绪源兄追忆与吴先生的交往时,也写到某次访吴先生,吴先生向他透露:"他还说起知堂,说20世纪50年代初为俞平伯送一封信,曾到八道湾知堂家,知堂老人和他交谈了一会儿,其中有一句话印象最深,是告别时的轻声叮嘱:'苟全性命于盛世……'"这就产生了一个问题,吴先生首次见知堂,到底是代废名送一封信还是代俞平伯送一封信?前一个说法来自吴先生本人的文章,后一个说法是刘兄的回忆,哪一个说法成立?

世上也真有巧事。我最后一次拜见吴先生,竟也谈到了他首见知堂的情景。那天下午我先到北大出版社,办完事后就过天桥,进中关园,叩响了吴先生寓所的大门。吴先生人已很清瘦,右手也已不方便,但精神还不错。对我的突然出现,他有点意外,但很快一老一少就漫谈起来。不知怎么说到了知堂,我就问他为何未撰文忆知堂,他答得很明确:"不好写。"然后又说,"我现在告诉你我和知堂老人的几件事,没有对别人说过,我早决定不写了,你以后或可以写"。这几件事的第一件,就是他首次见知堂的经过,包括刘兄忆及的那句话,大意不错。我后来读到刘兄此文,才知吴先生已告诉过刘兄了,足以证明知堂这句话吴先生印象很深。至于请他送信的人是谁,我记得吴先生所说与他文章所述一致,是废名。惜刘兄也已谢世三载,无从再探讨求证了。

我告辞时,吴先生送了一本《吴小如讲孟子》(天津人民出版社2008年1月初版),这是他最后一次送书给我,但手已无法签名了。此后我再无机会见吴先生,他的学生彭国忠兄是我的同事,我每次见到彭兄,都要询问吴先生的近况,托彭兄代为请安,一直到吴先生逝世。

吴先生与我交往,在他那一方面,完全是遵守传统规矩。惠函必竖写,抬头必称"先生",信中提到我必空开一个字,落款必自称"弟"。这怎么可以呢?我去信"抗议"过,他仍我行我素,作为后学,我只好遵从。虽然我也知道他老人家称我"先生"而自称"弟",是他对比他年轻的我的谦称,他在《称"兄"道"弟"及其他》等文中也已说得很明白,但由此也可见吴先生的厚道,或者可以说他对我这样的后学的厚爱,我是衷心感铭的。

两年多前,刘凤桥、程立兄编《吴小如纪念文集》(安徽文艺出版社2021年5月初版),专诚向我约稿,我那时正忙于他事,竟无法报命,只以一篇短小的《吴小如佚简》塞责。这次写了这篇较长较全面的回忆与吴先生过从的文字,一方面补还刘、程两位的文债,更重要的是要表达我对吴先生的深深感激和由衷的纪念之情。

作者单位:华东师范大学

"得意缘"：吴小如先生的一篇花笺题记

谷曙光

近两三年来，我受出版社之邀，为先师吴小如先生编校《戏曲文集全编》，已离竣事不远。在此过程中，我总想找点新鲜玩意儿，新读者耳目，以免"炒冷饭"之讥。冬日晴暖，我乃于箧中翻检，竟找出十余年前先生赐下的一篇行书花笺题记，顿时眼前一亮，且勾起了我对往事的回忆。

那是2008年，我以并不便宜的价格，购得程继先、吴颂平（藏）校改的皮黄《得意缘》总讲。抄本以朱、墨两色分别书写剧中生旦的唱念"盖口"等，书眉还有一些场上要紧地方的提示，这是典型的"梨园抄本"，可算得一件难得的戏曲文物了。

《得意缘》这戏，通常分为《教镖》《说破》《恶钱》《下山》数折，是一出以小生和花旦为主的妙趣横生的轻喜剧。清代宫廷演剧的档案，已有演出《得意缘》的记录了，后来"四大名旦"之一的荀慧生增益首尾，演过所谓的全本。顾曲家黄裳的名作《旧戏新谈》里评价此剧："论情节，论编制，都可以说是上乘之作，紧凑而并不紧张，打情骂俏，都在情理之中，妙极。"可知喜爱。名伶合作的《得意缘》，甚至可以放在盛大义务戏的大轴,足见喜闻乐见。记得我读大学时,买到名伶荀慧生、叶盛兰、尚小云1957年元月义演《得意缘》的实况录音磁带,一时如获至宝,在很长一段时间内,荀、叶的《教镖》成为我晚上睡前用随身听消遣的"催眠曲"。小夫妻新婚燕尔,调风弄月,春情无限——我觉得,那是我听过的最精彩的旦角、小生念白戏了。

校改总讲的程继先、吴颂平是何许人也?请先从程继先说起。程的学生俞振飞、叶盛兰如雷贯耳,都是今天被称为大师的艺术家;而继先作为大师的老师,艺术水平如何,也就不言而喻了。继先出身于梨园名门,是京剧鼻祖程长庚之孙。内行都知道,他其实是晚清、民国成就最高的京朝派小生泰斗,雉尾戏、官生戏、穷生戏、武小生戏全都举重若轻,游刃有余。他实在是与杨小楼、余叔岩等在同一艺术层面、境界的杰出伶人;唯一的不足,是他的嗓子不济,演不了小生的重头唱功戏。

我之得知吴颂平的名字,也是在先师的文章里。颂老出自天津巨商世家,乃早年津门四大买办之一吴调卿之长公子,曾赴美学习军事,民国时一度任山西教育厅厅长。以他的出身,自然有钱有闲"玩儿票",他居然曾向"同光十三绝"之一的徐小香请教过,而且与晚徐一辈的王楞仙、程继先等名伶都有过从,辈分甚高。他曾在先师的推荐下,以八十余岁的高龄在中国唱片社灌制唱片,这又是多么难得的戏曲音响文献!惜乎因时代原因,未能流传下来,徒令人怀想。

有了文字上的印象和对《得意缘》的喜爱,当我看到颂老收藏并与程继先共同校改的剧本总讲时,就必欲得之了。我购藏后,先后拿给刘曾复先生和莎斋师看,两位老人都翻阅多时,摩挲良久,说是难得之物。

刘先生谈到,程继先的这个本子,当是最权威的"准词",这要在过去,是所有唱小生的演员梦寐以求的"好宝贝"。虽然还未到秘不示人的程度,但证以抄本上的印章申明"恕不借,但可抄录",足见珍稀宝贵。

莎斋师在书房里,对我侃侃而谈:"《得意缘》里有不少雅俗共赏的典故,高水平的演员演来,颇令人解颐。此戏是皮黄戏里难得的好本子,台词本色,关目精巧,当出自通晓场上而又功力湛深的文墨人之手。"他又历数看过的程继先、姜妙香、金仲仁、叶盛兰、顾珏荪诸名家的《得意缘》,这其中,自以程继先演得最精彩、最有"范儿"。我听得心驰神往,如闻开天遗事,插话道:"听过两份叶盛兰演《得意缘》的实况录音,一与荀慧生、尚小云,另一与言慧珠、雪艳琴,皆为名家名作。"莎斋师问我:"更喜欢哪一种?"我答曰:"当然是叶与荀,功力匹敌,'对啃'精彩绝伦;而叶与言在一起,叶似乎把言给'欺'下去了。"先师频频点头,说道:"你所见不差。盛兰此戏是得程继先真传的,荀慧生虽然贵为四大名旦,大盛兰十余岁,但两人演来铢两悉称,荀并没有压倒叶。至于言大小姐,则根本不是对手。50年代中期,言北上与盛兰短期合作,演此戏前,言亲自到盛兰府上请教,可见郑重和礼貌。这是盛兰亲口对我说的。"我接过话头:"这出戏的生旦对白着实精彩,描摹新婚燕尔的恩爱小夫妻情态,极有俏头,真个是风情旖旎。小夫妻俩还以四书典故调侃,逸趣丛生,可并不让人觉得酸腐。特别是小生动辄以韵白和京白穿插着揶揄,非常有特色,令人忍俊不禁。我最爱听的念白戏就是《得意缘》和《连升店》了。都说年轻人不爱看京戏,戏曲久已式微,但我觉得《得意缘》这出戏,刻画小夫妻打情骂俏,如演给今天的年轻人看,也一定喜欢的!"吴先生叹了口气道:"戏,是一出好戏,但今天还有何人会演?就是演,也演不出叶、荀那种严丝合缝的艺术效果了。能演的人没了;勉强演,也不见精彩,这才是戏曲最大的危机!"我无语,也跟着叹息。

吴颂平在总讲上有毛笔题记,但字迹潦草,于是吴先生带着我一起辨识,中有句云:"此剧本系程继先兄所赠之旧本,经余与继先两次删改,余与继先演时均用此本。"吴先生大感兴味,说道:"这是真正的名伶秘本,过去难得一见的。说不定俞振飞、叶盛兰都借抄过的!"

关于《得意缘》一剧,吴先生其实是有研究的,他早在1990年就撰有《〈恶饯〉〈得意缘〉与〈江湖奇侠传〉》,谈此剧的渊源和改编。而吴颂平藏的总讲上也有一段话:"《得意缘》戏剧系从小说《谐铎》中'恶饯'一段所编,后人排演之,以《得意缘》命名。"吴先生表示,颂老的话是有见地的。小说、戏曲的关系向来密切,题材上相互借鉴、生发,更是习见常有的。

我特别感兴趣的,是吴颂平是否真的向小生鼻祖徐小香请教过。因为徐在京昆史上是如同神一般存在的人物,可惜关于他的史料太少了,"文献不足征"。我发现,总讲首页有一行小字"中华民国十四年,公元一九二五,岁次乙丑,颂平四十四",就兴奋地指给吴先生看。先师点头说:"这句话很重要。"我接着道:"这说明颂老生于1882年。关于徐小香,据说晚年从北京回到故乡苏州,乡居二三十年,直到民国初才故去的。由此言之,颂老是完全有可能见过徐小香的,或许是专程到南方拜见的,也未可知。"吴先生颔首,同意我的分析,并回忆起早年与颂老谈话的印象。附带着,吴先生还忆及老一辈的名票,如韩慎先、顾赞臣、章晓珊、王庚生、张伯驹等,这些都是极有本领的顾曲名家,先师或请教,或屡观演剧,而今都风流云散矣!谈往忆旧,吴先生不免"感时抚事增惋伤",那感慨,真与杜甫《观公孙大娘弟子舞剑器行》的喟叹别无二致。

我看吴先生谈兴甚浓,遂向他提出:有无兴趣撰一毛笔题记?

那时先师每日清晨临池不辍,我屡见之。但我仓促提议,也无把握。谁知先师一口答应,毫无推托,并顺手从架上拿了几页极漂亮的花笺纸,漫道:"这是友人新送的,就拿这个写吧,比白宣纸漂亮,你看如何?"我自然大喜过望。

吴先生办事是急性子,第二天一早,就打来电话,说题记已就,让我便时去取。我放下电话,即刻出发,兴冲冲地"二进中关园",师生再谈《得意缘》。当看到先师写满了三张的花笺行书时,我真是如花照眼明,其乐何如哉!先师写文章是有名的快手,这数百字的题记,对他而言,不过是"小菜一碟"。题记文字固然清通可诵,而花笺行书亦是难得佳构。我端详着笺纸上笔走龙蛇,如行云流水,就知先师是笔不停辍,文不加点,倚马七纸。因叹老辈功力,实不可及。

先师的书法,本是家学渊源,太老师玉如公乃近现代书法大家;而先师的行楷,萧疏简远,超逸绝伦,无一点尘俗之气,可谓学人逸品。细味之,如对高士,如沐春风,颇有"掬水月在手,弄花香满衣"(于良史《春山夜月》)之妙。

此题记藏于鄙箧中已逾十年,今检出,对笺怀师,更移录文字,附于文末:

> 门人谷竞恒君于冷摊以高价购得吴颂平先生旧藏全部《得意缘》总讲,乃程继先演出定本,虽已残破,实属珍贵戏曲文献。颂平先生原籍婺源,久居津门,乃巨商世家(昔称汇丰吴家)。颂平先生行一,其五弟名焕之,有子二人,曰敬印、敬勋,与仆1938年在津工商附中同班同学,故于吴氏家族知之略详。颂平嗜京剧,能曩小生。据云曾求教于徐小香、王楞仙;然与程继先相过从,并得程之真传,则确有其事。当时津门票界习小生者,吴氏资历最老,其次则西医潘经苏,即话剧演员卫禹平之父,专

宗姜派。稍晚更有袁青云,亦姜派信徒,且得姜亲传。此数人者,仆皆获亲聆其清唱,而袁则更能登台,且广收弟子,凡入其门者,皆改名排以云字,如坤净齐啸云,即袁弟子之一也。上世纪六十年代初,中国唱片社经仆建议,邀颂平先生录制《叫关》唱片,仆曾于内部聆其原始录音,由郭仲霖先生操琴,周子厚司鼓,惜毁于十年浩劫,乃成绝响。至《得意缘》之小生,仆平生所见,有程继先、姜妙香、金仲仁、叶盛兰及顾珏荪诸家,皆各擅胜场。今谷君所得之本,大抵与叶盛兰演出本相近,盛兰本程氏弟子,自属源流相符合也。谷君以此手抄本见示,并嘱题数语,爰就所知,拉杂述之如上。

戊子雨水节
小如病中漫识

这也算是先师的一篇短小精悍的佚文了,其中之津门梨园掌故、伶界师承关系、吴颂平家族事迹,颇有可传者。我现在披露出来,备述颠末,也算未辜负先师撰文的一片苦心。总之,此事可谓一段"殊胜因缘",盖此总讲乃名剧《得意缘》,而我有缘得之;后又夤缘得到先师的行书花笺题记,更算是一番别样的"得意缘"了。因记原委、述掌故、录佚文,并以"得意缘"名文,以志师生之风雅情意云。

辛丑新春

作者单位:中国人民大学

永夜月同孤
——吴小如先生百年诞辰的"通人"之思
谷曙光

百年歌自苦

日居月诸,春秋代序,今年是先师吴小如先生的百岁诞辰。于情于理,都不能不作一文,以抒缅怀之忱。陶渊明诗云"去去百年外,身名同翳如"(《和刘柴桑》),杜甫诗云"百年歌自苦,未见有知音"(《南征》),味之皆有不尽感慨。记得先生在九十寿辰前,与我闲谈说:

> 现在人的寿命长了,学者七十、八十甚至九十,都可庆祝或纪念。大约百年是"学者之大限",亲故弟子们最后再热闹一番,算是谢幕,过则多被遗忘矣。若百年后著作仍流传,且有人怀念的,才算是"立住了",庶不负学者之名。

今日思之,先生立得稳如磐石。请看,2020年末出版的《吴小如戏曲文集全编》(山东文艺出版社)和今年新出的《吴小如文集》(中国书籍出版社),都是大部头套书,成本甚高,并非出于单位、家人或学生的筹谋、奔走,而是出版社的主动策划作为。不亏本或可谓学术出版之"王道",足见先生的著作常出常印、常读常新,这不正是"桃李不言,下自成蹊"吗?我又注意到,学者的纪念活动,多是高校、研究机构举办,往往由官方或师门组织,但纪念小如师并不是这样。在社会上,总有一批爱之者、追随者,默默地在给先生做一些事。尤其是每年5月,先生忌日的前后几天,网上都会出现怀念他的文章,或新作,或重发,这不是偶然。虽然先生去世七八年矣,但大家还是发自内心地怀念。

"不合时宜"的通人

俗语说"盖棺论定",其实也不尽然。小如师之于当代学林的价值和意义,仍在不断发掘和认识中。清代龚自珍有两句诗"从来才大人,面目不专一"(《题王子梅盗诗图》),我觉得用在先生身上特别合适,便在不同场合多次谈及。定庵的诗,原意指才高力雄的诗人,长于多种风格,不止一副笔墨。后则可指文备众体、书擅众体。再进一步,亦可指文人学者素养深厚,乃擅长多门学问之通人。中国传统学术向来强调贯通,文史哲不分,重兼通博洽之才。在龚自珍所处的清代,自是不缺通人、通才,乾嘉朴学家,甚至包括晚清、民国的诸多大家、名家,都是这种"才大"且"面目不专一"的通人。可是,在1949年之后,尤其近四十年来,老一辈的通人一个个离去,新一代的通人却稀如星凤,几乎绝迹。一个有意味的现象是,宽博的通人、通才,在当代学林反不易被认可,甚至是有些"吃亏"的。为什么会形成这种转变呢?钱穆《现代中国学术论衡》序言云:"民国以来,中国学术界分门别类,务为专家,与中国传统通人通儒之学大相违异。……此其影响将来学术之发展实大。"其《学术与心术》又有针对性地批评:"各据一隅,道术已裂。细碎相逐,乃至互不相通。"这是说学术大势的分合走向,不以人的意志为转移。近代西学东渐,大学分科细密,学术研究的趋势确是越来越精细化,学人乃互为畛域,不能打通。其实,学术转关的背后,隐藏着社会、经济等方面的巨变,崇尚工具理性、推广专业化分工、重商重利,都是当代风尚。刘梦溪《中国现代学术要略》论及传统学术的现代转变,亦指出"五四"以来,专门之学兴,通才之学衰,于是专家大行其道,而通人则日渐"落伍"矣。平心而论,小如师就属于这种"不合时宜"的通人。先生的"才大"且"面目不专一",突出表现在小学(指传统文字、训诂之学)、文学、史学、戏曲、笺注学、诗词创作、散文、碑帖书法等多个领域,可谓四通八达、贯通淹博,具雅人之深致。具体到其主业文学,则是古代与现代打通,诗词、散文、小说、戏曲四大文体皆有精诣。因此,说先生"面目不专一",实际却又体现为多面之统一,通观性的议论与细密化的考证,先生皆优为之,殊为难得。面对崇尚专门之学的学术风会,先生博学如此,驾驭那么宽的范围,一方面是非常罕有,另一方面,客观讲就有些不为时重了。记得一位颇有成就的当代学者,一生只聚焦一二古人、一两部古书,钻研得非常精深。这符合现时潮流。他对我表示:

吴先生才高八斗,天赋极佳,只是其学未免"太杂",深入不够,不合当下的学术潮流,也不易被体制内的学术圈子所看重认可……

言下流露出惋惜之意。类似"面广而不深"的评价,足以说明先生游离于当代主流的学术评价系统之外,是个有点尴尬的边缘人。其实,先生生前也曾自谦是"杂家"。一个"杂"字,似乎就带上了负面的意味。请问,何谓杂家?先秦诸子中就有杂家,吕思勉言:"惟杂家虽专精少逊,而闳览无方,……此后世所谓通学者之先驱也。"(《先秦学术概论》)此言得之。学术之杂有两种:若如杂草丛生、稊麦交错,则是杂乱无章,应当去芜存菁;倘是三头八臂、门门精要,呈神通广大之相,则不妨大力提倡。小如师所说的杂家,实是谦辞,不要以为他真的是杂而无归、泛泛而论,不是的;相反,先生是殚见洽闻,是多能兼擅,是堂庑特大!先生著书,最重传统的札记,理念则是订讹传信,如无一得之见,绝不轻易动笔。他早期的一部书,名曰《读人所常见书日札》(中华书局1958年版),如隐去署名,说是清儒著述,谁曰不信?书名细节就能看出先生治学的路数了。更重要的是,读人所常见书,却能发人所未发。在此基础上,他后来又推出最重要的代表作《读书丛札》(北京大学出版社1987年版,另有香港版),只要翻一下目录,即知文史贯通、干货满满,贯彻的是先生提出的"治文学宜略通小学"的宗旨。从《诗经》《左传》《论语》《礼记》的经子札记,到古乐府、杜甫诗、白居易诗、王安石诗、稼轩词等诗词札记,再到《史记》、韩文札记,又另立专门的词语、字义札记,贯通群籍,篇名则用臆札、琐札、散札、丛札、订补、摭遗、笺证等,学风之淳朴、考证之精确、辞章之省净,堪称乾嘉朴学之后劲。学术不能与时代无涉。先生出入于新旧之间,既是综贯的通人,能"上下其议论"。也可做精密的考据家,于细微处见功力。1949年之后,相当长的时间里,政治气候肃杀,谈义理容易出问题,故先生乃有意转入文献考据与文字训诂,稍稍远离现实。窃以为,此《读书丛札》等大量札记面世之背景,似未有人揭橥。时移世异,今治中国文学史,重断代的专门研究,而专题性、理论性著作兴,最讲条理系统。"预此潮流"之当代学人,动辄宏大叙事,论著在体系性、完整性上用功,下笔不休。先生对此,是不以为然的,更不愿屈己降志以跟风。多年前,我曾幼稚且鲁莽地规劝先生,也作"有条理系统"之著作,先生则"期期以为不可"：

> 以一人之力，难以做到周赡密匝、面面俱到，总有学识短板，我不想在自家著作中因袭照搬，以为己说。越是"有条理系统"的书，越危险，"注水"的可能越大……

"丈夫自有冲天志，不向如来行处行"，盖先生雅不愿做综述家、抄撮家也。我想，学者如若在某一方面一枝独秀，达到小如师的成就，已很可欣慰了；先生的学问则是浑融一体而又花开多面，不能不说是把义理、考据、辞章打通了的综贯之学。恰恰因为当世的通人少了，先生亦不愿趋时应世，于是矫矫不群而落落寡合，甚至"反遭俗眼白"！此中阃奥，只可与智者道，难与俗人言也。

通人式微：当代文化学术界的隐忧

当然，通人与专家是相对而言的。就学者个人言，通与专、博与精，也要看个人的禀赋和才华。故潘光旦言："大凡才能较高的人，学力所及，往往可以求通，也可以求专，其对于通的企求，大抵不在对于专的企求之下，且往往超出专的企求之上。"（《工与中国文化》）像钱锺书、饶宗颐这样的大才，自然是求通的。钱先生谈自家的学术路径："求打通，以中国文学与外国文学打通，以中国诗文词曲与小说打通。"（《致郑朝宗信》）其实，"钱学"又何止于文学之通？如钱锺书之才大，学贯中西，令名早达。相比钱先生，小如师是晚辈了，且贯通的领域，已较钱先生为窄。但比起一些同辈学人，小如师的学问还是宽博许多；对比学生辈的学者，先生则愈显气象开阔。从大趋势看，20世纪以来，学者"通"的程度，是每况愈下的。专业分割治丝益棼,治学格局屋下架屋。故先生每每慨叹,治中国文学史,如铁路警察各管一段,愈趋细碎。一个颇有意味的现象是,20世纪一二十年代与三四十年代出生的学人,治学路数判然有别,似乎1930年前后就是一个巨大的鸿沟。由此观之,民国时求学,在学术上拥有贯通气象的学人,先生差不多是最后一代了,虽不为时重,但今日反思,却越发显得可贵,令人兴才难之叹。《老子》云:"古之善为士者,微妙玄通,深不可识。"通人的作育,也是有一定规律的。晚清以来的通人、通才,多出于世代书香人家。先生之"通",固然有才大的缘由,但也离不开家学渊源。太老师玉如公对先生的影响,至为深刻,濡染陶冶,非一日之功,遂令先生有传统文人之博雅,而无偏枯狭隘之时弊,能优游于传统文化的各个门类而从容不迫。玉如公一生述而不作,相当长的时间内知者无多。我近年研读《吴玉如诗文辑存》,才悟玉如、小如父子之学术,真如向歆、羲献之传家学,故出蓝而胜蓝,是事出有因的。先生转益多师,但细究起来,对周作人、俞平伯、沈从文、废名四家著作浸淫最深,又追随俞平老最久,这就奠定了先生一生治学作文的家法路径。文化最讲传承,通人常不止一代才能养成,且须投名师、求深造,这确是涵养化育杰出人才的规律。现时耆宿凋零,"老顽童"黄永玉是当代极少的通人了。他曾戏谑:"教授满街走,大师多如狗!"试问当代文化学术界缺什么样的人?先说不缺的吧。窃以为,当代最不缺的,就是专家。而最缺的,恰是通人,是能自由行走于各学术文艺门类的通才。由此言之,通人不是一般意义上的专家,他们的魅力,在于打通与激活,能弥纶群言,可精研一理,具大家气象。君不见,当代文化学术界,门户日益森严,论著堆砌芜辞,体制内的专家动辄被民间讥为"砖家",而真正的博学鸿儒、文化昆仑,几乎绝迹。这不能不令人忧心忡忡。汉代王充言:"博览古今者为通人。"(《论衡》)通人博洽周流,他们的存在,代表着一种高贵的文化精神,对于保持和显示一个时代的文化高度,至为重要。陈寅恪有一名论:"华夏民族之文化,历数千载之演进,造极于赵宋之世。"(《邓广铭〈宋史职官志考证〉序》)宋文化之所以登峰造极,在于孕育了一批最杰出的俊彦翘楚,即欧阳修、王安石、苏轼、黄庭坚、陆游、辛弃疾等通人。若无欧、王、苏、黄、陆、辛,宋代文化的殿堂将失去顶梁之砥柱,塌却半边天!从这个意义上说,今天通人式微,或许意味着中华文化的复兴还有很长的路要走。缺乏巨匠、大师的时代,何以称雄?

一家之言:成就最高的是戏曲

章学诚《文史通义》有"横通"一节,特指道听途说、根底鄙陋之流,乃贬义。后袁行霈据以发挥作《横通与纵通》,喻治学之道,对理解"通"很有启发。袁文谓学术既有横向的贯通,也有纵向的打通。我想再追加一点——旁通,即触类旁通。小如师以经、史、文、艺互为表里,将古、今、中、外牢笼胸襟,阅读、研究、写作面之宽广,在同时代学人中罕有其匹,可谓格局大、心气高、志趣广,真正做到了横通、纵通与旁通。不过,能博通者,亦有其专精所在。我个人有一不成熟的看法,认为在诸多领域中,戏曲是先生成就最高的方面。或许一些朋友不赞同我的观点,愿略陈固陋。我思及,十余年前小如师教我杜诗的时候,回忆俞平伯先生早年给他们上杜诗课,第一首一定要讲杜甫的《登兖州城楼》。这是什么缘故呢?诗是杜甫年轻时写的,俞先生说未必有多么好,也不算精彩绝伦,远远赶不上后来的《登高》《登岳阳楼》等杰作。但《登兖州城楼》有它独特的地方,即四平八稳、周周正正。那么年轻的诗人,居然就作出了别人到中年才能写出的"完熟"作品,太难得了!所以俞先生认为杜甫比其他诗人早熟了二十年,在刚出道时就达到了别人中年的水平。而这,正是杜甫的不可及处。我印象深刻,并由此联想,小如师在戏曲方面也颇有"早熟""早慧"的味道。先生三岁时就开始摆弄老唱片,十岁到北京来读书,下课常跑到戏院看戏,遍观名伶佳剧。至于访师学唱,更是题中应有之义。十六七岁上,又跟着张醉丐老先生学写老气横秋的剧评。差不多到了二十出头的年纪,当时(20世纪40年代前期)的报刊上,已经推许他是"名剧评家"了。很多人以为少若(先生笔名)是老先生,结果一见之下,才发觉那么年轻,只二十啷当岁。到1949年之后,像裘盛戎、李少春这些名角儿见到先生,也都惊叹于他年纪轻轻就作了那样老辣的谈戏文章。举个例子,1943年,京剧老生大家余叔岩去世,先生写了一组文章《谈小余的戏》。要知道余叔岩是和梅兰芳、杨小楼齐名的"三大贤",地位相当崇高。先生实际是后辈,但他居然就少年老成地大谈"小余的戏"(按,小余是和老谭对称的,因余叔岩是谭鑫培弟子,看过老谭的老顾曲家,动辄小余、小余地叫,一则摆老资格,二来也显亲切),给人的感觉,好像他是个晚清遗老一样。套句戏词,许多人都被弱冠之年的先生"蒙了去了"。为编《吴小如戏曲文集全编》,我搜集到的先生在1949年以前的剧评达二百余篇,既反映出他剧评的早期面貌,也可从中看出一个青年剧评家所能达到的成就。程砚秋最拿手的代表作《锁麟囊》,1940年上海首演,先生1941年于天津得观,极兴奋,马上就写了文章。我们今天来看,完全没有过时,真如新发于硎,清新无比。请看评价最著名的程派"神曲"——春秋亭避雨唱腔的部分:

> 二六一段,"春"字、"破"字,都咬得极真切。"想必是新婚渡鹊桥","鹊"字行腔碎而不散,断而不离,气口极严,却又极脆。后面转快板,比《玉堂春》要难得多,尤以愈唱愈紧,愈唱愈

响,为常人所不能及。垛处极硬,但极不突兀;停处甚急,却极不迫促。"耳听得悲声惨心中如捣"一段,还似云遮斜月,直至"休要噪,且站了"的一垛,闪板抢板,天衣无缝。以后则急风骤雨,倜傥绸缪,珠走玉盘无其润,冰心玉壶无其静,似速实稳,似刚实和,"我正不足他正少……"四句,忽如雨檐霰窗,淅沥婆娑,其态万变,几如欧阳子作《秋声赋》时矣。快板收时,纯以气驭,最是动人。(《程砚秋聆后记》)

一个十九岁的少年,品味程腔,文笔之老到、鉴赏之颖悟、遣词之谙练,真不愧时人称之为"名剧评家"。这初试啼声即迥异凡响的情状,恰如前面所说的老杜作诗,一出手就是旁人到中年也未必能达到的高妙境地。英雄出少年,令人叹服!

光有天赋、兴趣还不够,再深长思之,何以先生治戏曲的成就高?所谓"割鸡焉用牛刀",先生实是以清人朴学方法研治花部戏曲,已突破旧戏曲研究的藩篱,而树立了新范式,实属奠基性工作。先生连读张伯驹《红毹纪梦诗注》后所作之《随笔》,都是清人学术札记的路数,笃实谨严。当然,说先生在戏曲上的成就高,并不意味着他在其他领域的成就低。研究《诗经》《孟子》也罢,杜诗、韩文、辛词也罢,字义、训诂也罢,前辈讲的人实在太多了,历史的银河里,前人的成绩已经灿若星云。先生虽有兴趣,亦有心得,却只是在前人基础上"接着讲",是谓"述中有作",而非有开创之功。但就研究戏曲而言,先生是用清儒朴学、考据学的功夫,做下里巴人的戏曲研究,特别是用在花部戏曲上,故是当之无愧的开风气的学人。譬如,讲到戏曲演出史、戏曲文献、戏曲评论、京剧流派、富连成科班、老唱片等的研究,先生都可谓筚路蓝缕、以启山林的。不妨再从学术史的角度观察。治学有先后,成就有大小,各领域的学人,有开山者、承继者、拾遗补阙者、后出转精者、集大成者。每个时代的学人,在不同的学术领域,所占的地位、所起的作用错综复杂、各不相同。陈寅恪谈治学,有著名的"预流"之说。在某一领域的研究中,如能恰好处于奠基或大发展时期,掌握新材料,率先"占据要津",无疑是关键的,日后在学术史上也就顺理成章地占了优势地位。但这,往往不以学人的意志为转移,很多时候是时也,运也,势也。王国维算是争议最少的民国国学大师,以甲骨学研究最享盛名,他就身逢学术史的重要机缘,又得罗振玉之提点,乃得以"预流"。启功是当代最被公认的国学大师,书名之盛,无与伦比,其中亦有时代的缘故,"文革"后老辈凋零,启先生实是"老来红"。有人一生呕心沥血、梦寐以求,未必能执学林之牛耳;有人不争不求、顺其自然,卒能大成,地位显要。连类取譬,说小如师的戏曲研究当居魁首,既有自家兴趣的因缘——他用力甚勤、创获颇丰,更是在综合考虑了学问发展和学术史演进的基础上做出的判断,有着充分的逻辑依据。

通人的不可及处:拈花微笑,涅槃妙心

通人的奔逸绝尘、不可企及,在于融会贯通,在于不期然而然、水到渠成。早在1947年,先生就对新旧与贯通有了深刻理解:"支离破碎是古来考据家旧病,隔靴搔痒则是近来洋状元新病。笼统言之是古来时文圣手旧病,矫揉造作则是近来天才批评家新病。……欲救其弊而疗其疾,必得读书破万卷。愈读得通乃愈见其方案之灵也。"(《读俞平伯先生〈读词偶得〉〔重印本〕》)可知小如师是通达之人,既不厚古,也不崇洋,对古今中西治学之弊都有清醒的评判,于如何"贯通"一途,早就成竹在胸了。"读书破万卷,下笔如有神"(杜甫《奉赠韦左丞丈二十二韵》),乃治学颠扑不破之要义,又岂有

任何捷径？韩愈《答李翊书》之名言"根之茂者其实遂,膏之沃者其光晔",亦可供隅反。小如师真正做到了手不释卷,"造次必于是,颠沛必于是",直到人生的最后一天——2014年5月11日,九十二岁的老人仍倚南窗、审容膝,偎靠在沙发上展读。阅读构成他最主要的日常生活史,深入骨髓矣。在此基础上,才谈得到博观而约取、厚积而薄发。我想举先生的书法为例,略谈一二。当代学人能临池作书者越来越少了,而先生的书法卓荦超伦,书卷气极浓,当得起书法家之誉。然而,先生之书,只是他作为通人的一个次要方面,属于锦上添花、如虎添翼。更重要的是,他的书法是"文火细烟、小鼎长泉"才成就的,这极耐人寻味。据我所知,玉如公早年对先生的毛笔字并无多少信心,反而认为另一位公子同宾的书法天赋,是过于先生的。先生自谦:"信笔涂鸦六十年,痴儿难与父争先。"可是,出乎玉如公的意料,先生之书,却大成于晚年。特别是耄耋之后,先生之书进入霞思云想、白石清泉般的艺术境地,实出人意表。何以垂老而能有大成?是否违背艺术规律?我思及王蘧常论沈曾植之书:"师之书法,雄奇万变,实由读破万卷而来。所以予先论师之学问,然后再及于书,后之学先生书者,其在斯乎?"(《忆沈寐叟师》)此段话可称探骊得珠,小如师之书法,何尝不是从读书阅世、万卷学问中来?杜诗有名句"庾信文章老更成,凌云健笔意纵横"(《戏为六绝句》其一),而先生之书,亦是"老更成"者。盖先生非有意为书家,只因其学问博洽通达,乃能弘毅致远,而其书法则如释子悟道,在"日用而不知"的晚年,忽豁然贯通,遂妙心涅槃、卓然成家。先生在书法上的经历和成就,对今天"专力"做书家、画家、作家、诗人的"名一艺者",不值得深思吗?一言以蔽之,"汝果欲学诗,工夫在诗外"(陆游《示子通》)。然则,一个"通"字,何其奥妙!

再有一点,依我看,小如师影响力之大,已经溢出了学术界,而进入公共文化领域。他是有着相当社会知名度的学者,这对治古典的学人而言,是很不容易实现的。先生名气大,是因为他个性鲜明、文章漂亮、观点犀利,容易被人记住。先生有一张照片,流传甚广:以百衲本"二十四史"书柜为背景,但见双眉愁皱,二目圆睁,几如火眼狻猊,欲作狮子吼。学者中有此神采者,实不多见。我理解,先生有棱角、有傲气,很鲜活,并不是那种循规蹈矩、不露锋芒的人。他不会像某些学者那样"藏锋",把自己的个性刻意包裹,而不以真面目示人。先生是性情中人,传统文人傲岸耿介的一面,在他身上也有所体现,于是就更富有人格魅力了。当师友学生处于困顿之中时,他愿意亲近、扶助;如若做官了,发达了,得意了,他反而刻意疏远。先生自家戏言,就是个"别扭人"。这"拗相公"的一面,突出表现为性格峻急易怒,令先生开罪人甚多,遂大半生坎坷。另一方面,坦率而锋芒毕露,却也让先生收获了更多社会大众的关注。性格即命运,信非虚言。先生生前不止一次表示,写他的众多文章中,沈玉成的《我所了解的吴小如先生》写得最恳切,最得他心意。就是因为沈文没有一味捧,而是有褒有贬,写出了鲜活、立体、丰满、可感的先生来。有人指出,当代学者中,"有趣"的人越来越少了,无趣乏味似乎成为学者的标签。但通人不是这样,不但笔锋好,而且谈锋健。小如师的课堂,向来"叫座儿",授课效果"无出其右者"(吴组缃语),"从《诗经》一直到梁启超,能全部贯通讲授"(沈玉成语),故而学问贯通又对其讲学的纵横上下大有裨益。日常生活中,如跟先生聊天,很容易被他感染,而觉兴味盎然,这是因为他博闻强记,能与各领域的聊天者裕如周旋,"八面受敌",而示人以妙思睿见,令人不倦。其实,如金克木等学林通人,皆有此大本领。

从来才大人，面目不专一

小如师骨子里还是属于古典形态的学者，其学如八臂哪吒，又如天女散花，考证功夫既绵密，妙解新义又层出，故深具通人气象。当代治学每侈言"跨学科"，而先生天然是此道中人。回顾先生一生学术，青年时英敏特出，笔挟风霜，以剧评家、文评家面目示人；中年与时俯仰，又逃入考据，权且"小隐"，钩沉阐微，屡有发明；晚年则持朴学之法治戏曲，多树新义，又借考据家的素养作学者散文，以灼见说论为后学指示门径，有文化普及之功。不必讳言，以先生之天赋，其学术未能达最理想的境地，殊为遗憾。其中，有时代、社会等外缘背景，也有家事、性格等内缘因素。遗憾，自是人生的常态。我只说一端。先生的笺注学功力湛深，从《先秦文学史参考资料》《两汉文学史参考资料》二书看，简洁精赅，足资考镜，嘉惠几代学人。可惜的是，先生一生竟未挑选一大名家之别集，为之笺疏，岂非憾事？话又说回来，先生那一辈学人，饱受风刀霜剑之苦，有遗憾者又何止先生一人！时至今日，兼擅多能的文化通人已成"濒危物种"矣！相应地，小如师在当代文坛学林，犹如一株幽芳孤寂的梅花，是一种"片云天共远，永夜月同孤"（杜甫《江汉》）般的另类存在。文脉虽久窒，知音仍不绝如缕。由通趋向专，固然是这一百多年的学术大势；但新世纪以来，反向的由专转向通也是客观存在的，不能不说是一种补救或反拨效应。我所在的中国人民大学国学院，冯其庸先生是创院院长，他也是当代少有的"才大"而"面目不专一"的通人。冯先生的办学理念可概括为"大国学""新国学"，一望即知，是强调综贯、打通的，力求把本国传统文化与西域历史语言文化的研习结合起来，博涉中土与异域，贯通传统之学与域外汉学，可谓陈义甚高、取法乎上。不夸张地说,敝院在当代传承中华优秀传统文化上颇具特色。我尝思,欲培养博通之学生,必先有融贯之教师。"素履之往,独行愿也",小如师等前辈大家的治学理念和通达法相,我虽不能至,却愿悬诸座右,寝馈以之。小如师"翩然被发下大荒"(苏轼句)久矣,我夜梦常思之。宋人黄庭坚《阻水戏呈几复二首》其二云:"月明遥夜见秋高,桂影依稀数兔豪。散发行歌野田上,一樽可慰百年劳。"今以一樽美酒为奠,遥寄对先生百年的缅想驰念。不过,这美酒,是洋酒,而非中国酒。不妨透露个小秘密,先生非好酒者,但晚年偶尔也会小饮,可他呷的,却是顶级白兰地。出人意料乎?研治中国文化的通人却喜饮洋酒,这也算是有趣的掌故吧。江海奔腾,百年一瞬;心香一瓣,虔心默祷。临风怀想小如师,更为中国文化呼唤通人!

吴小如先生的几本书

顾农

本师吴小如先生于 5 月 11 日傍晚去世,享年九十有二。我第二天听到消息,不禁黯然久之。师辈逐渐凋零,此事无可奈何。

吴老师著作甚多,总有二三十本吧,我先后买到过若干,他也曾送过我几本,也只有一半左右。因为藏书分散而且书架凌乱,一时不容易找齐,兹即以现在手头数本作一简单介绍,以为纪念。

《读书丛札》,北京大学出版社 1987 年版,凡 600 页。

这是吴老师关于《诗经》《左传》《论语》《礼记》《史记》及乐府诗、杜甫诗、白居易诗、韩愈文、王安石诗等方面的研究札记,大抵从很具体的问题甚至个别字句入手,解决一些难点的疑义。吴老师在后记中说:"近年来为自己写文章订了两条守则:一是没有自己的一得之见决不下笔……二是抱着实事求是的态度,决不人云亦云,稗贩前人旧说,更不偷懒用第二手材料。"这实在是从事学术研究的基本原则,可惜现在已经不大讲究了。

《书廊信步》,辽宁教育出版社 1995 年版,"书趣文丛"第二辑之一,凡 267 页。

"书趣文丛"中各书作者多为文化界名人,曾经很有影响。吴老师此书分为三辑:"书评、序文及其他""师友怀想录""现身说法"。最后一辑多谈他的治学经验,值得细读。

《今昔文存》,湖南人民出版社1998年版,"书海浮槎文丛"之一,凡318页。

本书录入吴老师青年时代的一批旧作,是那时的当代文学评论,在20世纪40年代的文坛上据说颇有影响,却是我过去没有读过甚至根本不知道的。新作中多有批评当下学风、订正讹误的。吴老师在这方面写过大量文章,以致被称为"学术警察",颇遭一些人的嫉恨。吴老师容不得错误的东西流行,措辞往往不留情面。现在学术水平有低落之势,莫名其妙的所谓"成果"甚多,同缺少这样的"警察"有关。写这种批评文章往往吃力不讨好,有时甚至惹些麻烦。吴老师当然不怕他们,但占用了他不少时间,有时又觉得其实有点可惜。

《心影萍踪》,上海教育出版社1998年版,"学人文丛"之一,凡276页。

分"心影留痕""心声存档""萍踪志感"三辑,以最后一辑为最好看,这里谈他在国内各地和德国游览讲学时的见闻。吴老师这方面的文章比较少,写出来也仍然是一派学者风味。此书是吴老师寄赠的,有硬笔写的题字,未用印。

《吴小如手录宋词》(二百首),天津古籍出版社2009年版,凡217页。

吴老师书法水平极高,却从不以此卖钱,也不参加什么展览。到晚年,有若干他的粉丝竭力劝他多留下一些墨宝,于是就集中力量写了一批。这一本书扉页有吴老师的题字,作"赠　顾农兄　小如　己丑中伏",后有两方很小的印,上面圆的是阳文"吴",下面方的是阴文"小如"。吴老师赠书给老学生一概称之为"兄",开始很不习惯,后来也只好听他了。

吴小如老师过九十大寿时,北大出版社出过一本纪念文集《学者吴小如》(2012年),我为此书写了一篇《听吴小如老师讲课》,其中主要写他对我的教诲和帮助,也提到他写过一篇批评我的文章以及我的感想。他那篇文章先发表在《文史知识》上,后收入《含英咀华——吴小如古典文学丛札》(北京大学出版社2012年版)一书。其时老先生身体已经很不好,根本不能走出房门,这书他没有寄给我。

作者单位:扬州大学

读《吴小如戏曲文集全编》得句
莫言

三龄听戏辨皮黄,
月旦春秋只眼光。
笔墨诗文多古意,
登台不让压当行。

辛丑入伏

重温《马的眼镜》

莫言

近日得读吴小如先生高足谷曙光教授编注的《吴小如戏曲文集全编》,真知灼见,启我心智,丽辞隽句,悦我耳目,不由得记起三十多年前听先生讲课的情景。本欲将旧作《马的眼镜》附于本期墨讯再请读者指教,但因涉及首发报刊权益,故只能摘录片段就教读者。吴先生为军艺文学系讲课事,在文集第三册《谈戏信札》中亦有涉及。

吾从吴先生的课中获益甚多,《马的眼镜》一文中有详尽描述,感兴趣的朋友可搜读之。文题来自我的一个小小的恶作剧,以及吴先生在北大西门外脱口而出的两句诗:"狗穿毛衣寻常事,马戴眼镜又何妨"。

我认识的吴小如先生

齐冲天

从年龄上讲，我仅比吴先生小八岁，但我在北大读本科和研究生时，吴先生已经在讲师的职位上教授副教授乃至教授的课程，同时还承担了指导研究生的工作。我的专业是语言学，虽然并未听过吴先生的课，但他仍然是我的师辈。

吴先生三十五岁时任讲师已经五年。他先是做浦江清先生的助手，那时浦先生就让他上讲台讲授宋元明清文学史。1957年浦先生离世后，时任副校长江隆基曾当面嘱咐他："浦先生的课就偏劳你了！"后来他又辅助吴组缃先生。那时吴小如先生就讲授这段文学史中的明清小说部分，其他部分就由吴组缃先生讲授。在北大中文系，能够以讲师身份辅导研究生论文的，当时也只有吴小如先生。所以20世纪80年代初，做了二十八年讲师的吴小如先生，直接由林庚、吴组缃教授推荐为教授。

中文系严家炎和中央文史研究馆馆员杨天石都曾表示：吴小如为北大中文系学生编著的《先秦文学史参考资料》是最好的。杨天石先生后来还与吴先生等人合作进行《近代诗选》编选注解工作。

杨先生谈到，自己长期解决不了，其他教授也解决不了的问题，最后都被吴小如解决了。所以他认为，吴小如是一位长期被忽视、长期被埋没的明珠。

20世纪70年代，我写了《书法论》一书，提出了一些观点，想请书法世家出身的吴先生指导并提意见。魏建功先生就推荐我与吴先生交往。早就了解吴先生的书法，而他父亲吴玉如的书法更有功力。从那时开始，我常去吴先生家拜访请教。他从来是知无不言，言无不尽，有时没有把握，便如实相告："等我查查书再答复。"吴先生是位宽厚坦诚、学识丰厚的导师，除了请教书法等学术问题，我也感受到了吴先生的才华深厚，以及他对多病体弱的妻子无微不至的关怀、照顾。

吴小如先生是教授，却说自己是教书匠。沈玉成曾告诉我，吴先生说过，"如果说我有什么嗜好，我唯一的嗜好就是讲课"。他是戏曲内行，却说自己"玩票"。他自幼酷爱京剧，早在青少年时期即开始撰写剧评，并曾上台演出。他的书法才能更是了得，他并不多说。赠予我的墨迹很值得欣赏，我一直珍藏着。别人告诉我，吴先生的儿子吴煜曾说："在近三十年时间里，父亲除了讲课、写书、做家务、听戏，还通临字帖460本以上。其中有一些字帖他是反复临写的。"根据临帖的记录，在吴先生八十岁以后，有的年份他甚至临写了20到30本帖。吴煜评价父亲的字：八十岁以后笔力不减，精神更长，越写越好，尤其是楷书和行书写出了自己的面貌。

吴小如先生曾经说："我不是书法家，我只是一个教书匠。"交流中他曾与我谈及，得在书法史上起一定的作用，才能堪称书法家。

作者单位：郑州大学

初入莎斋

书同

2004年4月9日上午,我第一次走入小如先生的门庭。先生接电话开门,颤巍巍的身子骨,头发全白,面色红润,立在楼道里迎候。此情此景,让我久久难忘。

四月的北京,风沙压境,柳絮翻飞,从温度上已不太感觉到南北地区的差异。我4月8日由合肥乘火车抵北京,忙完别的事务后,9日一大早,便和同行的叶老师赶去燕园,在著名的"一塌糊涂(一塔湖图)"附近转了转,然后按约定时间,于当日上午9时许,来到成府路上的北大中关园,循着楼号门牌,找到了43号楼306室小如先生府上。

对于这第一次的拜访,我抱着十分虔敬而忐忑的心情,从2月14日起,就先后多次电话联系。小如先生屡以房子小、老伴身体不好等为由相却,最后碍于"家乡人"的情面,迫不得已地答应了我的请求。由见面的情况看,这一次拜访,的确有几分冒昧和莽撞。所幸都被小如先生原谅了。

小如先生住的房子是所谓三居室,面积不过六七十平方米,水泥地面,看样子有些年头了(后来得知是20世纪80年代初建造的)。一进门左手边,是书房兼会客室,因为面积太小,书太多,墙的四围都被书籍占领了,人在里面直可称"坐拥书城"。书房有个小阳台,靠阳台的窗口,放着一张不大的书桌,是小如先生每天写字作文的地方。抵书橱放着四把小靠椅,两两相对。小如先生把我们引进书房,叫我与他坐东边两把,叶老师坐西边。

落座后小如先生说:"前两年周一良先生来,坐的就是我这位置,我就坐您现在这位置。"

我接不上话题,便说:"呵呵,凭我的学力,可无法和您晤面交谈啊。"

"可是,您打老远来,我若不见,那不成了'拒人于千里之外'了?"说罢一笑。这一笑,使我的忐忑之心一下子平缓了许多。

大概为了给谈话确定一个主题,或一个恰当的层次,小如先生问我读过他的什么书。这一问可把我问得难堪了。虽说事先在网上做了一点功课,对小如先生生平事迹也多少了解一些,但家中只有一本安徽教育出版社出的《当代学者自选文库——吴小如卷》,且并没有读完,这对一个学富五车的名教授,实在有些不敬。见我为难,小如先生又问:"您喜欢我哪本书?"我说很想读那本关于富连成戏班的书。其实也不过是随口那么一说,因为读过吴祖光的文章,知道些北京戏院的掌故。他说:"这么说,您也没看过《吴小如戏曲文录》。"说着起身到书堆里翻,一边翻一边说,"手边能找到的几本,都给您看看。"我见他翻出了《吴小如戏曲文录》《常谈一束》《今昔文存》《心影萍踪》《霞绮随笔》共五本。他拿着《霞绮随笔》说:"这是最新出的一本。"又将五本书摞在一起,说,"这都是秀才人情。但愿不是速朽的东西。"

在约定拜访的时候,我请小如先生就宣纸与中国文化谈一谈。

他说,到时就玉如公的书法艺术聊一聊。显然,他觉得宣纸与中国文化的题目太大。其实,由于我对书法艺术一窍不通,关于吴玉如先生书法艺术的话题,也根本无法展开。

略略介绍了玉如公生平后,小如先生说:"家严一生寝馈二王,兼临诸家,但从不自诩为书法家。"又说,"受家庭熏陶,我从小开始学写毛笔字,而且是中规中矩地练习。中间因故停了二十年,但四十岁后,受到一个学生的启发,重拾毛笔,坚持了下来,每天都写一两个小时。"又说,写字需多读书,不读书则无书卷气,无书卷气,则墨猪蚓行。

见我似懂非懂,小如先生就转而谈读书,说:"我总结一生的经验,觉得读书就是六个字:多读、熟读、细读。所谓多读,就我所从事的古典文学来说,总要把经、史、子、集这四大部类古籍中最有代表性的著作翻读一些。就我个人而言,虽然近现代、当代文学不是我的研究范围,外国文学也不是我的研究范围,但从30年代上中学起,直到今天,只要有时间,我总是见缝插针,有系统、无系统地读一些。"

正谈着,叶老师在对面拍起照来。因为房子空间太小,照相机的咔嚓声不绝于耳。小如先生停下话题,不耐烦地说:"您别老在那咔嚓咔嚓,没法说话。"这一个不耐烦,不仅叫叶老师尴尬至极,也使我无地自容——事先可没跟他说要拍什么照片啊。

停止拍摄,小如先生接着谈"熟读"。他说:"那当然是相对的。所谓'凡操千曲而后晓声,观千剑而后识器'。"

又说到"细读"。"所谓'细'就是反复钻研,既要博采众长,又要独立思考。"他说,"熟和细都是水磨功夫,不宜急于求成。"

谈话间,又有两三个电话打进来。有个电话好像是约小如先生做一个访谈节目。小如先生说没时间,给她推荐了一位老师。说着说着,小如先生竟然在电话里发火了。放下电话,他生气地说:"您瞧,竟有这样的主持人,邀请人家一个大学教授去访谈,竟问人家会不会说普通话!您说像话吗?"又说,"我才不爱参加什么访谈节目!"

稍微平息了一下,又谈做学问。他说:"我晚年论学教书,每以'传信、订讹'为己任。传信,就是把真的、有用的东西传下去,一代一代薪火相传,不使中断;订讹,就是考订求证,纠正谬误,不使谬种流传,贻害后人。""可是,传己之信易,传人之信难;订人之讹易,订己之讹难。""做学问的门径,不外点、线、面。举例说:一个人读书,开始读《唐诗三百首》或者《古文观止》,这算是'面';通读之后,根据兴趣所在,确定某些'点',如李白或杜甫;然后再读李白全集或杜甫全集,考察他们是受谁的影响,又影响了谁,这是'线'。"

我静静地听着,但一开口就说了错话。我说:"真遗憾,读您的书太少。我在网上查阅您的著作,感觉领域很宽,仿佛'杂家'。"

"杂家这个词是贬义词。"小如先生立即正色道。

我又赶紧认错似的说:"您对读书和做学问的总结,成一家之言,很让我受教。"小如先生听了,似乎也不太高兴。

第一次见小如先生,他的表情和说话的语调,令我感到严厉,正如一个鲁钝的小学生初见老师的样子。

但小如先生的温和也是极容易感觉到的。他说起"文革"期间到江西鲤鱼洲劳动,挑水插秧,每担几十斤,又不会换肩,后来右肩就被弄坏了,左髋也坏了,落下一个老毛病。"去冬今春,身体一直欠佳,右边肩膀痛,左边腰胯痛,严重影响睡眠。"我问他现在恢复得怎么样,答曰:"腰痛还没大好,医生说了,是劳伤,旧病复发,没有大碍。"又说,"每天早上,只要天气好,就到楼下走走,然后在桌前写一两个小时。写字有好处,一写字心就平静了。"

我来的时候给小如先生带了些三尺宣纸。这是他在电话里事先叮嘱的。一般人总以四尺宣为常用,我好奇他为什么要三尺宣。他说:"我为什么托您带三尺宣纸?原因是,现在一般人家挂条幅不方便了,而我自己写字的这张桌子也太小,四尺宣也摆不开,所以就用三尺宣写一点给学生、朋友,自己觉得挺好。"

临别,小如先生要我拿着那五本书,又特意赠我一幅字,是东坡小令"人间有味是清欢"。他说:"您带了大包小包来,我也没什么送您,这都是秀才人情。"

给叶老师也写了个小条幅,是孟浩然诗"故人具鸡黍,邀我至田家"。

原来约定谈半小时,不意一下就超过了一小时。小如先生送至门口,双手一拱,作了个揖似的,说:"细水长流,多联系!"

望着他苍老孱弱的身体,面上流露出的温和慈祥,我心里竟好一阵难过。

作者单位:宣城市政协

镂月裁云句已多
——小如先生著译品读记
书同

小如先生故去，转眼行将五年。这几年，搜罗、品读其著作，成为我最大的"心事"，也作为报答、纪念先生的主要方式。老实说，与先生交往十年，虽然屡接先生手赠，却总因杂务占去绝大部分时间，没有认认真真、完完整整地读完他的一部著作，更别说读完他的全部著作，实在辜负了先生一片苦心。现在先生不在了，再也无法亲聆先生謦欬了，我只能在他的书中，在字里行间，感受先生的神情风采，回味他待我的情义。

一

小如先生曾言："我平生读书治学，是从述而不作开始的。后来逐渐进入以述为作阶段，即在前人各种不同意见中，选择自己认为正确、合理的东西加以肯定。近年来为自己写文章订了两条守则：一是没有自己的一得之见决不下笔，哪怕这看法与前人只相去一间，却毕竟是自己的点滴心得；二是抱着实事求是的态度，决不人云

亦云,稗贩前人旧说,更不偷懒用第二手材料。这姑且称之为述中有作吧。"(《读书丛札》,北京大学出版社1987年版后记)

从小如先生一生留下的近三十种(含不同版本、选本)著作看,大体不外"以述为作"和"述中有作",绝无凭空创造。网络上有些介绍,煞有介事地称他为"历史学家",不知从何说起。小如先生的主要学问,几乎都在"中国古典文学"这个篮子里,包括了诗词、小说、散文、戏曲等中国古典文学的核心方面,以及经、史、文字音韵训诂、考据等与古典文学相关联、难以撇开的各方面。

不错,小如先生曾在北大历史系工作,但知道内情的人都明白,那是迫不得已的一件事,直到暮年,他对此都耿耿于怀。

二

小如先生说,教书之外,他平生有三大业余爱好,即学唱京戏、学写毛笔字、学作古典诗词。其中戏曲是其最大的业余爱好,在这方面的学术造诣也最深,成果也最多。他平生看过(听过)不下1500出戏,以昆曲、京剧为多,而且能够演唱若干出戏。他以丰富的观剧、听戏、演戏实践,加上对中国戏曲的深入研究,总结出中国戏曲,特别是京剧艺术的演变历程和一般规律,常能见人之所未见,言人之所未言。比如,他谈京剧表演艺术的规律,认为舞台上的人数不能多,主要表演者只能是一个人或两个人,即所谓"独角戏"和"对儿戏"。进一步认为,在舞台上搞"人海战术",观众就会顾此失彼,注意力就会被分散,戏剧的艺术效果就会减弱或被淡化。他还以自己为例,说,唱戏宁可唱配角,让人觉得有富余,也不愿唱主角,而让人觉得有不足。这种独富创见的论述,简洁明了,切中肯綮,对于戏剧艺术传承、创新,具有很大的指导意义。启功先生在评价《京剧老生流派综说》时说,小如先生关于戏曲尤其是京剧艺术的论述,是"内行不能为,学者不屑为,亦不能为"的"千秋之作",可谓的评。

三

记得小如先生仿佛谈起过,他年轻时很有一点文学情怀,做过"作家梦",十三四岁就写剧评,以在报刊上发表为乐事。

2012年5月某日,我和眉睫兄一同访小如先生,眉睫提起先生早年的书评文字,问是否已结集出版。他说:"北大出版社马上要出,共收了将近100篇文章。今年不出,明年春一定会出。"这就是当年9月出版的吴小如五卷本文集中的一卷,题名《旧时月色》。难能可贵的是,这些文章均为先生二十七岁以前的作品,诚可谓"少作"。虽为"少作",却并不幼稚,无论知识面的淹博广大、文辞的流畅典雅,还是学识、观点的明白清通,均非一般"少年"所堪比拟,其"老到成熟"是显而易见的。最重要的是其流露的"情怀",即先生数十年后自称的"保留了一点天真纯朴的锐气"。这也许正是"少作"的意义所在,能使我们从中窥见一个怀揣"作家梦"的文学青年的影子。

由这"文学梦"或云"文学情结",小如先生一生坚持作古体诗词,写过不少随笔类文章。如果非要给小如先生一个"作家"的头衔,这是可以作为证明的。

四

作为古典文学专家,小如先生是从教授古典文学相关课程、编纂相关文献资料开始的。据小如先生弟子陈熙中教授介绍,50年代北大中文系编纂的《先秦文学史参考资料》《两汉文学史参考资料》，小如先生承担了前者全部、后者十分之八的篇目注释，是主要的编纂者之一。此后50年代所出版的《读人所常见书日札》，60年代与其弟吴同宾共同编订、80年代初出版的《中国文史工具资料书举要》，奠定了其文史专家的地位。此后1987年出版的《读书丛札》，因在诗文考证、字义训诂等方面的创见，成为古典文献学方面的重要著作，得到老一辈学人周祖谟、吴组缃、林庚、周一良等的高度评价。

出人意料的是，小如先生还曾操刀做过翻译，年轻时译过一些短诗和短文（包括散文、小说和文艺理论），较有影响的，是他和高明凯先生合译的《巴尔扎克传》。他1986年在《〈巴尔扎克传〉译后记》中具体说起过这事。但照他一贯的行事风格，不会称自己为"翻译家"。

五

展读小如先生著作，常起"镂月裁云句已多"之感。缘由在先生赐赠的一幅墨宝。

2008年暮春的一天，我又一次来到小如先生府上。不知因为谈得高兴，还是其他什么缘故，临别时，先生赐赠自作《浣溪沙》墨宝一幅，用的是楷体。后来我在阅读《吴小如书法选》时，发现他在此前一年，应小孤桐轩主人刘凤桥先生之请，用行书写了一幅同样内容的作品，而且2008年夏又为刘先生写行书一幅，足见先生对此词的爱重。

从小如先生所作的跋语可知，此词作于20世纪60年代初（1961或1962年），为勉励昆明病重的老同学舒眉生而作，但不久舒同学即殁,令他久久不能释怀。词的开头一句即为"镂月裁云句已多"。我写作此文,时时感念先生对同窗、师友的浓情厚谊,屡屡联想到老人家对包括我在内的弟子、门人的勉励关怀。

小如先生一生谨奉"述而不作"的古训,但一写竟也写了这么多。就让我们在他的文章里,深深地、永久地缅怀他吧。

写于小如先生仙逝五周年前夕

吴小如：泾川茂林是故乡

书同

茂林是皖南山地中一个小镇，濂岭、丕岭、牛脊岭、水岭等大小山岭绵延起伏于四围，濂溪从镇东淌过，魁峰点缀于镇南，镇西不远处，隔着几座大山，便是青弋江。天高地远，山青水幽，因青弋江一线活水，与世界保持着既遥远又密切的联系。吴小如先生的祖上及族人，便世代生息于这既封闭又敞阔的地方。这便是茂林，一个世外桃源般的山水佳处，一个令小如先生魂牵梦绕的故乡。

一

泾县别称泾川，素有"汉家旧县，江左名区"之誉。满目的青山绿水，闻名于世的宣纸宣笔，李白赠汪伦诗，古村查济、黄田，新四军军部旧址云岭，成就了泾县"红绿相间，黑白分明"的地域文化特质，因此早就高山打鼓，有名在外。

小如先生曾两度还乡。第一次是在 1984 年初夏，系应邀到合肥，参加渐江与新安画派的学术会议。会后集体到黄山、徽州游览，路过泾县时,在宾馆吃了一餐中饭。因为来的多是有名望的专家学者,县里招待得很隆重,饭桌上的菜肴非常丰盛。可是宾馆的卫生间不怎么干净,给他这个头一次返乡的游子,留下不太好的印象。

第二次是在十一年后,1995年秋,应泾县老年书画家协会、茂林镇政府、泾县总工会的邀请,特来参加"学习吴玉如先生书法艺术报告会"的。我后来读到他在报告会上的讲话,是根据录音整理的。他面对家乡父老乡亲说:"从祖父一辈起,我们一直在外工作。先父一生总想回来看看,终不能如愿,因为他一生坎坷。到我们这一辈也很少有机会回来。我的老前辈吴组缃先生,80年代曾回来看过,回到北京,对我说:'无论如何,在你有生之年要回家乡看看。家乡人特别热情,你不能不回去。'我始终有这个想法,一定要回茂林去看一看。"

大概正是源于这样一种"心心念念",他才克服了种种困难,并采用"走马换将"的办法,就是让在上海的小儿子吴煜,去北京照顾母亲,替他腾出时间,他才如愿参加了这次盛会。

"吴小如先生来泾县了。"不知怎么的,这消息像长了翅膀,飞到了我面前。当时我在报社,担任要闻版编辑。听到消息后,我怀着莫名的兴奋,匆匆跑到领导办公室,请求前去采访。不料领导的一句话,给我当头一瓢凉水:"这是政文部的事,你去干什么?"一句平淡无奇却又不容置疑的话,使我失去与小如先生见面的机会,我为此怅怅于怀达数年之久。

二

"未老莫还乡,还乡须断肠。"但小如先生第二次来泾县时,还是特意回了一趟茂林。

茂林镇位于泾县西南部山区，距县城三十多公里，系吴氏聚族而居之地，最兴旺时，人口上万，当地因此流传着"小小泾县城，大大茂林村"的民谚。

读《茂林吴氏宗谱》《茂林春秋》等书，可知茂林吴氏实为渊源甚远的名门望族，老祖宗可上溯至吴泰伯。唐末宋初，社会动荡不安，一些外地显贵，乃至废帝后裔、亡国旧臣，纷纷择地避乱，不少人来到皖南深山定居。吴氏先祖吴文举，于北宋建隆元年（960），随家人由建康（今南京）迁至宛陵（今宣城）城内南门荡，其子吴希贤又于北宋景德元年（1004），再迁至泾县茂林东庄湾，吴氏与茂林从此结缘，吴文举被奉为茂林吴氏始迁祖。

地方史志记载，当时的茂林地区，系濂溪（又名东溪）的冲积平原，其时还是一片芭茅滩和茂密的树林，仅有一个叫宋家坦的居民点。皖南多山地，山间沟壑，小者名冲或坑，大者称川或坦，宋家坦正是这样一块山区平坦之地。住在附近东庄湾的吴安国（吴希贤次子），娶宋氏女为妻，在宋家坦建"延陵新宅"，自宋熙宁八年（1075）始，与岳家联居，开始对这片荒滩进行开发。由于宋家坦位于这片山间平地的中心区域，又有水路及多条山道与邻近的太平、黟县、歙县、宁国、宣城、南陵、芜湖等地相通，继而转达南京、汉口、杭州等处，因此过往商贾多取道于此，一个商贸繁荣的山区小镇遂逐渐形成。

三

读小如先生文集，其中除对其先尊及母家有几篇短小文章追记外，不见对其家世的更多描述。当年拜见先生时，曾由"吴泰伯世家"挑起话题，惜只寥寥数语，未及展开。今查《茂林吴氏宗谱》，可知小如先生的祖上大多为官。拣近的说：高祖（107世）吴崇寿，清道光丁酉（1837）举人，官任溧水、溧阳、丰县知县，邳州知州，赏戴花翎，诰授通奉大夫（从二品衔）。曾祖（108世）吴瞻菁，字翘士，清同治癸酉（1873）科举人，拣选知县保奏尽先用吉林知府，光绪十九年（1893）曾出使朝鲜，回国后先在天津做官，后赴吉林办实业，曾出资在北京宣武门外建立泾县新会馆。祖父（109世）吴彝年，字佑民，曾在李鸿章担任直隶总督期间创办的天津电报总局工作，后被派往鸡林（今吉林）担任电报委员，借军队杆路挂线，开办了吉林、长春的电话直达业务，1897年开始担任吉林电报局局长。父亲（110世）吴玉如，当代著名书法家，生于1898年，幼年生长于南京，1907年10岁时，随父母定居天津，先后在天津新学书院、南开学校、朝阳大学就读。因家道中落，1916年起吴玉如赴东北谋生，在黑龙江铁路交涉总局（后中东铁路）供职，直到1933年重返天津，长期定居于天津，1982年病逝。

在泾县，人们习惯把吴作人、吴玉如、吴组缃放在一起，合称"泾县三吴"，其实吴作人、吴组缃均为茂林吴氏107世孙，吴玉如比他俩要晚三辈，因此在一些场合或文章中，小如先生会称吴组缃先生为"我的老前辈"。

承天津翟津壮先生热情联络，津门青年才俊魏署临先生赐赠《书坛巨匠吴玉如》，使我对小如先生家世有了更多了解。但正如小如先生所言，从祖父一辈起，他们就一直在外工作，很少有机会还乡，与家乡已渐行渐远，只有那个叫"茂林"的地方，还会时时浮现在梦中。吴玉如先生早年曾为自己取了"茂林居士"的雅号，想必是情之所寄，家山难忘；在东北工作时，友朋习以"泾川吴玉如"相称，足见他不仅把家乡时时放在心上，可能也常常挂在嘴边。小如先生对家乡同样一往情深，不仅热情为《茂林吴氏宗谱》《茂林春秋》等题写书名,家乡父老凡对其墨宝有所求者,无不慷慨书赠,在书作中,也常见"茂林吴小如"的落款。

四

茂林镇建有一座"三吴纪念馆",是茂林吴氏大宗祠之外的又一标志性建筑。纪念馆占地2640平方米,建筑面积1200平方米,辟有序厅、吴作人厅、吴组缃厅、吴玉如厅、印象茂林五个展厅。2010年9月28日,举行了隆重的开馆仪式。出于身体原因,小如先生没能出席,而是由其弟、妹做代表参加了活动,但他始终惦记着三吴纪念馆的事。

2010年11月26日下午4时许,我拨通小如先生的电话,这是自上一年暑期(查日记为7月16日)后,第一次和他通上话。他用虚弱而迫切的语气说:"您来电话,正好我要跟您说说。去年7月31日得脑梗后,住了一段医院。出院后,没跟外人说,好多人都不知道。遵医嘱,已不再跟外人联系。老伴儿10月5日去世了。我现在心情也不好。脑梗后遗症也没好,不能写字,想写的文章也不能写,毛笔也拿不住。手不能拿筷子。身体一时也不能恢复。现在整天没事,就看看闲书,在屋里走走。前些日子不冷的时候,还到外面走走。"他边说边喘。接着他对我说起三吴纪念馆的事:"1995年,借着家乡为我父亲开纪念会,我回去了一次,定下了建三吴纪念馆的事。后来,我老伴儿生病,我也一直没有再去过。现在,挪了地方,挪到茂林镇上的祠堂后面,变成了一个永久性的地方。但里面有很多东西不对。弟弟、妹妹去了之后,提出意见,他们也不以为然。我弟弟也不便当即与他们争执。"

三吴纪念馆最初是临时设在县城水西山的一栋房子里,小如先生说的"现在挪了地方",就是指从这里挪到了茂林镇。他所说的"里面很多东西不对",主要是指两样东西:一是纪念馆里的部分展陈物件;二是纪念馆的门匾,是欧阳中石先生所题。

他说:"在我父亲的展区里,我父亲的字、书、帖都可以展,好心人捐赠的东西,都可以展。但不是他的东西,不要往里面弄。听我弟弟说,有些摆设很不得体,放了些所谓古董、文物,还放了蛐蛐罐儿、蜡烛台,不伦不类。我父亲又不是王世襄,摆个蛐蛐罐儿干吗啊?放个文房四宝什么的,都合适。

"现在,我跟我弟弟想了个办法,把我父亲的字集成一块匾,到什么时候,或者开馆一周年,拿去换下来。这样,几方面都不得罪,而且也像个样子了。"

最后说:"挺惦记家乡的事情。可身体不允许,力不从心。除非过两年身体好了,才能回去看看。

"我希望家乡的乡亲父老和领导,能尊重我们晚辈的意见,把馆搞得大方一些,合理一些,搞得像个样子。因为三位(指吴作人、吴玉如、吴组缃)都是有名的文化人,不能有太俗的成分。"

五

家山难忘,故土难离。

忽忽焉小如先生作古已十年。回顾其身世,回想其晚年对家乡的血脉情义,耳畔仿佛总响起老人家谆谆嘱托的声音。

吴小如为《书品》做广告

孙永庆

近日翻晒旧书刊,看到已故北京大学教授吴小如先生的一篇文章,刊于1988年第十一期《博览群书》,感觉挺有意思。

那期刊物上,编辑刊出文章,同时附上吴小如先生写给主编韩嗣义的信,大意是写了几篇评论冷门期刊的小文,这些刊物在指导青年读书和推荐好书方面做了不少贡献,写文一则是为编辑呼吁呼吁,二则是起点宣传作用。

刊出的文章题为《品书宜读〈书品〉》,是为中华书局出版的刊物《书品》做宣传的。《书品》是中华书局出版的季刊,1986年创刊,发表了很多有可读性的好文章,评介了一些有学术价值的好书。吴小如在学界被称为"学术警察",言其眼里揉不得沙子,看到不好的书必予批评,为此还曾惹上官司。他推荐的刊物一定错不了,对于《书品》,他就介绍了三大特色:一是信息灵通,及时介绍新出版的各类学术著作和新整理出来的各种古籍;二是正确评价各种有阅读钻研价值的图书,对一般读者有启蒙作用,对专业工作者也有着指南的益处;三是从中除了可获得大量版本目录的知识,还能了解不少专家学者的治学心得和著作经历。他还提出了办刊建议:评书的对象不能仅限于中华书局出版物。

在以后的岁月里,吴小如身体力行,撰写了大量这方面的文章发表于《书品》。比如,2001年第六期《书品》就有吴先生的文字:《〈联话丛编〉三十九种》介绍江西人民出版社的《联话丛编》;《重读〈富连成三十年史〉》在说富连成的同时,也让我们了解京剧的一些知识,该书系同心出版社出版;《释"一言"》和周汝昌先生商榷,可见吴先生的读书态度;《工具书中的精品——〈清人别集总目〉》对安徽教育出版社的《清人别集总目》三巨册进行赞许;《台湾戏剧八种》述说台湾戏曲研究的现状;《王力古汉语词典》论述该书的一些特点……

现在的《书品》主要评介中华书局的读物,但也旁及其他出版社的好书,学术性与普及性并重,仍是读书人钟爱的刊物。

作者单位:山东省博兴县教体局

学者教授群里的"性情中人"
—— 纪念吴小如先生

王景琳

《学者吴小如》一书出版于2012年。遗憾的是,到现在我也还没能一睹为快。仅仅是从网上书介以及目录上得知,此书是由吴先生当年的学生陈熙中、齐裕焜两位教授联合发起的,书中收录了众多弟子门生为庆贺吴先生九十寿辰暨在北大执教四十年而作的一组文章,或回忆吴先生讲课的风采,或评论吴先生的学术成就,或描述吴先生的儒者风范。据说吴先生拿到此书时曾感慨地说:"别人都是死后出一本纪念文集,我活着时看看这些文章,看看大家对我评价怎么样,免得我死后看不见了,等于是追悼会的悼词我提前听见了。"(舒晋瑜《那条叫吴小如的鱼游远了》,载《美文》2019年第1期)如今,吴先生已归道山五年有余。望着《学者吴小如》几个大字,特别是照片上吴先生饱经沧桑的面容,三十多年前与吴先生短暂相识相交的记忆片段一点点地串联在一起,越来越清晰。在我心目中,吴小如先生首先还不是著名的学者教授,他更是一位独具魅力的"奇人""性情中人"。

一

　　初识吴小如先生大名,是在北大中文系上大学的第一个学期,也就是吕乃岩老师开的先秦两汉文学史课上。开课第一天,吕先生就列出了本课所需的参考书目。第一部自然是游国恩先生主编的《中国文学史》,紧随其后的便是以选文精当、注释翔实、见解独到著称的《先秦文学史参考资料》与《两汉文学史参考资料》。这是两部学习古代文学史分量极重的入门书。没几天,图书馆中的这两部书就全部被借出了。想看,只能去图书馆文科阅览室借阅。于是,当《先秦文学史参考资料》一书一出现在三角地的新华书店时,这部厚厚的大书一个学期就没离开过我的书包。这两部书的作者署名为北京大学中文系古代文学教研室,但在中文系,人人都知道这两部书的选篇、注释、评介几乎全部出自吴小如先生之手,最后也是由吴先生统稿审定的。我相信当年北大中文系七七级很多同学对吴先生的认识都是从这套教学参考书开始的。说实话,不单单是在北大,就是在全国所有大专院校的中文系,这套书也一定会出现在学生的必读书目上。

　　《先秦文学史参考资料》与《两汉文学史参考资料》是了解中国早期文学不可或缺的重要资料书。仅仅凭此,如果你断定先秦、两汉是吴先生治学的主打方向,那可就错了。吴小如先生在北大中文系,实实在在算得上是位奇人。学中国文学的都知道,一般大学中文系文学专业都分古代文学、现当代文学、文艺理论几大类;在建制上也就相应地有了古代文学教研室、现当代文学教研室、文艺理论教研室。而古代文学又多分为先秦两汉、唐宋、元明清三大段。当然在北大,古代文学专业分得更细一些。一般中文系教师也都术有专攻，大多精通其中某一类某一段。而上起课来，也只教一类一段甚至仅仅一个朝代而已。能把文学通史从头到尾讲下来，就是在国学大师中，包括在北大，也只有凤毛麟角的几位。说吴小如先生是奇人，奇就奇在当他还是讲师的时候，他就能从先秦文学一直讲到近代甚至现代，而且能将古今中外融会贯通，是一位精通文学、文献、小学各个领域的通才。在北大中文系，吴先生不但教过古代文学通史，还开设过中国小说史、戏剧史、诗歌史、古典诗词欣赏、散文、工具书使用等等课程。最奇的是，他开什么课，什么课就"叫座"、就人气爆棚。难怪吴小如先生总是喜欢称自己为"教书匠"，并深以"教书匠"为荣。很多人认为这充分显示了吴小如先生的谦逊。但对于同样做了一辈子"教书匠"的我来说，却深知当"叫座"的"教书匠"之不易。在我看来，吴先生自称"教书匠"，当更多地包含了他对自己出类拔萃的教学生涯与成就的自豪与骄傲。

  第一次见到吴小如先生，是在1980年他为中文系本科生开设的"唐宋词研究"专题课上。这门课被安排在一个能容纳二百多人的阶梯大教室上。第一堂课我到得稍稍晚了些，前面已经坐满了人，只好在偏后的地方找了个座位坐下。上课时间到了，只见一位个头不高、偏瘦、步履矫健、目光犀利有神的五十多岁的人走上了讲台。没想到吴先生竟是如此年轻，这大大出乎我的意料。我本来以为吴先生应该是跟游国恩、林庚、吴组缃等老先生一样，属于老一辈的学者呢。这便是吴先生给我的第一印象。

  那个年代上课没有扩音器。在一二百人的大教室上课，如果坐得太靠后，有时可能听不清老师在说什么。可吴先生一开口，就让我顾虑全消。站在讲坛上的吴先生声若洪钟，底气十足，嗓音极富磁性，就是坐在最后一排，每个字也都能听得清清楚楚。不过，汲取第一堂课晚到的教训，以后每次课我总是去得特别早，以便抢占前两排的座位,好近距离感受吴先生授课的魅力。

吴先生上课,一是"有货"。吴先生出身于文化世家,家学渊源,从小博闻强记。他讲起课来引经据典,旁征博引,"四书五经"张口就来,却又不拘囿于前人之见,总能独辟蹊径,提出自己独到的看法。二是口才绝佳。吴先生讲课十分风趣生动。一张口,便是妙语连珠,绘声绘色。就是用传统考据学派的方法剖析作品,他也能讲得幽默诙谐,令人神往。吴先生在课堂上讲的虽是古人之事,但他还擅长穿插进几句借古讽今、针砭时弊的题外话,来活跃课堂气氛,把课讲得左右逢源、妙趣横生。记得一次讲弃妇词,他突然话锋一转,冒出一句"如今时代不同了,男女都一样。男同志能办到的事,女同志也能办到",借以抨击时下不良的社会风气,当即引得全场爆笑。

即便是在北大,即便是名师课堂,有时也会出现学生越教越少的现象,可吴先生的课恰恰相反,他的课是越听人越多。几堂课下来,我注意到除中文系的同学以外,不少外系同学也闻讯赶来旁听,害得我为保住自己前排之座,只能越去越早。一次,我认识的一位图书馆系同学因病缺课。课后,她不但特地找我借课堂笔记把落掉的内容补上,还要我详细叙述吴先生在课上讲了些什么。就这么件小事,足见当年吴先生的课是多么"叫座",多么受人追捧。

二

吴小如先生曾给自己立下了几条做学问的规矩:"一曰通训诂,二曰明典故,三曰察背景,四曰考身世,最后归结到揆情度理这一总的原则,由它来统摄以上四点。"(吴小如《我是怎样讲析古典诗词的》,见《诗词札丛》,北京出版社 1988 年版)这不仅仅是吴先生做学问的特点,也是他讲课特别引人入胜的原因之一。

吴先生的"唐宋词研究"并不着眼于宏观,也就不会像林庚先生那样提出"少年精神""盛唐气象"这样大气磅礴的宏论,他是于精微处见学问、见功力。大凡从事古代文学研究的,或精通考据,或擅长鉴赏评析,而吴先生却能将两者高度地统一起来。他每每通过考据的方式,从文字、音韵、训诂、辨伪等方面对词语加以解析,来揭示诗词所传达的意境,讲出新意来。到现在,吴先生讲韦应物《调笑令·胡马》"胡马,胡马,远放燕支山下。跑沙跑雪独嘶,东望西望路迷。迷路,迷路,边草无穷日暮"一词的情景,仍历历在目。这首词,我上大学以前就背过。那是我在宁夏灵武园艺场下乡的时候。当时知青中悄悄流传过几本唐宋词选。我曾抄录了其中最喜爱的一两百首,得空就坐在寂静空旷的大漠上大声吟诵。其中"跑沙跑雪独嘶,东望西望路迷"两句,当时怎么也琢磨不明白,总觉得于情理不合。我插队的园艺场就在毛乌素沙漠边上,那里也养马,却从来没见过马在奔跑时还会长嘶。这个疑问直到经吴先生讲解才恍然大悟。吴先生说,一般注本都将"跑沙跑雪独嘶"释为马迷路之后在沙漠的雪地上东奔西跑,嘶叫着找路。其实,这里的"跑"当读为"刨",是"刨"而非"跑"。马迷路之后不知所去,站在原地用蹄子在沙漠的雪地上刨来刨去,这才有了下句的"东望西望路迷"。我一听,立时有了茅塞顿开之感。

《声声慢·寻寻觅觅》是李清照的代表作,也是我早年非常喜爱的一首词,可也曾产生过一些疑问。词的上阕说"三杯两盏淡酒,怎敌他、晚来风急",时间分明已是晚上,可怎么接着又有"雁过也,正伤心,却是旧时相识",描述起白昼的情景?如果果真写的是晚上,即便词人"守着窗儿",也很难看到院中"满地黄花堆积"的景象。如此的话,后面的"憔悴损,如今有谁堪摘"的伤感似乎也没了着落。

况且,那一句"守着窗儿,独自怎生得黑"分明说的是白天时间过得特别慢,很难熬,可接下去怎么又有"梧桐更兼细雨,到黄昏、点点滴滴",描述起早于"晚来"的"黄昏"时分?一首词三次提到时间,先是"晚来风急",再说"怎生得黑",最后落在"到黄昏"上,时间怎么会如此混乱?当年的这些疑问,如今看来不免太过坐实拘泥,没有理解诗意可以是跳跃的、近乎意识流的,没想到在吴先生的课上却得到了自成一说的解答。

吴先生讲李清照的《声声慢·寻寻觅觅》,先指出对这首词的注解历来存在着的两个疑点。一是传统上都认为"乍暖还寒时候"一句指的是秋季,吴先生分析道,"乍暖还寒"是春天的特征而非秋季,可全词分明写的都是秋天的景象。就季节而言,秋天应该是"乍寒还暖"的,所以这一句一定不是指秋季,而是写秋天的某一个早上。另一个难点是"三杯两盏淡酒,怎敌他、晚来风急",既然已经是"晚来风急",下阕为什么又有"梧桐更兼细雨,到黄昏、点点滴滴"?吴先生引用俞平伯先生的注释说,"三杯两盏淡酒,怎敌他、晚来风急",其实当作"三杯两盏淡酒,怎敌他晓来风急",从"晓来风急""怎生得黑"到下阕的"梧桐更兼细雨,到黄昏、点点滴滴",正好写了一天的时间。经吴先生这样一分析,这首词中原来存在着的时间错乱问题就不存在了。原来整首词不过描写了词人从早到晚的所见、所闻、所感。

吴先生课上讲的每一首词,都体现了他给自己定下的做学问的四条规矩以及"揆情度理"总体原则。就我印象比较深的这两首词而言,如果没有深厚的考据功力与"揆情度理"的完美结合,就不可能讲得如此透彻。吴先生在课堂上还介绍了不少唐宋时期的经典作品,无论是像苏轼、辛弃疾这样的大词人,还是只有几篇作品传世的词家,吴先生都擅长结合词人身世以及与作品相关的史实,将其中的典故出处一一挖掘出来,并从考据、词语运用、意境等各个方面阐发自己对作品的体会,总能发前人所未发,让人有耳目一新之感。吴先生曾说过,如果"没有自己的一得之见决不下笔……否则宁缺毋滥,绝不凑数或凑趣"(吴小如《漫谈我的所谓"做学问"和写文章》,见《怎样写学术论文》,北京大学出版社,1981年)。吴先生不但做学问如此,讲课也处处可见他的独到之处。他所讲到的词作,几乎每一首都有他自己的一得之见,而"非人云亦云地炒冷饭"(同上)。能把考据与鉴赏解析两者结合得如此完美,至少在北大中文系,我觉得无人能出乎其右。后来我自己从事古代文学研究,也特别注重训诂、文字、音韵等考据功夫,在某种程度上就是受了吴小如先生的影响。

三

上"唐宋词研究"课期间,有机会读了不少吴先生的学术文章,对吴先生渊博的学识、严谨的治学态度非常钦佩,一直渴望能够继续选修他所开设的课程。可等来等去,等到的却是吴先生将要离开中文系的传言。先是听说吴先生要调到中华书局去。那时吴先生已经在兼职编辑中华书局出的大型学术刊物《文史》。后来又听说北大王学珍副校长亲自出面挽留吴先生,但他仍执意离去。再后来,就听说在历史系邓广铭、周一良两位先生的竭力相邀下,吴先生终于转系成为历史系教授。其间,有关吴先生去留传言版本甚多。在当事人大多已故去的今天,不难看出当时问题的症结主要出在人事上。吴先生一向性格耿介秉直,20世纪50年代曾与后来担任系领导的同僚发生过较大摩擦,心存积怨。多年后,时过境迁,吴先生曾对自己有过如此的评价:"唯我平生情性褊急易怒,且每以直言嫉恶贾祸,不能认真做到动心忍性、以仁厚之心对待横逆之来侵。"(转引自刘敏《吴小如:走在燕园与梨园》,载《新华月报》2014年7月)这应该是他的肺腑之言。

吴先生的转系,令中文系很多同学为之扼腕叹息。自此,中文系少了一位杰出的学者教授,我们七七、七八级同学也再没有机会聆听吴先生的专题课。虽说文史不分家,但毕竟侧重不同。据说,吴先生到历史系后,尽管曾多次被拉来临时担任博士生的"替班"导师,这些博士生日后自己也成了博导,而吴先生自己却从来没有正式带过一位属于自己的博士生,甚至始终没有获得博士生导师的头衔。在历史系,他似乎一直作为一位"边缘人物"(同上)而存在。这不能不说是学术界一个无法弥补的损失与缺憾。

说到吴小如先生性情的耿介率真,就不能不说到他对学术问题近乎苛求的认真,也不能不提及他所谓"学术警察"的绰号。吴小如先生给我们七七、七八级同学上课时,只要一谈到学界的敷衍草率、不求甚解的学风总是十分愤激;对学术著作乃至任何出版物中出现的差错、谬误,他简直是到了无法容忍的地步,表现得嫉"错"如仇。无论是什么出版物,无论是何种差错,他一旦发现,便如鲠在喉,不吐不快,成了名副其实的逢错必纠、有短必揭的"学术警察"。而且不管作者是谁,他都会毫不留情面地著文指出。在吴先生看来,这不过是一种学术上的"较真",一种对学术负责的严谨态度。然而,在现实生活中,做"学术警察"难免在有意无意间得罪人!据说,吴先生从不讳言自己与同僚关系紧张,就连对吴先生十分敬重、与之关系非常密切的学生,有时都会被他的直率搞得下不来台(闫平《性情吴小如:文章易冷　风华不逝》,载《北京青年报》2014年12月14日)。这也从一个侧面透露了吴先生之所以一生坎坷的原因。

吴先生是一个阅读面极宽、信息获取量极大、记忆力又超群的人。他不但重要的学术著作、学术刊物必读,而且大报小报也统统在他的浏览范围之内。最近翻看《含英咀华——吴小如古典文学丛札》一书中收入的《榷疑随笔三则》(原载《文史知识》2004年第2期),我就颇有感触。此事的起因是余秋雨在他的文章中将"宁馨"释为"宁静、馨香",将"致仕"说成是"到达仕途"。这本来是个不值一驳的错讹。但不知何故,著名文学史家章培恒先生特地为此作文替余秋雨辩解。吴先生见状不禁拍案而起,撰文与章先生商榷。文中,吴先生首先中肯地指出约定俗成也要有个界限,不能把一切讹舛错误的东西都用"约定俗成"的挡箭牌搪塞了之,还提出一词一语虽属细故末节,但总要有个规矩准绳可循,不能太主观随意的观点。吴先生的看法,充分体现了他对学术的认真态度。然而,更能见出吴先生无所顾忌、耿介率真性格的,还是他在文章最后向章先生提出的由衷告诫:"培恒先生乃国际知名学者,发表言论一言九鼎,窃以为不宜予某些不学无术之徒以可乘之机。"简直就是直接向那些"不学无术"的所谓名流亮剑。

吴先生明知所谓"学术警察"之称,并非都是褒奖,但他的心胸始终光明磊落。在他看来,"现在不是'学术警察'太多,而是太少。电视、电台、报纸都是反映文化的窗口。人家看你国家的文化好坏都看这些窗口,结果这些窗口漏洞百出、乱七八糟"(黄纯一、樊丽萍《北大国学名家吴小如逝世 曾被称"学术警察"》,载《文汇报》2014年5月12日)。可惜的是,这样的"学术警察",已随着吴先生魂归道山而愈渐珍稀。如今的学术界,已经很难再见到像吴先生这样直截了当、一针见血的批评了。

四

再一次见到吴小如先生,是我硕士论文答辩那天。担任答辩委员之一的谭家健先生问我中午能否陪他去吴小如先生家走一趟。我当然非常高兴有机会直接聆听吴先生的教诲,便欣然应允。由于事隔久远,我已记不清那天谭先生去见吴先生的具体缘由是什么,印象中好像是谭先生有什么问题要向吴先生请教。记得谭先生把他的问题刚一提出,吴先生沉思了片刻,便告诉谭先生应该去查哪几本书。这个细节给我的印象特别深刻,也让我由衷地佩服,当时就觉得吴先生的大脑简直是一部活的资料库。

那天,我骑着自行车带谭先生来到位于中关园26楼的吴宅。敲开门还没等谭先生介绍,吴先生竟已认出了我:你当年是不是上过我的"唐宋词研究"专题课?我虽然叫不出你的名字,但你一定是77或78级的。上课的时候你总是坐在最前边,头也不抬地做笔记,对吧?我太震惊于吴先生的记忆力了。上"唐宋词研究"已经是好几年以前的事,而且我不过是众多学生中最不起眼的一个,可他竟然连我坐在哪儿、怎么上的课都还记得,难怪吴先生看书有过目不忘的本事。

那天,吴先生家的书桌上摆着许多张刚刚写成的书法作品,房间里弥漫着浓郁的墨香。吴先生边跟我们说话,边拿出印章在写好的作品上盖印。北大中文系老师板书漂亮的,很有那么几位。像林庚、袁行霈、吴小如先生的板书,都是超一流的。这次到吴先生家拜访,却让我第一次发现原来吴小如先生不但板书漂亮,而且书法作品也颇有大家风范。于是,我站起身来,一边帮吴先生铺纸、递印泥,一边欣赏他的楷书、草书。用粉笔在黑板上写字与用毛笔在宣纸上写字,差别太大了。最让我感到惊异的还是,吴先生的书法所呈现出的艺术风貌与他直率耿介的个性竟然有着如此巨大的差别。他的书法作品在相当程度上更显示出他儒雅恬淡、清隽秀逸的儒者之风,与"学术警察"的犀利直率形成了鲜明的对比。我还特别留意到,这些书法作品不像是要送人的,上面只有吴先生的落款,却没有受赠人的姓名。当时我好几次差点忍不住想张口讨要一张墨宝,但猜想这些作品很可能是要送去参加书法展览,或送到琉璃厂出售,因而终究没好意思开口。

吴小如先生是北大九三学社社员,而我岳父徐继曾先生当时担任九三学社北大支社负责人。晚饭时,我便与徐先生谈起白天去吴先生府上的事。一提起吴小如先生,没想到我妻子全家都知道吴家。不过,他们都对吴先生的本名吴同宝更为熟悉。从他们那里得知,吴先生家人口较多,师母身体不好,一直没出去工作,所以吴先生早年的经济负担较重,也因此而被人误认为吴先生是为多挣稿费才如此勤奋写作。徐先生告诉我,吴同宝(小如)先生的父亲吴玉如就是近代有名的大书法家,吴先生自幼便在父亲的指导下研习书法,其书法功力深厚、底蕴十足,却又自成一家。我顺便问起琉璃厂是否有吴先生的作品出售。徐先生说,以他对吴先生个性的了解,吴先生是不会以字谋取润格的。徐先生的话让我对自己误解了吴先生而感到惭愧,同时也为自己错过了向吴先生讨字的最佳时机而倍感遗憾。徐先生还对我说,其实吴同宝先生就是一位"性情中人"。他一生最大的爱好与乐趣,一是文史学术,二是书法练字,三是看京剧、唱戏。那时九三学社每次组织活动,但凡与京剧有关,定然少不了向吴先生请教。

最近,读彭庆生先生《难窥夫子墙——敬贺小如师九秩华诞》一文,有道:"小如师是性情中人,耿直狷介,特立独行,从不俯仰取容,然极重情谊。对师长,感恩图报;对朋友,肝胆相照;对门生后进,眷顾奖掖,不遗余力。凡此种种,有口皆碑。"其中所说的"性情中人"与三十多年前徐先生的评价竟如此一致,不禁使我想起研究生毕业后在中央戏剧学院任教时,系主任祝肇年先生也曾用同样的话说到吴小如先生。那是我记忆中最具"性情中人"风采的一段有关吴小如先生的逸闻趣事。

那是暑假刚过的一次系例会,散会后,祝先生跟我聊天,说他夏天到北戴河度假,偶遇北大历史系一位吴姓教授,两人聊得十分投机,大有相见恨晚之意。祝先生是中国戏剧史、编剧理论专家,不但精通中国古代戏曲,对京剧颇有研究,而且多才多艺,京戏、书画技艺皆不在吴先生之下。两人的兴趣爱好如此相投,吴先生与祝先生在北戴河一见如故,聊得兴起,竟忘情地唱起京戏来。祝先生说,他实在没有想到这位北大历史系教授不但懂戏,而且唱得有模有样,当即两人来了一段对唱。祝先生对吴先生的唱功大为赞赏,说他戏唱得有板有眼,字正腔圆,不亚于戏楼的名角。我一听便知祝先生所说的吴姓教授必定是吴小如先生。

更为有意思的是,祝先生说,那天两人偶遇后,边走边聊,路遇两位打着赤膊的年轻人邀请两位教授一起打牌。于是,四人席地而坐,越打兴致越高,祝先生率先脱去了老头衫,紧接着吴先生也赤膊上阵。祝先生说吴先生在牌摊上很是认真。就这么着,二老二少赤膊甩了40来分钟的牌,其间还为出牌反悔之类小事争执了好几次。末了,祝先生对吴先生的总体评价是,此教授实乃"性情中人"。讲良心话,我当时真想象不出,一向身着典型北大中文系教授服的吴小如先生,坐在路边赤膊甩牌会是个什么样子,所以听罢还颇有几分疑惑:这会是我所认识的吴小如先生吗? 不过,现在,我信了。吴小如先生就是这样一位从不做作、率性而为的"性情中人",兴之所至乃至忘形,乃至旁若无人!

2014年5月11日,这位受人尊敬爱戴,也让人"挤对"了一辈子的"性情中人"吴小如先生悄悄地走了。也许有人松了口气,从此学界再没有这样一位让人下不来台的"学术警察",但更多的人感受到的是无尽的哀思与怅惋:北大又失去了一位撑门户的"教书匠",学界从此也失去了一位博学多才的学者教授。

"嫡系"陈熙中：
想起先生，总有一种寂寞感觉

王勉

著名学者吴小如2014年以92岁高龄离世。在他90周岁时，他的友好和学生们出版了《学者吴小如》一书，书中收录的文章出自社会名流和其弟子门生，或回忆吴先生教书育人的儒者风范，或评价吴先生的学术成就。2021年，在吴先生离去七年之时，他们又结集出版了《吴小如纪念文集》（刘凤桥、程立主编），书中文章具体展现了吴先生丰富的才学和严谨的治学态度，对其独具魅力的人格和曲折的人生经历，也有多角度的阐述。

北京大学中文系教授陈熙中是吴小如20世纪五六十年代的学生，和吴先生有着几十年的交往，师生情谊十分深厚。我们从对陈熙中老师的采访中，仿佛看到了一个更加多姿多彩的吴小如先生。

35岁年纪，是学生们眼中很受欢迎的"先生"
他讲课声音洪亮，板书漂亮，大教室里座无虚席

陈熙中老师的家里满目皆书，虽然不少已经书边泛黄，仿佛放置良久，但是在谈到某一本时他却能够立刻准确地找到，然后笑嘻

嘻地拿到你面前。

陈熙中第一次听闻吴小如先生大名,是在他读高中的时候。当时市面上有两种面向青年文学爱好者的杂志,一南一北:北京的《文艺学习》,以刊发书介和书评为主;上海的《萌芽》,以文艺创作为主。

陈熙中印象很深,在《文艺学习》上先读到了王瑶先生的《中国诗歌发展讲话》,是连载的。随后就是吴小如先生的《中国小说讲话》,这两部连载影响都很大。他后来见过有些年轻学者初次拜访吴小如先生时,都说"你的《中国小说讲话》我读过"。

吴小如还在《文汇报》等报刊上开有专栏,所以,在1957年陈熙中进入北京大学中文系读书时,已经对吴小如之名很是熟悉。在学校里,吴小如当时虽然只是三十五岁年纪,却是学生们眼中最年轻的"先生"。陈熙中讲起此事很是开心,他谈到那时北大有一个习惯,对老教授称呼先生,对年轻教师称呼老师,"吴先生大概就是那道'老'和'年轻'的分界线"。

吴小如当时开了一门新课——"工具书使用法",是中文系的必修课,也是北大的一门新课。上课是在一个阶梯教室,可容纳二三百人,55级、56级、57级三个年级的学生都来听课。陈熙中说,很多学生回忆吴先生,都谈到他讲课太精彩了,引人入胜。"大教室里座无虚席,他声音洪亮,底气又足,声音可以传到最后一排,也没有讲义,他自己写讲稿,学生记笔记,板书又那么漂亮,所以学生都非常喜欢上他的课。"

北大校友孙绍振的回忆文章中也谈到吴小如在讲台上的风采:"吴先生的姿态,我至今还记得,双手笼在袖子里,中气甚足,滔滔不绝,居然是听得下去,接下来几课,还颇感吸引力。"

后来,吴小如的"工具书使用法"成书出版,书名是《中国文史工具资料书举要》(与人合著),一版再版,影响很大。吴先生的这门课对北大的同学们起到了扩大视野的作用,很多同学在之后的治学上也都受其影响。

已故学者王锳就是一个典型的例子。王锳是陈熙中的同学,原为贵州大学中文系教授,长期从事古代汉语、古代作品选的教学工作。他在张相的《诗词曲语辞汇释》基础上,著成《诗词曲语辞例释》,1978年获得首届吴玉章奖金语言文字学优秀奖,此书也是一版再版,影响很大。陈熙中说,王锳无疑受到了吴先生这门课的影响,在治学上有所发扬光大。

20世纪50年代北京大学中文系有两位吴先生,大吴先生吴组缃,小吴先生吴小如。吴组缃认为"吴小如学识渊博,小学功夫与思辨能力兼优",对于他的讲课效果,甚至赞叹"无出其右者"。

毕业留校成为同事
遇到欣赏的书法家,吴小如还常替陈熙中约字

从1955年开始,北京大学文科由四年制改为五年制,57级的陈熙中1962年毕业,同年留校任教。而随后写作课在各系恢复起来,教师的需求量增加,所以当时留校的毕业生大都被分配去教授写作课(包括56级的洪子诚等)。1965年,北京大学接待了一大批因越南战争到中国学习的越南留学生,陈熙中被调到留学生办公室任教,直到1980年,他的编制一直在"留办"。

这期间陈熙中和吴小如没有个人交往,只在1963年拜访过一次吴先生。这一次登门拜访,陈熙中在文章中亦有记述,他又一次讲给我听,并提到就是在那一次,唯一一次见到了吴小如的父亲——著名书法家吴玉如先生。

"禹克坤学长在电视大学编辑《电视大学通讯》,约我写一篇《常用工具书介绍》,他建议我去找吴先生题写标题。当时吴先生是文

学史教研室的,我是在现代汉语教研室的写作教学组。"吴小如当时住在中关园,住的是建筑面积 75 平方米的平房。

陈熙中带了稿子去找他,进门看到一位戴着帽子的老人。老人问明来意后喊:"同宝,有人找。"同宝是吴小如的本名。吴小如接过稿子后嘱陈熙中过两天来拿。陈熙中如期去取,字已经题好,吴小如将字交给他后说:"文字还清通,能看得下去。"到 20 世纪 80 年代初,陈熙中回到中文系,和吴先生的交往渐渐多了起来。有一次吴小如突然看到杂志上陈熙中的《常用工具书介绍》文章,立刻惊奇地说:"我还给你写过字啊。"说到此,陈熙中不由得哈哈大笑起来。

吴小如是书法大家,但有很长一段时间不写字临帖,大概至 70 年代末才恢复写字。陈熙中也爱书法,平日里常临草书。吴小如重新写字后,曾送给陈熙中不少书法作品。遇到欣赏的书法家,吴小如还常替陈熙中代为索字,比如到天津去的时候,就曾经两次请书法家李鹤年给陈熙中写了两副对联。他还曾经特意请父亲吴玉如先生写一幅字送给陈熙中,写的是"一鸟不鸣山更幽——曦钟小友属"。

20 世纪 70 年代末,陈熙中和吴小如有过一段一起进学习班的因缘,自此之后,两人的关系更为密切,尤其到 80 年代中后期,两家住处都在中关园,相距不过几十米远,经常你来我往。

生活困难时,不得不卖掉明代善本
小三间的居所始终是水泥地、白粉墙,不曾装修

有一次吴先生小女儿从香港回来,陈熙中想人家家人回来了自己就不要老去了。结果不到两个礼拜,吴小如打来电话"质问"了:"你怎么不来了?我是什么地方得罪阁下了?"陈熙中笑着说:"我们的师生关系这几十年确实比较好,用先生的话说是'久而情谊益笃',我也因此而向先生学习到很多东西。"

北大系友白化文更有意思,每次要介绍人拜访吴小如先生,总先打电话给陈熙中,让其帮忙引荐。陈熙中奇怪地问:"你不是和吴先生很熟吗?"白化文回答:"那不同的,你是嫡系。"

陈熙中的著作,有不少是吴先生主动为之作序的。他在给陈熙中写的《红楼疑思录序》中谈及与学生的交往及熟识经过,更细述其治学特点,在此,可见两人相知程度:"曦钟治学有个特点:一向不爱写洋洋洒洒的长篇论文,总喜欢以读书札记形式写短小精悍文章。即使是讨论学术问题,他对一些不同意见也爱用短兵相接的方式进行攻心战,往往一矢中的;而不爱搞迂回战术或学院式的反覆驳辩。"吴小如特别肯定陈熙中对中国古典小说尤其是对《红楼梦》的研究,也很赞赏他每每能从题目中一下子捕捉到要害和症结所在,使文章不仅内容坚实,并且只看题目,也会痛快过瘾。

几年后,陈熙中乔迁至北大清华蓝旗营小区,住房面积增加了不少。想到吴小如家逼仄的70多平方米小三间,便力劝他也搬到蓝旗营,吴先生说积蓄不多,夫人还要养病,若买了房子,如何养老?所以,吴小如一家一直住在那小三间里。陈熙中在回忆文章中也写到,小三间始终保持"本色":地是水泥地,墙是白粉墙,从来没有装修过。许多来访的客人见此情景,无不唏嘘感叹。但先生十分坦然:"倚南窗以寄傲,审容膝之易安",在这简陋的斗室里写出了一篇篇锦绣文章,一幅幅精妙书法。

吴小如喜爱京剧尽人皆知,20世纪80年代初还在北大开过戏曲课,经常请名家来做讲座。他和京剧名家王金璐先生熟识,带陈熙中去看望过王先生,还带他去看戏,但是"我不太懂戏",陈熙中笑着说,"慢慢地他就不带我去看了"。

吴小如家的生活一直不富裕,吴夫人以前教夜校,后来因为照顾孩子辞职，夫妻二人育有两男两女，所以吴先生一家6口，全靠他一个人挣钱。吴小如有着漫长的讲师职称生涯，一个月薪金127块钱。陈熙中坦言，实话说这个工资不低，但是因为吴先生家里人太多了，就总是不够用。

吴小如曾告诉陈熙中，有时经济上实在困难，不得不忍痛卖掉明代的善本书，还曾向林庚和王瑶先生等借过钱，直到20世纪80年代才用所得稿费还清。但吴先生夫妇始终感情甚好，吴夫人持家有方，与夫君一直同甘共苦。

吴小如曾多次和陈熙中讲，夫人不是特别喜欢家里人来人往，唯独希望他去。吴夫人身体越发不好后，不再自己做饭菜，偶尔做做泡菜，也会送给陈熙中。

吴小如还常请陈熙中当"摄影师"。他为吴先生拍过很多与友人的合影，如和林庚先生的，和邵燕祥先生的。夫妻俩纪念"钻石婚"时，也叫陈熙中来帮忙照个相。陈熙中有叫必到，他觉得，做学生的首先是要照顾先生。吴小如的住房在三楼，没有电梯，家里有事时都是学生来帮忙。他帮学生，学生也帮他。

曾一度动念调去中华书局当编辑
对同学们热情，对老先生真心，和同辈却有些隔阂

读《吴小如纪念文集》时，读到很多回忆师生情深的片段，很是感慨，不知道如今的师生之间还能否有如此真情。采访中，陈熙中老师也多次提到吴小如对学生的热心，有时觉得其热心得甚至有些"过分"。

对学生提出的问题，吴小如有问必答，无论是否与课程有关。而对于没有把握的问题，他会老老实实地说等查查书再答复。据沈玉成先生生前回忆，有一次，一位女同学提了一个问题，吴先生当时

不知道答案，随后在《后汉书》中找到了。他吃过午饭就去找那位女同学，不想正是午休时候，他便将答案写在纸上贴在门上，才放心离开。

学者杨天石也曾回忆，吴先生为了帮他解决注释问题，花两三个月时间去查找一个典故的出处，而那本不是他的科研任务，他完全可以不管。有难题找吴小如，不仅学生们知道，也几乎是当时北大老师们的共识，杨天石就是通过其他老师的介绍敲开了吴小如先生家的门。

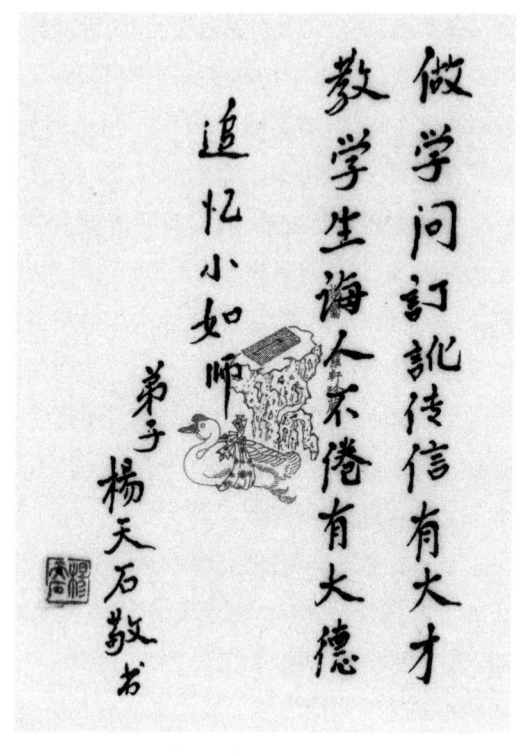

杨天石的手迹

吴小如对同学们特别热情，对老先生特别尊敬，和同辈间却有些隔阂。陈熙中概括，他的性格特点是天真直率，有话藏不住，加之学问好，有时爱纠正别人的错误，很容易得罪人，他一生也为此吃了些苦头。

吴小如自己曾说："我在北大当了二十八年讲师，这在中国教育史上都是罕见的。"言明其几十年的压抑状态。20世纪70年代末恢复职称评审时，吴小如依然遇到阻碍，陈熙中说："那时候一些年轻教员都提副教授了,吴组缃、林庚先生还联名保荐吴先生直升教授都不行。"据说,邓广铭先生和周一良先生告诉过吴小如,在北大校务委员会上,听得一位物理系教授大声喊:"吴小如评不上教授,是北大的耻辱。"但吴先生曾亲耳听到某位系领导在教研室里说:"谁都可以评教授,就是吴小如不能评!"

陈熙中分析,吴小如之所以在评教授这件事上遇到这么多阻碍,与系里某些人对吴先生一直存在偏见有很大关系。"他们总是认为吴先生思想落后、个人主义。实际上他也没有在课堂上宣传错误思想,就是认认真真讲课,讲得很好,学生也很欢迎,那不是一个好老师吗?"

由于在中文系不愉快,1982年吴小如曾一度动念调去中华书局。为此他也与陈熙中谈过,陈熙中感到吴小如当然能做很好的编辑,但是让他去编刊物并不太合适,"因为编书和在大学教书相比,还是教书的自由度更大"。所以,他不建议吴小如到中华书局去。

这时,邓广铭和周一良邀请吴小如到历史系,进北大中古史研究中心。对此,吴小如对邓、周两位先生一直心怀感激。虽然他在历史系有点儿边缘化,但在后来严家炎先生主持中文系,请他回去时,他也没有同意。

往往很直率地表达意见,因此被称为"学术警察"
进厕筹说成进厕所办公,"我实在笑不出来,我只感到悲哀"

吴小如先生学识渊博,在中国古典文学、古典文献学、俗文学、戏曲学、书法艺术方面都有很高的成就和造诣,被称为"多面统一的大家",陈熙中谈起老师的学问钦佩不已。

"吴先生从小勤奋好学,天赋好,可以说过目不忘,也下过苦功。文史兼通,能从《诗经》一直讲到梁启超,此外还能旁及中国小说史、中国戏曲史、中国诗歌史及古典诗词、散文等。他一生看了大量的书,在晚年不能写东西以后,更是从早到晚手不释卷。"陈熙中知道,钱锺书先生也曾夸赞吴小如读书多。"据说钱先生家里书不多,他主要是借书看。他经常在借书卡片上看到吴小如的名字,曾对吴小如说:'你看的书真不少。'"

陈熙中记得,进校后,吴先生在鼓励学生读书时曾说:"我的老师辈是读书,我们是翻书,你们连书都不翻。"陈熙中觉得在读书方面确实比不上老先生们,他说:"我背不了《诗经》《楚辞》,而他都是能够脱口而出的,所以他讲课、写文章很能联想。在这一点上,我是与老师差得太远,很惭愧的。"

前坐者:吴小如;后排左起:陈熙中、李汉秋、齐裕焜、张锦池

吴小如在重视文字方面也特别突出,他认为只有把文字搞清楚才能正确理解文意。很多时候,面对学术界的不良现象,他直抒胸臆,提出批评意见,从古籍校点中的错误,到一些学者教授的信口胡说,再到学术界的抄袭。他对事不对人,好就是好,不好就是不好,

即便见到批评对象本人,也会很直率地提出自己的意见,因而被称为"学术警察"。在陈熙中看来,在这方面,吴小如不为别人的议论所动,他是真心希望学术好,"因为写文章影响很大,特别是如果名人写错的话,人家很可能跟着学的"。

陈熙中曾撰文批评《明小品三百篇》一书犯了很多常识性错误,为之订讹五十余条。"实际上很多错误是查查字典就可以避免的,比如把'莼鲈'说成是鲈鱼的一种;将'进厕筹'说成进厕所办公,吓死人了。"陈熙中将之当成笑话讲给吴小如听,没想到吴小如听后脸色凝重,说:"我实在笑不出来,我只感到悲哀。"这让陈熙中感到震动,感受到先生的思想高度和境界是自己远远没有达到的。"我只想到这个作者水平太低,而先生考虑的是可悲、可怕,这样下去整个学术局面难以想象。"

吴小如先生已经离开七年了,人们的心中依然充满想念。陈熙中直言,每每想起先生,都有一种说不出的寂寞的感觉。

作者单位:北京青年报社

吴小如先生佚文一篇

夏河

近十几年来，很喜欢读北大吴小如先生文章。私心以为，先生而后，道德学问相得益彰者恐难以为继。故凡先生著述，寒宅几乎齐备。书未通读，但每开卷，必受益。不仅如此，几年前，一度对收藏吴先生签名书、信笺也时加留意。尝在旧书网上收入吴先生文稿《看电视三愿》一份，是蓝色圆珠笔写在印有"巴蜀书社稿笺"字样的15×20规格的方格稿纸上。可能是誊写稿，但仍有七八处修改，吴先生之认真其事，可以想见。

这篇文章发表在1988年第10期《当代电视》上，谈的是作为观众，对电视台播放节目的三点愿望，很有针对性。但不知何故，该文却从未收录到吴先生的任何一部文集里面。因此，我觉得三十余年过去，它也差不多算是一篇佚文了。再加上，此文网上较难搜到，我把它录在这里，供爱读吴先生文章的朋友阅读。

看电视三愿

吴小如

我是失眠患者,尤其从 70 年代诊断出患脑血管硬化后,已多年不"开夜车"。每晚基本上都在电视屏幕前消磨时间。有时节目并不吸引人,也只当看有声的"小人儿书"。不管抱着什么目的,我总算电视节目的忠实观众之一。遗憾的是,有时播放的节目实在让人看不下去,只好关机睡觉了。当然这样的日子毕竟还不是太多,而且目前住在北京的电视观众毕竟有好几个频道可看,多少还有选择余地,因此无论如何还是有"小人儿书"可浏览的。

从目前电视台播放节目的普遍情况看,有几个缺点是带有共同性的,于是在这里呼吁一下,是为"看电视三愿"。

一愿别字、讹音早日从电视屏幕上消灭。这不仅是播音员或讲解员同志的事,也包括电视广告、影视和戏曲演员(包括字幕)以及对着话筒开讲的被采访者。甚至有些讲课、讲演和专题节目,别字、讹音也时有所见闻。听说电视台审查节目"把关"还是很严的,偏偏这方面总给人以视而不见、听而不闻、我行我素的感觉。有时一个讹音、一个别字能使观众意兴阑珊。因此衷心祝愿在这方面能有个彻底改革。

二愿节目准时播出。节目报上刊出的播放时间看似很科学,如 21:37 分之类,仿佛分秒不爽。事实上却有很大差距,能差上三五分钟已经是很准时了。照理说这一点并不难改进,不知为什么就是不能准时。推迟播出固然不好,而动辄提前播出则使人更为失望。我不希望电视台在这方面经常让观众失望。

三愿减少"马拉松"式播放。这又有两种情形。一种是节目本身过长,有的进口版电视剧能长达百集以上,没有半年以上"持续作战"的耐性是看不完的;一种是剧本并不算太长,但每次只播一集,每周只播一至二次,明明可以集中在一两周内播完的节目却偏要拖上一两个月。虽说中国人的时间不值钱,毕竟完全闲得没事干的人还是不多的。

　　以上这些意见并不新鲜,关键在于人们说了也白说。我既是电视屏幕前的忠实观众,所以即使白说也还是说的好,当然我更希望这些话能不白说,这姑且也算一愿——第四愿吧。

吴小如先生联语小辑

夏河

对联,虽小道,然亦有可观。

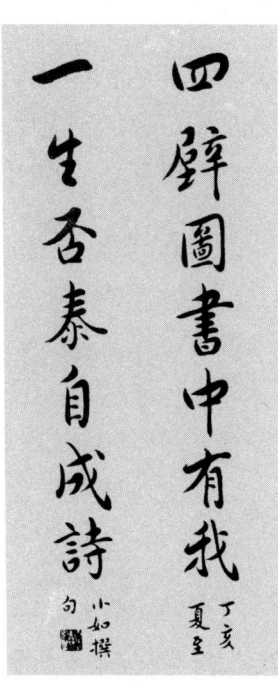

吴小如先生是中国楹联学会顾问,于对联一学,有《中国的楹联》《也谈"对对子"》《谈谈怎样对对子》等大作,介绍对联常识和掌故。小如先生本人也喜作联语,尤喜集联。1994年11月,小如先生作《联语辑存》,回忆自己历年所撰、集联语共23副,分三部分,曰"自撰嵌字联"5副、"自撰联"8副、"集古今人诗句联"10副。但多有失记。

江苏范立芳辑有《吴小如教授联抄》(收《学者吴小如》一书,北京大学出版社2012年3月版),不详何时所辑,得联20副,与吴先生所记,互有同异,缺失仍多。

《吴小如录书斋联语》一书(天津古

籍出版社 2010 年版），载有小如先生所撰联、集联最丰。而自 1994 年至 2014 年（吴先生去世之年），吴先生又有联语若干。今将翻书所见吴先生联语 73 副，辑为一集，或略加赘语增其趣味，以飨爱吴先生之同道。因读书少而粗，遗珠之憾，在所难免，唯体例仍吴先生旧贯，依然是三部分。

一、自撰嵌字联（凡 11 副）

1. 挽张伯驹：

丛菊遗馨，诗纪红毹真一梦
碧纱笼句，词传彩笔足千秋

按：张伯驹先生去世，小如先生适身在病中，遂手写此联托友人送去致哀。上联指张伯驹《红毹纪梦诗注》是近现代京剧重要史料，下联指张伯驹倚声之学足以不朽。上下联首字，合而为张伯驹别号"丛碧"。联成后，友人又告知吴先生，张伯驹女公子名"传彩"。（见吴小如《悼念张伯驹先生》）

2. 贺谢蔚明续弦（谢夫人名从美）：

晚花蔚作秋明色
新燕从归奂美家

按：上联嵌入"蔚明"，下联嵌入"从美"，且在同一位置，大不易。晚花新燕，当言新郎年长新娘不少，此又有戏谑意，非较亲近友朋难如此。

3.贺谢蔚明、汪玉兰结婚(第二次续弦):

  蔚明珰之美,载言载笑
  玉兰诺于成,宜室宜家

按:此亦嵌名联。据云,谢先生一生有四次婚姻,若每次都有贺联,则小如先生不胜其忙也。但尚未见小如先生另两次贺喜联。

4.赠卢善启:

  善万物得时而育
  启素心学道以传

按:卢善启,天津篆刻家。1990年1月4日,农历己巳年腊八,俞平老九十大庆。小如先生请卢善启刻章"平伯长寿""千秋事业在名山"为俞平老九十寿。

5.贺王金璐兄乔迁:

  日耀浮金知胜地
  月明佩璐识其姿

6.赠宋丹菊:

是丹非素谈玄易

饮菊餐霞悟道难

7.赠谌志生：

非志无以成学

有生即须读书

8.赠吴小林：

小雨如酥润

林花映日红

9.赠胡永清：

昼永思佳客

时清羡少年

10.赠沈春源：

春融添气象

源远汇江河

11.赠刘凤桥：

凤矞孤桐声自远

桥通广路眼常新

二、自撰联（凡35副）

1.贺茅盾纪念馆落成：

一代文章推子夜
满腔心血化春蚕。

按：茅盾纪念馆落成，吴小如先生慷慨应求，撰此联写赠，分文未取。（见刘凤桥《千古才情一脉亲》）

白化文先生在《闲话写对联》一书中，记此联上句为"一代文章辉子夜"，并解说，"辉"为使动用法，"子夜"指旧社会黑暗达到极点，将要向孕育的新社会过渡。这个上联"喻指茅盾的《子夜》恰如黑暗中的一盏明灯"。

此上联第五字，估计小如先生原用"推"，而白化文改作"辉"。所以，吴先生在一篇文章里说，"我为茅盾纪念馆所撰联语原很平常，是经过化文加了工的，我不能掠美"。吴先生是否认可白化文所作改动，读者自可体会。

2.应李鹤年先生嘱为兰亭纪念会撰联：

其一
迈古历今书尊逸少
流觞曲水盛纪兰亭

其二

上巳良辰自古山阴多盛概
千秋佳话于今海内集群贤

3.应李鹤年先生嘱为临沂王羲之纪念馆撰联：

海右江左父子名高增地望
三希二妙古今一艺夺天工

4.贺西泠印社成立八十周年：

八十春秋公昭艺苑
古今书史誉萃钱塘

5.为来今雨轩推出红楼宴撰联：

迓四海嘉宾，欣来今雨
陈八方美馔，雅宴红楼

按：1991年，北京中山公园"来今雨轩"扩建，由老字号茶馆改为餐厅，据《红楼梦》中各种食谱，推出"红楼宴"。吴先生应餐厅老板之请撰此门联，自认为"比较切题"。"迓"，有人录作"迎"，"迓"似上选。

6.题长城联：

其一
春风逾绝塞
紫气映雄关

其二
春风已度居庸塞
淑气先临碣石山

7.题湖州赵孟頫故居：

毓秀钟灵,竟传苕霅
赵书管画,如鼓琴瑟

按：赵,指赵孟頫；管,指赵夫人管道昇。苕溪、霅溪,代指赵孟頫故里湖州。赵孟頫故居,亦有赵朴初题联："儒雅风流,一时二妙兼三绝；江山故宅,青盖碧波拥白莲。""二妙"指赵孟頫和管道昇,"三绝"指二人诗、书、画；"拥白莲"既是对"莲池"景物的描写,又是对赵孟頫夫妇圣洁高尚品格的称道。二联可互参。

8.代北京大学贺清华大学九十校庆：

水木清辉,荷馨永播
九旬华诞,棣萼同欢

9.贺林庚先生八十寿联：

胸有盛唐气象

寿登百岁期颐

10.贺师母许宝驯八十寿：

百年寿母徵人瑞

六月藁荷溢晚馨

按：许宝驯，字莹环，晚号耐圃，长俞平老四岁。俞、许二人，表姐弟作亲，青梅竹马，婚后六十余年伉俪情深。许宝驯辞世后，俞平老卧室中窗帷永远半开半闭，为许宝驯辞世时情景。小如先生亲见夫妻情笃者，还有启功夫妇——启功室内所挂日历，永远是夫人辞世的那个日子。（见吴小如1990年春节后所作《俞平伯先生和夫人》）

11.贺林子上先生哲嗣新婚：

华堂好事近

吉日满庭芳

12.挽郭仲霖先生：

风雅谁绍

人琴俱亡

按："仲老以操琴享盛名，他的琴不但善拉老生戏，也能傍青衣、小生。在老生戏中,他不仅善为谭派唱法托腔,对汪派、刘派、余派唱腔也极娴熟。

"盖早年仲老曾与刘叔度过从,同李适可、刘曾复诸先生也极熟",故腹笥渊博。我识仲老,尚在从韩慎老(夏山楼主)问艺之前。仲老人极谦和,有时听我唱得疵累层出,每婉言指点,从不板起面孔说这不对那不对,及从韩慎老问业之后,有时为了不愿麻烦慎老,当屡学不会时便转向仲老求教。"(见吴小如《天津的四位老师》)

13.挽荀慧生夫人张伟君联:

镂骨锼肝,应鉴苦心昭日月
相夫课女,难填遗恨向泉台

14.挽吴晓铃:

久沐春风高山安仰
深悲绝学薪炬谁传

按:白化文先生初见此联,曾向老师小如先生面陈,说下联可能会得罪吴晓玲先生的学生,而吴先生认为事实就是那样,还对白化文说,别太世故了。白化文固然知道吴先生为人爽直,但还是认为吴先生可能会对下联有所改动。事实是,吴先生未做改动。此联见吴小如先生《哭晓铃先生》。

15.挽启功:

范世称三绝

垂辉映千春

按:吴小如先生自言此联"三绝者",谓启功先生之诗、书、画并世无两。而先生手书之楹联,则诗与书之余事也。

16.挽刘叶秋:

徒有文章能寿世

何惧心血未传薪

17.挽朱家溍:

天不慭遗,哲人竟萎百身莫赎

公能弘道,来者谁继遗爱常馨

18.赠周一良先生

凤有文章惊海内

终留清白在人间

按:小如先生尝集杜甫、龚自珍诗句成联"岂有文章惊海内,要留清白在人间"。2001年,周一良先生病逝,周先生哲嗣周启锐请小如先生书联,为乃翁作定评。小如先生乃易所集句首字以彰周一良先生道德文章。联悬周一良先生生前书斋。

19.闲联(共16副):

其一
赏音宁寡和
濡沫自忘言

其二
立身先求正己
涉世岂尚多言

其三
烟月不知人事改
书生依旧稻粱谋

按:吴先生言此联亦可视为集句。上句借用五代鹿虔扆词,下句是1945年吴先生自作诗之末句。

其四
鲁叟求仁从所好
陶公欲辨已忘言

按:上句兼用《论语》"求仁得仁""富贵……不可求,从吾所好",下句用陶渊明《饮酒》"此中有真意,欲辨已忘言"。

其五
枕流漱石真知己

净几明窗好读书

其六
天有风云终可期
交无早晚在相知

按：下句用黄庭坚句"每接雍容端自喜，交无早晚在相知"（《答李康文》）。

其七
诗如秋水涵空照
情入春泥护晚花

按："秋水涵空照"，俞平老名句。下句化龚自珍句"落红不是无情物，化作春泥更护花"。

其八
湖山有约诗堪诵
惠泽如春草不知

按：下句为袁中郎诗句，小如先生读之即拟对句，后读余越园诗集见林宰平返沪即拜访越园，并有诗唱和，乃成上联。

其九
妙手不为平时用
狂言但许故人知

按:上句出自后山居士陈师道《何郎中出黄公草书四首》之一:"当年阙里与论诗,晚岁河山断梦思。妙手不为平世用,高怀犹有故人知。""时",当作"世"。王安石《思王逢原》(其二)有"妙质不为平世得,微言唯有故人知"可参考。

其十
春水船如天上坐
秋宵客向梦边来

按:上联系杜甫诗句。某秋夜,小如先生已就寝,而佳客来访,似梦非梦。下联是写实,以匹配上联。

其十一
无情未必真豪杰
能忍方为大丈夫

按:上联用鲁迅先生句。小如先生以为"语虽近俚,然不失其真"。

其十二
襟怀直到羲皇上
诗卷长留天地间

按:下联用杜甫句,上联小如先生自撰。

其十三
偶从城市亲鱼鸟
独向丹铅遣岁华

其十四
有情含类苏春雨
无际空明浴太阳

按：下句用玉如公诗句。

其十五
独酌花间一壶酒
静观眼底百态新

其十六
四壁图书中有我
一生否泰自成诗

三、集古今人诗句（凡27副）

1.题成都武侯祠，集李商隐句、《史记》谚语：

管乐有才终不忝
桃李无言下成蹊

2.贺俞平伯先生八十寿,集李白、张说句:

　　共看明月皆如此
　　且喜年华去复来。

按:上句取"但愿人长久,千里共婵娟"之意。下句用俞平伯先生七十九之年所作诗末二句"童心犹十九,周甲度年华"之意。俞平老特裱此联,悬于客房者久。初,小如先生见俞平老裱且悬壁,而有惶恐之意,俞平老谓小如先生言,勿自谦也,他日以子书补壁者将日多。

3.赠周南,集东坡句:

　　相从杯酒形骸外
　　来往君家伯仲间

按:此联上句第二字"从",周南先生文中录为"逢"(见《题〈吴小如先生自书诗〉》)。苏轼《次韵胡完夫》有"相从杯酒形骸外,笑说平生醉梦间"之句。《和王斿二首》(其二)有"迟留岁暮江淮上,来往君家伯仲间"句。

4.赠谢蔚明,集苏轼、黄庭坚句:

　　大瓢贮月归春瓮
　　长诗脱纸落秋河

按：此为小如先生集苏、黄名句，尝乞尊翁吴玉如先生拟赵㧑叔为魏碑体书之，字体工美。装悬壁间，为友人谢蔚明、徐士年所见，乃各乞玉如公以同式书之。后徐联不知下落，谢联犹存，后为潘某购去，转手拍卖。玉如公所书此联，小如先生三弟处尚存一副。（见天津古籍《吴小如录书斋联语》页70）

谢蔚明（1917—2008），原名谢未泯，安徽枞阳陈瑶湖人。黄埔军校16期毕业，1949年后任《文汇报》记者。以军人身份参与南京保卫战，亦大屠杀下幸存者。后谢蔚明有文曰："平生最大的快事，是1946年有幸参加国防部审判战犯军事法庭，亲眼看到南京大屠杀首开杀戒的日寇师团长谷寿夫出庭受审。回想南京城破之日我死里逃生，险些作了日寇刀下鬼，现在我是法庭记者席上的座上客，目睹谷寿夫接受正义审判，最后押赴雨花台饮弹毙命的可耻下场。由此想起秋瑾烈士感时伤世吟下的'磨刀有日快恩仇'诗句，我为中国人民战胜日本侵略者昭雪国耻，感到莫大欣慰。"

5.赠邵燕祥联，集宋庠、苏轼句：

论交共到忘言地
谋道从来不谋身

6.赠包于轨，集李白、辛弃疾句：

举杯邀明月
拍手笑沙鸥

7.集毛主席诗句：

坐地日行八万里

自信人生二百年

按:"文革"结束之际,集此联呈玉如公,公曰:尚工。

8.集黄节《蒹葭楼集》句:

知有鬼神瞰幽独

不辞风露入脾肝

按:小如先生尝乞其令尊翁以行草书之,悬壁久之。后小如先生复抄录。

9.集陈与义《简斋集》:

百尺阑干横海立

尽情灯火向人明

按:小如先生自言于宋诗,对陈与义诗歌情有独钟,披诵甚久,集句稍多。此联,玉如老先生亦喜,尝索去,备酬应为人作字,然小如先生说未见有传世者。

10.集陈与义《简斋集》:

易着青衫随世事

只将诗句答年华

11.集陈与义、许浑句：

一川木叶明秋序
满天风雨下西楼

12.集苏轼、黄叔达句：

莫嫌荦确坡头路
且傍江山好处吟

按：上句集自苏轼《东坡》："雨洗东坡月色清，市人行尽野人行。莫嫌荦确坡头路，自爱铿然曳杖声。"荦确，山多大石。下联集自黄叔达《答宋懋宗寄夔州五十诗三首》（其一）："五十清诗是碎金，试教掷地有余音。方今台阁称多士，且傍江山好处吟。"黄叔达，字知命，黄庭坚（鲁直）之弟。

小如先生为1951年至1959年庐山会议期间读书人频遭磨难，乃成此联。实读书人言论不能自由，思想不能独立，又何止彼七八年耶？一切不自由的时代皆然。或疑"好"字对仗不工，小如先生尝解释此联下句"好"为名词，指"璧环与孔等距"。但仆以为对仗不工，终难改变。实则，集句成联，不工何伤？所重者，意蕴也，意境也。

13.集温庭筠、姜夔句：

山月不知心里事

梅花闲伴老来身

按:此联小如先生先有下句自喻,后取温词,大约因不工,而集成未以示人。实此联闲淡自然,颇足吟咏。

14.集己诗、吴玉如句:

未必文章憎老寿
何须夭矫作人龙

15.集己诗、陈后山句:

未必文章憎老寿
愿将强健入新年

按:因取意吉祥,玉如公屡为人写此联。

16.集己诗词句:

未必文章憎老寿
倘将情采壮山河

按:上句集自《论词绝句》,下句集自《浣溪沙》。下句尝为夏瞿禅、王季思二先生深许。

17.集李白、苏轼句:

欲上青天揽明月

偶寻流水到崔嵬

按：为避重复，小如先生易下联原"上"为"到"。

18.集陆游句：

江山重复争供眼

风雨纵横乱入楼

按：前人集句有"山河兴废供搔首，风雨纵横乱入楼"，1931年至1932年，玉如公书此联不下十件，感时伤世也。小如先生以为"江山重复争供眼"似较"山河兴废"更工切，然窃以为前人集句萧瑟悲凉、气概雄阔，小如先生改作远逊。

19.集赵师秀、苏轼句：

诸友误称吟笔长

老夫聊发少年狂

按：小如先生以为此联甚工巧，窃以为末字平仄未调。

20.集吴玉如、杜甫句：

火色鸢肩非我相

风流儒雅亦吾师

21.集高启、陈师道句：

　　白下有山皆绕郭
　　晚风无树不鸣蝉

按：小如先生应友人高庆琳之坚请（亲研墨，裁纸）作书，乃为写此联。后小如先生自言"虽不成字，实处女作"。

22.集陈师道句、己诗：

　　平世功名须晚节
　　人生华实萃中年

23.集陈去非、王元章句：

　　闲伴长江了今古
　　尚余芳气满乾坤

24.集苏轼、杜甫句：

　　晚觉文章真小技
　　春来花鸟莫深愁

按：小如先生认为，此联为莎斋集句中最工者。玉如公为书北

113

碑体,久悬壁间,人争羡之。"文革"中失其半,小如先生痛惜之。

25.集杜甫、于谦句:

岂有文章惊海内
要留清白在人间

按:此集句联,上言名山事业,是立言;下言安身立命,是立德。上联感慨遥深,曲尽其折;下联直抒胸臆,掷地有声。

26.集杜甫、龚自珍句:

三峡楼台淹日月
九州生气恃风雷

按:上句原作"三面红旗光日月",以时过境迁,遂易为此上句。联成,小如先生为人作草书先后近十幅,可见小如先生颇喜此集句。

27.集己诗、吴玉如句:

有情含类苏春雨
无际空明浴太阳

古来贤圣皆寂寞

佚名

2014年10月7号是小如先生谢世的第一百五十天,说来也巧,正是十年前的前一天,我第一次见到了吴先生。

2004年6月下旬,在樊百乐兄的引荐下,我有幸登门拜见刘曾复先生。刘老在谈话中提到吴小如先生曾跟他学过戏,并藏有刘老赠送中国戏曲学院的一套说戏录音。我因为此前正读《吴小如戏曲文录》,大致知道此事。当时对刘老的艺术非常喜爱,而吴先生是本校的老先生,就提笔给吴先生写了一封信,写完之后却不知道寄去哪里,想着中文系大约应该会有人知道,便在信封上写上"北京大学中文系 转 吴小如 教授 收"字样,贴了邮票,顺手投递了出去。在此后的一段时间里,我几乎忘了此事,因为写信是一时兴起,我不知道这封信吴先生何时能收到。8月中旬的一天中午,我陪同徐光宪先生、导师黎乐民先生一起招待美国杜克大学的杨伟涛教授在北大勺园宾馆二楼吃饭,此间我接到了吴先生的来电(我在去信中附了手机号):"你是××吗?我是吴小如。"然后他告诉我来信收到,但因为老伴身体不好,他自己最近身体欠安,就不给我专门回信了;随后他留了在中关园的家庭住址,让我以后可以直接去信。接完这个电话我异常兴奋,以至于回到饭桌上,几位先生讨论的关于密度泛函发展的话题,我一个字也没有听进去。

9月上旬,我给吴先生去了第二封信,想着北大化学院与中关园只一墙之隔,渴望有机会去拜访他。不过几天,先生回信说如果可以,让我"十一"假期末去他家里。10月6号下午3点多,我如约第一次造访了吴先生,简单寒暄之后话题转向了京戏,说了他看戏、学戏的经历,印象最深的是他介绍自己学的《捉放曹》陈宫的定场诗:"头戴乌纱奉孝先,慈祥恺悌万民欢。嘉言犹如湖中地,得配汪洋水底天。"先生特别说明,后两句出典是《后汉书·黄宪传》中郭林宗评黄宪(叔度)的话,"汪汪若千顷之陂,澄之不清,淆之不浊,不可量也"。此前不久我正看《世说新语》,依稀记得在黄叔度的注释中有这几句,不想他是脱口而出,先生对于典籍的熟悉给我留下了深刻的印象。谈话进行了40多分钟,先生卧房传来了师母的说话声音,先生赶紧打住,跟我说今天就聊到这里,以后有问题可以来信或者打电话。我起身告辞,先生送我出来时对我说,老伴身体不好,他自己照顾不过来,家里请了两个保姆。虽然只是简单的话语,却能感受到先生对老伴的呵护备至。从吴先生家里出来,我觉得登门打搅先生过于唐突,所以之后只是与先生书信和电话联系。

2005年前后,网上戏曲资源正处于一个"井喷式"增多的时期,特别是在台湾的京剧艺人的演出录音通过网络陆续流传开来,台湾新竹交通大学的邵锦昌教授提供了不少诸如姚玉兰等老辈在20世纪70年代的演出实况音像资料,着实让我们这些晚辈戏迷兴奋了一阵。因为化学院与中关园近在咫尺,我也陆续给吴先生送去一部分录音,记得吴先生对姚玉兰的《上天台》评价很高,"确实是孙派的意思和劲头,功夫不在孟小冬之下"。2006年2月底3月初,香港凤凰卫视播出《粉墨春秋》的剪辑版,此时先生的胞弟同宾先生去世不久,我去信提及看到了片中二老分别回忆1939年天津大水期间专注地看侯喜瑞的《连环套》的片段,先生很感兴趣,约我将这套视频带给他观赏。那年清明节的下午,就在先生的书房,我陪着先生看了这个纪录片的一部分,在《剧院沧桑》一集的二老回忆部分,先生特意让保姆用轮椅推了吴师母出来一起观看,边看边跟老伴说:"你看这是我们俩分别回忆那年看侯喜瑞!"老太太一开始似乎没认出来,到这段回忆快结束时,突然说:"哎呀,那是同宾啊!"那天放完视频之后,先生特意留我小坐,接着聊他看视频时跟我说起的杨小楼的话题,由《霸王别姬》的"哇呀呀"引出了1937年在剧场看杨小楼的《金钱豹》的情景,先生告诉我说,那一场戏朱家溍、刘曾复和王金璐先生都在现场看,当时他和几位先生都不认识呢。然后又说起杨小楼那场戏的表演,包括"驾风前往"翻身下高台搬朝天蹬,变化人形时高叫"闪开了",从上场门台口向内翻虎跳时身上的开氅、脑后的蓬头、头上的雉尾纹丝不乱的功夫,说完意犹未尽,又给我示范了杨小楼《金钱豹》出场念定场诗后两句"洞中小妖千百对,轰轰烈烈占山岗","占山岗"的"岗"字非常响亮,着实让我一振。这是我第一次也是仅有的一次听吴先生示范杨小楼的念白,至今回想起来还在耳边,我当时的感觉,这个字的念和朱家溍先生示范的杨小楼的念非常神似。从先生家出来时,先生突然说了一句:"今天是同宾故去后的第一个清明节,看到这个,也算是我对他的哀悼。"当时我也是为了安慰他,就跟他说,我可以设法将这套《粉墨春秋》先刻录一套光盘留给先生,不过据说完整的有26集,现在只播出了一个剪辑版,希望将来能找到完整的,应该会有同宾先生更多的影像。没过多久,我把剪辑版视频制成光盘送给先生时,他一再跟我说,如果可以,一定要设法找到完整版。2006年年底,大约是《粉墨春秋》的制片人张元到北京大学文化产业协会,该协会搞了个活动,播放了完整版《粉墨春秋》中的三集,分别是第一集《跟着徽商闯天下》、第三集《同唱一首歌》和第十七集《梨园美女考》以及那个十二分钟多一点的"花絮"。记得当时该协会的海报说此片要打造"纪录片中的奥斯卡",因为记着吴先生的嘱托,我特意跑去看了(我自己对该片也一直很有兴趣),活动结束后还特意和北大文化产业协会的有关同学打听了负责人的联系方式,把吴先生想要保存此片的意思跟他们转达了一下。可惜后来据说那个同学去了香港,便没有了下文,一次有机会一睹完整版部分内容的机会就这样落空了,此间吴先生问过我几次联系的状况,我答应他一定为他寻找此片。我知道他一直挂记着此片,是因为他挂记着胞弟,因为同宾先生在此片制作完成前就已经故去了,所以吴先生非常看重。那年春天《京剧知识手册》修订再版,先生写了一篇非常深情的跋语追忆同宾先生,能很真切地看出当时先生的心境。关于先生和同宾先生,还有一件事情我印象很深:2012年初,先生《中国文史工具资料书举要》出第三版,在该版后记中,先生专门说明,所得版税将用来修缮母亲的坟,这是他对胞弟临终的承诺,而且那年先生真的去为母亲扫了墓。记得先生跟我说起此事时还说:"我一个九十岁的人,还能为母亲扫墓,真的挺幸运的,也对得起我弟弟了。"今年7月,当此片完整版面世时,我也非常激动,但更感到深深的遗憾:吴先生已经不在了,如果我能早几个月找到该片(此片1月就在"爱奇艺"上发布了),或许能让老先生满足了心愿再离开这个世界,尽管2012年后先生因为重听,几乎不再接触音像资料,但是我觉得我还是欠了先生一个承诺⋯⋯

2006年夏开始,我往吴先生家跑的次数渐渐多起来,也是因为化学院"近水楼台",我多半能随叫随到。一开始多是替先生跑腿寄信、收包裹等小事,偶尔也替先生修录像机、换个灯泡什么的,渐渐地和先生越来越熟悉。2008年春天,吴师母因为跌倒后,住院很长时间,临近奥运会才出院,先生唯恐老伴从医院出来后觉得这个夏天不舒服,特意让我帮他将卧室的空调换了个新的。装空调的那天,我第一次进先生的卧室,这时候师母已经不能独自坐起,坐在椅子上也需要有人从旁边扶住。装完空调,先生特意关照把空调出风口调得不要直吹老伴,我告辞的时候,他似乎非常高兴,说老伴体胖,这回应该可以过一个相对舒服的夏天了。

吴先生颇好美食,那几年,我为先生买过几次菜,记得有三里河的"同和居"、中国科学院化学所对面的郭林家常菜、海淀桥的"杭州新开元",此外还买过一次北京大学一食堂的鸡腿。"同和居"的菜是先生很偏爱的,一般除了自己想吃的时候,似乎只有贵客临门,先生才托我专门去买;化学所对门的郭林家常菜的茄子,据先生说很好吃,可惜只买过一次那个店就关张了;海淀桥的"新开元",先生只中意东坡肉;北京大学一食堂的鸡腿,因为有辣椒而且偏咸,先生只尝过一次。每次先生买菜,对于可口酥软的,总要多点一份为师母准备。陪先生外出吃饭,也总是这样。先生对老伴的关切,于这些细微之处,用心可见一斑。

2009年上半年先生似乎特别忙碌,除了照例要给各地寄送书法作品(有不少是我经手代寄送,我去取寄送件时,多次看到先生堆放着一摞刚写好的,内容为宋词和杜甫诗句的作品,先生说有人要帮他出书法集,所以每天都在写),5月前后,又有两部审阅的文稿(一部是卞僧慧先生著的《陈寅恪先生年谱长编》,另一部是《严群文集》)寄出,先生在寄《年谱》时跟我说,最近几个月是义务劳动"学雷锋"。严群先生是严复的侄孙,其后人将整理的《严群文集》送出版社,却无人看校样,因为严群先生也是吴先生的师辈,先生自告奋勇,花了三个月的时间将校样一一看过;而《年谱》的文稿由卞僧慧先生的公子卞学洛先生录入，大约因为录入比较匆忙，所以书中类似"长袍"打成"长包"这样的错误不少，吴先生都予以纠正。卞僧慧先生寿登期颐，所以出版社争取要在老先生健在时把《年谱》弄出来，只好麻烦吴先生加班加点……这年的大暑节气过后不久，帮先生寄送一批新出的《吴小如手录宋词》之后，有很长一段时间，吴先生没有找我，我想着大约先生上半年太忙了，估计得稍微休息一阵。9月初我接到了先生的公子吴煜的电话，才知道先生因为劳累，前一段时间脑梗住院了！9月中旬先生出院，医嘱静养，不可过于劳神，所以建议先生不要再住在家里照应老伴，另找地方暂时居住。最后通过中央文史馆的关系，家人在中关新园9号楼为先生找了一间房住下，当时我正住中关新园8号楼博士后公寓，所以和先生更近了。记得先生出院后我第一次去看望他时，先生因为脑梗的后遗症，说话口齿不很清楚，行动步履也不很稳健，生活起居由一个护工料理。那段时间我常常晚上去看望先生，陪他聊聊天，偶尔也找些书来给他，虽然先生患过脑梗，但思想依旧敏锐，还专门口述托我录入打印了两篇小文，发表在《文汇报》的《笔会》上。只是这段时间，吴先生数次试着提笔写字，但写了都不如意，所以常常流露颓唐的情绪。先生常说眼下写字，仿佛孩童学步。他爱写毛笔字，此时不能写字，心情可想而知。

现在回忆起来，那段时间陪先生聊天的话题很有意思，除了回忆他早年的学戏的经历，还有他在北大中文系、历史系的境遇，甚至提到了在"梁效"的经历，而先生品评人物，一如既往地不加掩饰，言语之间，先生流露出来的，除了无奈与怨气，更有几分"自负与豪情"。聊天只是偶尔地排遣寂寞，除了偶尔看看电视，先生主要靠读书打发时间。

9月下旬，忽然接到先生的电话，托我把他珍藏的刘曾复教授的说戏录音磁带全部转成光盘。这是我做梦也没有想到的事情。虽然最早见先生的时候,我曾有意为先生翻录整理这批录音,顺便也好一饱耳福,但当时被先生以师母卧病,不想翻箱倒柜寻找为由婉拒了。而我见到先生家的状况后,也很理解,便打消了这个念头。不想时过五年,居然真的有可能听到这批录音!当我从先生处取回那套梦寐以求的刘老说戏录音时,却又开始犯愁:因为翻录磁带是个非常耗时的事情,录制过程中需要全程监听,翻录完毕常常需要编辑、整理,所以"数字化"这一大堆录音带,注定是个大工程。当时我博士后已临近出站,正在联系出国,要抢在出站前完成这个任务很难,但如果半途而废实在于心不忍,因为我深知这个机会来之不易,纯属机缘巧合。如果能找到一个人将来能接替我完成这个工作固然好,但一时实在找不到合适的人——思虑再三,我决定在化学院做第二期博士后,以便赢得时间为老先生们再尽一些心力。对我个人来说,这其实是不小的牺牲,但是我实在舍不得这个机会,错过这一次,再要找这样的机会可能就不容易了。从此之后,我每天晚上从实验室回来到宿舍便闭门翻录,陆续为吴先生"数字化"了不少录音资料,记得主要有刘曾老的说戏录音,郭仲麟先生的说戏录音,吴先生自己的说戏和唱腔录音,吴先生收存录制的各种唱片录音;除了戏曲录音,还有吴先生的若干次学术讲座、讲授部分古籍的录音以及1987年为历史系二年级学生上"中国文学史"的导论部分的授课录音;此外还有1993年5月吴先生在天津纪念夏山楼主逝世二十周年活动发言的录音,吴先生与程之、舒适两位的谈艺录音。另外值得一提的是,翻录录音中还找到了游国恩先生吟诵的《古诗十九首》之"行行复行行"、吴玉如老吟诵的《闻官军收河南河北》。这些录音的翻录持续了很长一段时间,几乎贯穿了我第二期博士后整个阶段。对吴先生来说,多年之后重新听这些录音,似乎也颇有兴趣。这一年的年终到转过年来的春夏这段时光,先生的状态是比较好的,虽然依旧提笔艰难,但写一些大的行草字已差强人意,所以他的心境比起刚出院时开朗得多。这段时间先生对外联络也多了,《绝版赏析》的柴俊为老师、樊百乐兄、台湾的李元皓博士等都曾来看望先生,百乐兄还专程陪从美国回来的徐芃师姐探望先生,记忆中这几次聊天先生都非常高兴。

这年10月5日,师母病逝,直到办完全部后事家人才告知先生,随后先生再次搬回中关园家中。先生搬回后我第一次去看他,他跟我说,自己比老伴年长七岁,但她这三十年来长期卧病,自己身体也不是很好,一直很担心熬不过老伴,所以尽力攒了些钱,预备自己身后能给老伴治病和养老用,不想老伴还是先他而去。我只能安慰他,说从80年代师母患病到现在,当初和师母得同样疾病的病友全都早已不在,师母能安然坚持到2010年,已经是个奇迹,这当中先生付出了极大的心血和精力,现在师母也算得到解脱。说到这先生并没有感到释然,反而心情黯然,说老伴跟着自己早年辛苦,晚年一直被病痛折磨,这辈子非常不易。我无言答对,出了先生的家门只有深深的叹息。

先生从2010年夏到2011年夏这一年时间里,状态一直很平稳,活动也渐渐多起来:马连良诞辰纪念活动先生不但专门出席,还讲了一番掷地有声的话;2010年冬和2011年春参与录制两期《绝版赏析》,分别是讲小生和《四郎探母》的变迁;在谷曙光老师的协助下,《中国文史工具资料书举要》的第三版也顺利出版。那段时间,白天先生除了看书,偶尔写字,又多了几部新出的《绝版赏析》节目消遣,柴俊为老师还特为先生又录了不少王凤卿的唱片。2011年的夏天,我骑车路过先生楼下,多次听到先生窗口飘出响亮的京胡声。2011年8月,先生的家人为他过了九十岁生日,先生的弟子、门人开始筹划编辑《学者吴小如》一书,那段时间应该是先生脑梗后心情最好的时光。遗憾的是没过多久,到 9 月的一天,吴先生晚上起夜,因为不愿意惊动看护的阿姨,独自去卫生间,结果在门口跌倒,导致腿骨骨裂,又一次住进医院。这次从医院出来,先生的行动更为艰难,因为不能独自站立,写字异常吃力(先生写大字须站着写),在后来的日子里,除了先生在 2012 年春天曾试着写了几个字,我再也没见先生写字。而且此次出院后,先生开始日渐消瘦,据说也是因为脑梗后遗症——先生的吞咽功能不很好导致的。

那年冬天,柴俊为老师来看望吴先生时,带来了刘曾复先生患食道癌的消息,先生也再次向柴老师道歉,说以现在的状态,以后不能再参加节目录制,但仍愿意为节目尽力所能及的贡献,绝不做挂名的"顾问"。先生还冒出一句:"《绝版赏析》从此恐怕基本告别'赏析'时代,正式进入'绝版'时代了……"先生获悉刘曾复先生病后,一直记挂着他的病情,特别担心刘先生遭受痛苦,多次托我到医院探望刘曾老。2012 年 5 月,先生的《学者吴小如》出版后,关照我赶紧给刘老送一本。记得我在刘老病榻前呈上吴先生的这本书,刘先生立刻示意坐起来,翻开书的时候,不住伸出大拇指,临别时关照我务必"给小如兄带好",那是我几次探望刘曾老中,刘先生跟我说话最多的一次。刘曾老仙逝后,我曾陪同刘曾老的小女儿到吴先生处谢孝,先生非常详细地询问了刘曾老的情况,特别深情地说:"刘先生是我的老师,现在他没有了,以后在京戏方面遇到问题,我没有老师可以请教了。"二位先生的友谊,就是这样淡淡的,却又是如此的深沉。

2012 年适逢吴先生九十整寿,先生为人低调,不愿兴师动众,所以主要的庆祝活动就是《学者吴小如》一书出版座谈会。这期间先生的书法精选,包括《手录宋词》《书斋联语》《书法选》陆续出版,北大出版社也将先生的一些新旧作品结集出版。柴俊为老师提议,为先生出一套京剧唱腔选,作为《绝版赏析》为吴先生祝寿的礼物。征得先生认可后,选编唱腔的任务由我协助先生完成,在此过程中,先生一如既往地谦虚和认真,所有剧目都是他亲自筛选、确定,唱词也逐一审订并要求标明出处。在考虑发售定价的时候,先生更是秉持了旧时票友"分文不取"的特质,赞成以赠送方式发行。我给先生看了微博上戏迷网友对先生的"唱腔选"的反馈信息,先生表示,只要有可能,希望借助网络,把这些录音传到尽可能多的爱好者那里。

协助柴老师整理出版了先生的唱腔选,我的第二期博士后也到了该出站的时候,离开北大化学院之后,因单位时常要出差,跑去先生家的时间和机会少了许多,再后来妻子怀孕,2013年小女出生,因此这两年除了柴俊为老师来京约我一起去看望先生,其他时间看望先生的次数屈指可数。那段时间先生的一些日常事务主要由中国人民大学国学院的张一帆老师代劳。

2013年10月底,柴俊为老师陪同艺术研究院组织编写"老唱片"丛书的编委来拜访吴先生,那天先生的精神颇好,其间说起约请吴先生做丛书的顾问,编委们感谢柴老师的热心,这时吴先生很豪迈地说:"我现在是精力不济,否则我比他还热心!"一句话逗得大家哈哈大笑,在吴先生的书房里,这样的笑声真的是久违了。但是吴先生看过他们的提纲之后,却又不是非常满意,认为至少"京剧老唱片"一块,很多题目应该选的没有选,所以很直率地跟他们陈述了自己的一些意见。第二天,先生又专门把我叫去,详细说了自己的意见,然后认真地跟我说:"既然让我做顾问,那我就得认真。如果他们能听从我的建议,我可以当顾问,但如果不按照我的建议,这个'顾问'我不当也罢。"丛书编委让我写一篇吴先生和唱片的文章,我试着写了一篇,请吴先生寓目后,先生认为写得"非常一般,但还算平实",后来编委建议将本文扩充,我曾电话征求先生的意见,先生认为没有必要,不想借自己是"顾问"就多占篇幅,然后又问:"他们对我的建议怎么看?"我都没敢接他的话。

2014年3月24号上午,最后一次探望先生,是先生去世前四十九天,那天在先生那里只是稍稍坐了一会儿,感觉先生的精神非常不好,比起柴老师他们来那次差很多,而且更消瘦了。他告知我最近痰多,睡眠不好,因为吞咽困难,吃东西非常费劲。看着先生清癯的面容,我心里特别难过。当时我之前做博士后时的合作导师蒋鸿研究员刚搬到先生楼上,我想着自己到先生这里不像以前方便,怕先生万一需要帮助找不到人,就把蒋老师的联系方式告诉了吴先生,吴先生表示感谢之外,却又说不想多去麻烦别人。5月11号中午在中关园参加了同事的婚礼出来,我还和妻说:"要不是下雨,真该去看看吴先生。"不想晚上10点多,接到原北大京昆社温敬雅女士的电话,告知说微博上传吴先生去世的消息……

先生去世后,有很多追忆先生的文字。不少人都提到先生的书法,我知道先生爱好写毛笔字,但是在先生身边看先生写字,却只有一次。2008年夏,当时"雅虎戏曲"的闫平女士请先生为他们专栏写几个字,先生非常高兴地答应了,那时候对于先生来说,写字真是"不费吹灰之力"。那天先生在裁好的小宣纸上写了"戲曲古韵,雅虎新聲"几个楷体字,墨色淡淡的,微微有些洇开(据说吴玉如老先生也爱用淡墨),先生落笔没有某些书家的故意抖动,笔锋掌握得极好,而且运笔非常规矩、自然,记忆中似乎笔画"撇"和"勾"笔力控制得尤其出色。先生写完,还特意指着"聲"字说,"聲"是悬挂的类似磬一样的器物,"殳"表示手拿了根磬槌,所以"聲"这个字是会意字,是"耳朵听到的磬槌敲磬发出的音",仅此一次,我不仅见识了先生的书法，也领教了先生的小学功底。这幅题字曾在"雅虎戏曲"网页上出现过一段时间，可惜不知道原件落在哪里，因为先生的这幅真迹既没有落款也没有钤名章，可算是一件另类的"珍品"。

先生多年坚持临碑帖，不但书法的技术上"炉火纯青"，先生的书法理论修养也非常好，记忆中先生临碑帖写过不少跋语，是多年习写的心得。有一次在中关新园，樊百乐兄向先生请教习写欧体字，先生有一番很有见地的话，他说现在写欧体往往临《九成宫醴泉铭》，但实际上更应该注意《黄叶和尚墓志铭》《化度寺碑》，这两份帖"有仙气"，另外还应该临《皇甫诞碑》，临好这几帖，再临《九成宫醴泉铭》，欧字就大有精进了。这是我唯一一次听先生具体讲碑帖习字的理论。其实翻看先生的《莎斋笔记》和《书法选》，就不难发现，先生临碑帖的很多跋语，是非常有见地的，可谓"授之以渔"。另外值得注意的是，先生对孙过庭的《书谱》下过很大的功夫，颇有心得，有回忆文章说，先生临去世前两个月，专门给青年教师连续讲了好几次《书谱》。

至于先生的学问好，著述俱在，有目共睹，自不必多言。我很早就注意到上过先生课的学生都一致称许先生的课讲得好，而且先生上课颇有"瘾"。可惜余生也晚，无缘一睹先生课堂上的风采。平时和先生聊天虽然也会涉及一点先生的治学内容，但真的都是点到而已。幸运的是，翻录先生的"中国文学史（导论部分）"的授课录音，我大饱耳福。虽然只闻其声，但那时候先生授课精力正盛，讲课时神完气足，字正腔圆，而且其间不时抖出的"小包袱"非常响，可以想见课堂气氛极好。先生自己说，他这八节的导论，力图打破以往"诗歌—散文、戏曲—小说"的传统分类，尝试"横向联系"，目的是厘清四类文学体裁的关系，这是文学史课程的宏旨之一。但先生坦言，从后来的效果看，这次讲"导论"的尝试并不成功。可是我感觉，上先生的文学史课,绝对是一种享受。这里还有个有趣的小插曲,授课时适逢87版《红楼梦》热播,先生在课堂上对该片的数度揶揄,逗得在座的同学们哄堂大笑。

京戏是我和吴先生认识的开端,也是我和吴先生聊得比较多的话题,先生对于京剧的见解、评论和饱含"忧患意识"的诤言已为戏迷所熟知,我想说的是先生除了是戏曲评论家,更是传统京剧的"守护者"。除了用文字记录京剧的高峰时代,先生还用自己的方式为留存京剧艺术默默尽责:中国唱片社1961年抢救录制了夏山楼主的三出戏就是先生的建议,这成为新中国成立后记录陈彦衡传"老谭派"的重要艺术资料;先生珍藏的千余张唱片,是京剧发展的重要音响载体;先生保存的刘曾复教授的百余出说戏录音,是京剧须生剧目演出中唱、念部分的全面示范。当初刘曾复先生将说戏录音赠送各戏曲院校后,这批录音便很少有人能接触到,如果不是吴先生有心复制保存,估计这些录音很可能和许多传统戏一样,至今"难见天日"。当这套录音光盘重新回到刘曾复先生手中时,刘老自己都说:"哎呀我没想到还能见到这套录音,这回再有人找我说戏,可省了不少事了。"此外,吴先生自己录制的说戏、唱段录音,也是我们学习、了解前辈艺术和表演的重要辅助。2012年初,赵永伟先生计划演出《青石山》,吴先生专门为他说了前面吕祖的唱,并为他"一赶二"设计了舞台场次的调度,当时吴先生说戏已经很吃力,但他还是认真地以刘曾老的《青石山》中吕祖的说戏为蓝本,将自己所学与刘老录音异同处逐一说明并示范。吴先生特别强调了唱"青是山绿是水"一句时,"青是山"要和后面"青石山"的唱腔区分,先生这里和刘先生的处理不同:刘老采用的是前者改唱"青的山",吴先生则在"青是山"的"是"字上加了个小腔并收了个擞音。这是我见过的吴先生最后一次专门的说戏。

先生的为人，我个人觉得最难得的是那种真诚与坦率，而且不乏"侠义心肠"，可是先生的耿直、仗义和不留情面难免得罪人，不少人说的"怕"先生，大约也在此。几乎所有回忆文章都不约而同提到先生自述"直言贾祸"那段话，其实先生坚持的只是一份心中的"道义"而已；而先生一旦意识到自己有错，也是同样坦诚到令人动容，先生对人对事，这种态度一以贯之。如果说最接近所谓"赤子之心"式的率真，我见过的人里，大约只有先生如此处世。

送别吴先生上路的那天，在北大校医院太平间请出先生遗体时，我看到先生的遗容是非常安详的。听说先生临终前还特意自己饱餐了一顿，这大约是回光返照吧。当先生以他近两年来时常保持的阅读的坐姿作别这个世界的时候，我想，先生一定是非常寂寞的，这种寂寞，是"古来圣贤皆寂寞"的寂寞，已经困扰了他很久很久……听先生的家人说，先生从感到不行到辞世，时间并不长，想必应该没有遭什么罪，对于老人来说，这应该算是一种幸福，对家人更是极大的安慰。

谷曙光老师建议我写一点怀念先生的文字，我没有敢动笔，因为这么多年来，我其实一直只是先生"外围的追随者"，先生身后哀荣，怀念的人很多，我却深知先生是"逃名者"，当然先生逃的是"虚名"，对于客观的评价，先生还是很看重的，这也是先生对于《学者吴小如》一书很珍视的原因之一。

先生辞世百日的时候，我和曙光老师以我们自己的方式缅怀先生，谷老师再次鼓励我写一点东西，犹豫了很久，才凑成这样一篇零散的文字，差不多历数了这十年里追随先生的值得珍藏的记忆，也都是普通得不能再普通的小事，算我对先生的纪念吧。

愿吴先生天国安好！

2014 年 9 月 29 日

"草根学者"吴小如

袁良骏

两月前,吴小如先生以九十三岁高龄驾鹤西去,这是我在北大中文系的最后一名老师,其他那些老师十年来皆陆续先他而去了。他的一死,标志着一个文化周期的终结,悲痛之外,尤让人感慨系之。我给小如师拟了如下挽联,请中文系青年书法家卢永璘写就悬挂之:

虽怀才不遇终生坎坷敌不过看破红尘笔走龙蛇著作等身
诚辗转病榻晚景凄凉又何妨胸怀辽阔笑傲江湖寿比南山

这些意思,在他老人家生前都说过。"终生坎坷,晚景凄凉"八字评价还曾见诸《学者吴小如》一书发布会上某一青年学者的发言,而为吴先生所赞赏。我的挽联,说的也正是这个意思。永远遗憾的是吴先生已经飘然远引,这些幽明悬隔的人生对话,他是再也听不到了!

吴先生著作等身,名满天下,但他不折不扣是一名"草根学者"。

他虽然桃李满天下,但都是像我这样年逾古稀的老学生。他连招博士生的资格都没有。他曾对天寅兄开这样的玩笑:"周有光先生已经108岁,仍旧健在,他说上帝把他给忘了。我是几次要进去,但都被上帝轰出来,嫌我不够资格。"

说起"资格",这大概是吴先生的"伤心岭"。1956年我入学时,他是一位风度翩翩的年轻讲师,据说上下古今能开十几门课,字写得也漂亮,他的板书皆不愧为书法作品。他的父亲吴玉如老先生便是天津最有名的书法家之一,真是家学渊源。他当时给我们开的是什么课?恐怕现在的年轻人想都想不到:"工具书使用法"——说白了就是怎样查字典,查《辞源》《辞海》,查《说文解字》《马氏文通》,查先秦典籍、《春秋》《左传》……要没有满腹经纶,谁也休想开这门课。不仅备课太吃力,弄不好还会出纰漏、出洋相。但吴先生的"工具书使用法"满堂喝彩,连系领导也连说"难得,难得"。吴先生的潇洒形象,我至今记忆犹新。

然而,正当吴先生潇洒得意之时,厄运来临,"反右扩大化"来了,他老人家虽然"缘悭右派",却闹了个"同情右派"的称谓——"中右"分子,一头栽了下去。正是从"反右"开始,几乎每次大大小小的政治运动中,他都成为"对立面"。学问再大,开课再多,毫无用处,从1956年到1966年,十年间他老人家原地踏步,依然是一名"讲师",只不过由"青年讲师"变成了"中年讲师"而已。"文革"一闹腾,又是七八年,吴先生由"中年讲师"大踏步迈向"老年讲师"了。此话不虚,80年代初评职称,本应毫不犹豫地评吴先生为教授,然而,根据当时的办法,吴先生等"老讲师"也不能直接申报教授,而只能像他的老学生、我们这些新讲师一样,规规矩矩地申报副教授。吴先生左冲右突到处申诉,结果毫无用处,他还是得申报副教授。

要不怎么能说是"怀才不遇,终生坎坷"呢?实在是"坎坷"得够让人伤心的了！然而,让我不太敢想、更不敢问的是,他老人家怎么如此旷达,如此笑对人生,竟然在如此逆境中活过90大寿！真不愧为一个奇迹！吴先生生前的最后一周,亦即弥留之际,让天寅兄寄我一本他新出的诗集《莎斋诗剩》(作家出版社)。但当我拿到这本书时,吴先生已经不在了！在诵读这本遗著时,我看到这样一些诗句:"莫向华堂韵富贵,丹青不让米家山","但求尺幅怡心目,冷对孳孳名利场","平生不作非分想,淡饭粗茶自有春","我笑时贤奔竞苦,一朝失足羡清贫","画上牡丹看不足,世间富贵等云烟"(《题近人画牡丹十首》),"世路谁云浊与清,暂安衣食便承平。……忘怀得失心常健,何必生前身后名"(《丁亥中秋前七日偶成》),"自古文章憎命达,英才十九困风尘","穷愁潦倒寻常事,尺幅江山待剪裁"(《题范洛森藏吾皖画家黄叶村遗作》),"宁为路饿殍,不坠平生志","余年甘寂寞,壮岁悔蹉跎。老死寻常事,人生一刹那"(《题刘凤桥》)……这些掏自心窝的血染的诗句,为我的挽联找到了注脚:这不就是"看破红尘"吗？这不就是"笑傲江湖"吗？这不正是吴先生长寿的秘诀吗？有此心境,还怕什么"怀才不遇,众生坎坷"？还愁什么"辗转病榻,晚景凄凉"？想要不长寿又怎么可能呢？当然,如果生活条件稍微好一些,吴先生也许更长寿,这就无法假设了。

吴先生病逝的第三天,李克强总理派人送来花篮；紧接着前总理温家宝、朱镕基也都发来了唁电。三位总理对"草根学者"的关切让人感到暖意,当然,吴先生已经不可能知道了。安息吧,吴先生。

作者单位:中国社会科学院

莎翁琐忆

张辛

莎斋吴同宝小如先生是我由衷佩服的文人学者。我们的缘分发生得非常早,是从吴先生的一本书开始的。在恢复高考前几年,我在一位高中同学的书架上发现一本书,硬皮精装,书名是《两汉文学史参考资料》,作者吴同宝。同学见我喜欢,送给了我。当时的我并不了解吴先生其人,但书的内容特别吸引我。于是我每天在日常教学工作之余沉浸于其中,做了不少笔记。在我考入北大历史系的第二年,即1979年的暑假我有幸认识了欧阳中石先生,由欧阳先生我了解到吴先生正在北大中文系任教。不久,我便怀着忐忑的心情拜访了心仪已久的小如先生,从此开始了我与吴先生长达三十多年的私淑师生善缘。

"操千曲而后晓声",吴先生是典型的旧式文人,熟谙典籍,长于文史,尤精于训诂考据,能诗善书,于目录学、俗文学、戏曲学等都有很高的成就和造诣,尤钟情京戏,自诩"台下人",总之堪称多面统一的通才大家。我每次登门请教,小如先生的言谈话语都使我受益良多,笑骂皆文章,与对时下一些所谓名人、大师,特别是专家的感觉全然不同。

1988年前后,谷向阳兄请我与之一起主编《中国楹联大典》,杀青付梓之前,我们分别请舒同先生和小如先生题写书名。当时吴先生二话不说,欣然命笔,我们不得不为先生提掖后进的名师风范和非凡的笔墨功夫称奇叹赞!

我是新中国自己培养的最早的考古学博士之一。我一直认为,考古学属于历史学,是人文学而不是科学,因而不能简单地理解为田野发掘,不能把考古学技术化、科学化,以至专业化。而中国考古大发现时期已经过去,因此考古学最终还是要落实在材料的研究上,而且中国考古学与西方考古学不同,金石学是其前身,我们有着相对完整、系统的文献典籍。中国考古学之所以有今天,就是因为考古前辈有着相当扎实的,而为我们这一代所不可企及的古典文献功力。基于这种考虑,我决定从墓坑、探方里走出来,而把主要力量放在文物和古文献的研究上。当把这种想法正式报告我的导师邹衡先生时,他表示十分遗憾甚至有些生气。而后我把此一想法告诉了吴先生,他在表示遗憾的同时则给予了理解和肯定。吴先生理解我的忧虑:如果坚持考古发掘,很可能会把我那点旧学文献功夫埋在墓坑或探方里。而正是由于如是选择,离开发掘,我的职称问题一度遇到一些麻烦。吴先生听说后,自告奋勇,"仗义执言",竟破例为我写了推荐书,并亲自送交考古系。

吴先生的课是北大中文系响当当的"三盘菜"之一,好听好看,历届学生无不交口称赞。他嗓音洪亮,吐字清晰,语词、语气、语术非常讲究。尤其板书,如行云流水,点画得法合度、结体有根有由、布局疏密有致,漂亮无比,至今历历在目。无论是日常谈话还是讲课,小如先生总是直抒胸臆,直奔主题,简单明快,甚至就事论事、不讲情面,绝不像时下某些专家那样爱玩弄名词概念,装腔作势,故弄玄虚。

1982年吴先生因故由中文系调到历史系。当时我正在读研一,了解到吴先生开设研究生课"读《左传》",便迫不及待地选修了这门课程,感觉很是过瘾。期末我提交了一篇作业《说左史右史》。吴先生大为赞赏,特别推荐到北京图书馆《文献》杂志,第二年发表在是刊第二十辑。这是我平生发表的第一篇有一定分量的学术论文,居然和汤一介、隋树森、周祐昌等大家的名字并列同刊。尔后吴先生还在天津《今晚报》撰文予以特别推介。

作为中央文史馆馆员,吴先生一度负责文史馆老馆刊《文史》的编辑工作。他曾几次表示想让我协助编辑,但当时我正在忙于博士论文的写作,最终没能帮上忙。

1997年初,为庆祝香港回归,香港青年联合会策划铸造一个大鼎,由我负责召集考古专家和工艺美术家开会研究,决定由杜大恺先生主持设计。关于铭文撰写,我首先找到袁行霈先生。袁先生答应了,但一周之后说人事繁要,实在坐不下来,推辞了。又找到曾撰南通十八罗汉祠文的文怀沙先生,文先生直言相拒。无奈我只好自己动手。一周后,我拿着写好的文稿向袁先生和文先生讨教。袁先生说:"你们搞书法的人是不是都很会写文章?"文先生说:"你能写得这么好,起初找我做什么?!"平生第一次写如此重要的文章,难免心中惴惴然,最后还是想请素有"学术警察"之称的吴先生过目把关。吴先生认真读了两遍,然后不无诙谐地说道:"如今北大只有一老一少我们俩了。"这着实把我吓了一大跳。但惶恐之余,又不免暗自高兴。

吴先生知道我自幼临池,钟爱书法,大三时在全国大学生书法竞赛中获奖,留校任教后一直业余主持北大书画协会工作,新世纪初继李志敏、罗荣渠、陈玉龙教授之后,出任协会会长。我们每次见面,小如先生总会问到协会情况,对协会工作始终给予热心关怀和支持。在北大教职工书法展览上每每会看到先生的大作。

小如先生知道我喜欢篆刻,并有名人印章收藏。有一次他对我说,他非常喜欢陶渊明《读山海经》的诗句"时还读我书",想请人刻闲印一方。我满口应承,终于满足了老人的一点心愿。当我把由篆刻家逯国胜兄奏刀的寿山石章面送先生时,老人家非常之高兴。

我国是诗的国度,诗入经是我国独有的文化传统。诗自古即是文人素质的一种体现,甚至可以说,是文人的一种游戏。北大历史上的名教授、大学者,无论文理科,大都能作诗遣兴自娱。吴先生无疑是个中高手。我每次拜访先生,诗总是一个不可或缺的话题。我有时也会带上一二得意之作请先生指教,吴先生每每直击要害,一语中的,可谓醍醐灌顶,不由得令我五体投地,暗自叫绝。

吴小如先生是时称"南沈北吴"之"北吴",即书法大家、诗人吴家璆玉如先生的长子,幼蒙庭训,耳濡目染,天分加勤奋,书法自然不同凡响,可以说吴先生是当代真正意义上的文人书法家。吴先生书法以欧楷为基,糅以迂翁(玉如)笔意,自成一格,功力深厚,点画精致,笔笔到位,不苟且、不造作、不急迫,结字工稳挺秀,舒展圆融,凸显出一种特别温和纯正的文气。

书法是静的行为,与诗一样是文人基本素质的体现。北大是文人荟萃的地方,北大历史上的总监督、监督、提调、教席,和后来的文科教授,甚至不少理工科教授大都能写一手好字,而他们大多并不以所谓书法家名世。诸如我收藏所及总监督孙家鼐、朱益藩,校长严复、蔡元培,农科监督罗振玉,提调商衍瀛、章梫、袁励准,教授(教习)吴承仕、马衡、马叙伦、章士钊、林志钧、容庚、冯友兰、邓以蛰、张政烺以及我的大导师宿白先生,等等。我觉得吴小如先生正是这样一位不名而名且并不逊于如上诸家的纯粹、地道的文人书法家,而我的北大历史上的书画家系列小藏,正是经过深思熟虑之后决定以小如书法作为"殿军"的。

有人说张辛是当今北大一个另类的存在,早年曾被学生评选为"北大十佳教师",其评语是"北大传统文人的当选"。同声相求,惺惺相惜,这也正是莎翁吴小如先生青睐于我的主要缘故。我经常受命为名胜题词撰联,为名人政要撰书寿幛、贺幛、挽幛以及碑文、墓志铭等,比如北大季羡林、张政烺、苏秉琦、宿白、邹衡和兼职教授饶宗颐、启功等的挽幛,均出自在下之手。而非常令人遗憾的是,八年前的一天,小如先生悄悄地走了,燕园平静如常,校内媒体似无动于衷,没有人知会一下我这个小小教授,与校外反差如此之大,洵令人不解,不由得扼腕叹息再三,至今耿耿于怀。这无疑构成我平生一大遗憾,我欠先生一个挽幛!

适值吴小如先生诞辰百年之际,谨奉上我深切的怀念和衷心祝祷:

万古不磨,帝罔交融,无憾辞尘归上界
中流自在,寒月解脱,必当应命做名神

作者单位:北京大学

小如先生与戏

赵珩

认识小如先生(吴同宝)是 20 世纪 80 年代中期的事了,但对小如先生在戏曲研究与评论方面的大名却是久仰。

70 年代中期,我就见过小如先生的尊人吴玉如先生,那是在刘叶秋先生的家里。吴玉如先生家住天津,每来北京,并不住在小如先生的家里,而是住在刘叶秋先生在珠市口西大街那十分局促的大杂院中。据我所知,刘叶秋先生与吴玉如先生大约有两层关系:一是刘先生的父亲与吴玉如先生夙有旧交;二是当时刘先生因编纂《辞源》,也延请吴玉如先生撰稿,以年齿辈分而言,刘先生是以父执辈对待吴玉如先生的。当时刘先生家的条件很差,他自己住在里屋一间两米七的斗室中,吴先生只能在稍宽敞的外屋里搭张床而眠。据刘先生说,吴玉如先生与小如先生父子关系不甚融洽,因此这位老吴先生宁愿住在城里的刘先生家,也不愿去北大宿舍和儿子住在一起。玉如先生在京的故交不少,或许是为了交通方便,也未可知。

吴玉如先生名家琭,字玉如,后以字行,曾就读于天津南开中学,与周恩来是同班同学。他的旧学根底深厚,曾得到南开校长张伯苓的赏识。后来任教于天津多所中学和大学，还做过津沽大学的中文系主任。吴先生的主要成就是在书法方面，堪称津门大家，名重一时。在北方书家中，可与郑诵先比肩。但是在"文革"中，哪里有人重书法，就是鬻字为生也是不可能的。吴先生虽曾任天津市政协委员、文史馆馆员，但是在70年代中期的生活是十分拮据艰难的。我也就是在那个时候，与吴玉老有过一两面之缘。

吴玉如先生也深好戏曲，与天津收藏家、戏曲家韩慎先交谊颇深。小如先生对戏曲的爱好应该说是受到了其父的影响，小如先生的弟弟吴同宾也是位戏曲评论家。小如先生1932年随父亲从哈尔滨来到北京，中学是在天津读的，后来读过商科。他的求学经历颇辗转，曾先后就读于燕京大学、清华与北大。1949年从北大中文系毕业后，一度回天津任教，直至1951年才到燕京大学国文系任助教，只一年，就赶上1952年院系调整，于是留在北大中文系任讲师，一任就是三十年。80年代初，小如先生在北大中文系因职称等问题很不开心，曾一度想调到中华书局工作。彼时先君已任中华书局副总编辑，小如先生曾到中华书局找过他，也有书信往来。后来此事未果是因小如先生从北大中文系调到了历史系，解决了职称问题（副教授），后来也升为教授。这就是小如先生与先君有所交集的来历。

我记得好像是1983年，小如先生送给先君一本张伯驹先生在香港中华书局出版的《红毹纪梦诗注》（这本书最早是在香港出版的，后来才在内地出版），先君带回家给我看。这本薄薄的小册子引起我极大的兴趣，天天翻看不厌，对书中所叙戏曲界旧事和剧目、演员、梨园掌故无不兴味盎然。先君幼时受家庭影响，经常看戏，对戏曲演员、剧目等也熟悉，不过用他自己的话说，"自余叔岩去世后就基本不看戏了"。而我却不然，自幼对皮黄痴迷，就是在上小学、初中的学生时代，一年中也有百日泡在戏园子里，但凡赶上在京名角的演出,差不多都去看。小时候,家里存有老唱片两三百张,基本都是生旦净丑的名段,曾反复听,像马连良《审头刺汤》中陆炳的白口都能学得惟妙惟肖。70年代末恢复传统戏之后,更是如饥似渴,每有好戏是绝对不会错过的。

1986年我开始负责《燕都》杂志,与已故的海波先生分别任《燕都》编辑部的正、副主任。《燕都》虽是一本回顾北京历史文化的综合性刊物,主要以北京的文物、考古、掌故逸事为主,但因我与海波先生都是戏迷,因此关于京剧旧事的文章占了不小的比重。当时许多老先生都还在世,如吴晓铃、朱家溍、翁偶虹、许姬传、刘曾复、吴宗祜、刘迎秋、王金璐、郝德元等都曾为《燕都》撰稿,而小如先生则属于当时最年轻的一位,也是为《燕都》撰稿最多的一位。如此,我与小如先生的联系就多了起来。

小如先生一生爱戏,那时我与海波向他约稿,几乎不用跑到北大去,因为我们经常在戏园子里见面,或是书信往还,十分便捷。那时小如先生身体尚健,如果不是因为夫人生病的家累,可能会更多地进城看戏。

最早读到的小如先生关于戏曲方面的文章,是他关于余叔岩的评论。这些文章曾遭人诟病,有人说他其实并没有赶上看几出余叔岩的戏,甚至说他根本就没有看过(小如先生1932年到北平,而余叔岩自1934年10月以后就基本告别舞台了),没有资格奢谈余叔岩。

余叔岩一生曾在高亭、百代、蓓开、国乐等唱片公司灌制过十八张半唱片(计三十七面),这是研究余叔岩最主要的资料。小如先生确实是以这十八张半唱片为研究依据,但他的文章卓有见地,从余派的师承、发展、形成到行腔、韵味、表演、授徒等,多方面无不论到,十分精辟。余生也晚,虽然没有赶上余叔岩,却也酷爱余派,这些文章也是我了解余叔岩艺术最直接的材料。

小如先生关于戏曲的文章以生行为主,关于旦行、净行和丑行的文字相对较少。1986年,他的《京剧老生流派综说》在中华书局出版,这本书虽说不无瑕疵,但在论及近现代老生行当艺术的著作中应该说是十分全面的,是我全面学习老生源流发展的最好的参考教材。尤其是小如先生对列于"余言高马"之外的王又宸、贾洪林、王凤卿、时慧宝、郭仲衡等老生的艺术成就,谈得极为公允客观。我虽然没有赶上皮黄前贤的时代,但是除了贾洪林之外,他们的唱片都听过。

我曾到中关园小如先生的寓所拜访过他两次,那时他的居住条件已经大为改观,对门即是北大中文系的阴法鲁先生,记得有一次是两家一同拜访的。那两次在小如先生家谈话的内容至今记忆犹新。

一次本来是想向小如先生请教几出老戏的流变情况,不知何故话题转到了小生行当。小如先生将程继先、姜妙香、金仲仁、叶盛兰、俞振飞等做了深入的比较,从他们的唱腔、白口、武功诸多方面论其短长。在这几位中,我只赶上了姜、叶、俞三位,至于程继先,曾受业于王楞仙,也是先叔祖父蔗初先生学小生的老师。金仲仁曾傍荀慧生多年,是荀慧生"四大金刚"之首。这两位我都没有赶上。至于姜妙香,晚年一直傍梅兰芳,看得多了,不过他的本戏在晚年露演较少。叶盛兰是我少年时代看得最多的文武小生,其传人也最多,就像今天的"无净不裘"一样,叶派几乎包揽了当今舞台的小生行当。俞振飞晚年在上海,与言慧珠合作。他但凡来京,我也都是看过的。

我从小对小生情有独钟,原因是小生俊美漂亮,尤其是翎子生,更是英武俶傥,唱腔高亢;加之我的老祖母年轻时也能唱小生,因为我家和梅家的关系,甚至得到过姜妙香的点拨。除了姜给梅先生配戏,我只看过姜的《打侄上坟》《监酒令》《连升店》等几出。至于《辕门射戟》《白门楼》《飞虎山》《状元谱》《玉门关》《雅观楼》以及《小显》(即《罗成托梦》)等吃功夫的戏都没有赶上。

小如先生对姜妙香的艺术和为人都给予了高度评价。刘叶秋先生告诉我,小如先生早年对姜妙香极为崇拜,曾多方托人介绍,设法要结识这位"姜圣人"。后来终于如愿以偿,得识姜六爷。姜的腹笥甚宽,对于近百年来的梨园掌故和各个行当的发展都十分了解,对小如先生的确帮助很大。

小如先生对小生行当的真假嗓运用很有见地,他认为姜幼年学习旦角,是以假嗓为主,后来他创造并丰富了现代小生的唱腔,很多也是源于青衣行当,但是又不着痕迹。小如先生认为,姜是继德珺如、朱素云和程继先之后将小生行当推向一个新高度的小生艺术家。而对于姜的为人谦和与甘居配角的精神也大加赞颂,他试举了梅兰芳《奇双会》里保童与赵宠角色的分派。

这次长谈,小如先生还谈到他对当前京剧改革的一些看法,我都非常受益并赞同。可惜那时小如夫人因病经常在里屋叫喊,多次打断我们的谈话。大家都知道,小如先生的夫人长期卧病,基本都靠小如先生悉心照料,十余年如一日,也是对他极大的拖累。

第二次求教则是因我写了一篇《闲话老唱片》的小文,先发表在《万象》刊物上,后来收入我的《彀外谭屑》一书。小如先生对早期唱片的历史极其了解,他也写过这方面的文章。我那篇小文只不过是就幼年家中收藏的唱片和所了解的一些唱片情况之漫谈,将这篇小文呈阅小如先生,目的是就教于他。记得那日先去拜访了阴法鲁先生,所以到小如先生家较晚,快到中午还没有谈完。小如先生对民初的唱片公司了如指掌,如高亭、蓓开、百代、物克多、长城等,哪年创办、哪年歇业、谁的资产等等谈得清清楚楚。当时我曾提到,小时候家中有张鹦鹉公司灌制的荀慧生的《玉堂春》,大约是20年代出品,小如先生对此饶有兴味,他说这张唱片和所谓的鹦鹉公司他都不了解。后来又谈到从蜡筒到钢针时代的转化及其音质的优劣,可惜时近中午,没有尽兴。

小如先生爱戏、懂戏,20世纪八九十年代,他的论戏文章极多,散见于各个戏曲刊物。加上小如先生对当时舞台演出状况和前辈各个行当艺术家的评论都比较深刻,甚至几近苛刻,这就难免招致一些人的不满。这种非议主要来自两个方面:一是力主京剧改革,主张京剧适应新观众、新形势的"创新"势力,认为小如先生的评论是今不如昔,墨守旧制;二是小如先生在艺术评论时难免臧否人物,于是引起了某些行当的弟子和家属,甚至是粉丝的不满。鉴于这两个原因,小如先生竟不时接到辱骂和恐吓的信件,甚至是匿名电话。关于此,小如先生也多次与我谈到。

20世纪80年代初,北京的剧场出了一段公案,我也身历其境。天津武生演员张世麟来京在虎坊桥的北京市工人俱乐部演出《铁龙山》,在姜维起霸时,武场锣经"四击头"("四击头"是京剧锣经中用于亮相的音响,大锣、小锣和铙钹的配合共击四记,也称"四记头")未加铙钹,于是台下有人打了"通"(叫倒好)。此后各报予以报道,引起舆论哗然,对《铁龙山》姜维起霸时的四击头加不加铙钹的问题争论不休,莫衷一是。后来有人请小如先生出来说话,小如先生列举了他曾看过的当年杨小楼、俞菊笙、尚和玉、孙毓堃演出《铁龙山》的例证,认为这里的"四击头"是应当加铙钹的。于此也可见小如先生实事求是的态度。

我虽年轻,在京剧改革的问题上却是"思想陈旧",因为从小受到传统戏曲的熏染,一直是反对京剧肆意"创新"的。我赞成梅先生当年受到批判的话——"移步不换形"。关于京剧的发展,我认为首先是继承,而不是胡乱创新。我在1990年编辑《京剧史照》(此书曾获首届国家优秀图书提名奖)的时候,曾和某些主张"创新"的权威人物发生过争执;在前些年中国戏曲学院召开的"京剧的历史、现状与未来"研讨会上也发表过不合时宜的论点。说到聊戏,最有共同语言的当还是朱家溍先生、刘曾复先生和小如先生三位。

小如先生幼承家学,不但文史功底很好,书法也堪称继承其父的风格,更取法于晋唐、瘦金,汲取多方面的营养。他的法书严谨而有法度,颇有文人的书卷气。

平心而论,小如先生在文史方面的论著不算很多,他的精力大多花在戏曲研究方面。除了编著的几部文学选集之外,他自己的著述只有《中国文史工具资料书举要》《诗词札丛》《读书丛札》《读书拊掌录》等,而《古典诗歌的习作与欣赏》《古典诗文述略》等又都属于普及性的读物。但是在戏曲方面却有不少论著,如《台下人语》《京剧老生流派综说》《吴小如戏曲文录》《吴小如戏曲随笔集》等,这也正是他在北大中文系多年不受重视的原因。不过小如先生学问扎实,知识广博,他的课也讲得生动,因此晚年受到北大学子和外界的尊重。不久前,我还看到一篇莫言写吴小如先生被请到解放军艺术学院授课的文章,十分生动。

小如先生对几位前辈是十分恭敬的。

一是张伯驹先生。小如先生当年来北大教书,没有住处,是张伯驹先生腾出在燕园藏书的两间居室让他安顿妻儿,而且分文不取,这令小如先生感戴终生。另外,他与张伯驹先生也是因戏而成忘年之交。无论是在北京还是天津,他都得到张伯驹先生的提携和引领,由此广涉京、津专业与票界的圈子,接触很多前辈,大大丰富了梨园见闻。应该说,在戏曲研究方面,张伯驹先生是小如先生的老师。

二是俞平伯先生。小如先生曾受业于俞平老,他对俞平老执弟子礼甚恭。我在有些场合见到他与俞平老在一起时,都是垂手侍立,礼貌有加。俞平老逝世后,其在万安公墓的墓碑也是由小如先生书丹的。

三是太初先生(周一良)。小如先生当年也曾受业于太初先生,他对太初先生一直很尊敬,与周家的来往也很多,一直到太初先生去世后,与启锐兄还有过从。我最后一次见到小如先生就是在他和启锐兄一起吃饭时。

北京南河沿华龙街上的起士林是天津起士林在北京开的分号,实际上就是几人承包的起士林西餐馆。我因为自开业以来就经常去,所以与他们的厨师长老戚和经理张天庆都非常熟悉。那时我上班在灯市口附近,中午也常去那里吃饭,经常碰到人艺老演员和不少京剧界人士。起士林是老派西餐,因此很适合这些人的口味。时常在中午吃饭时见到梅葆玖,他住在东城的干面胡同,离那里很近。还有给张君秋配戏的刘雪涛,住在前三门,离此都不远,都是熟人,有时碰到就在一块儿吃了。小如先生虽然也好这一口,但是从海淀中关村来此实属不易,只能沾启锐有汽车的光,让启锐接他来吃饭。那天中午我刚点完菜,就看到小如先生和启锐兄,他们正吃到一半,来不及移座同餐,就在他们桌上聊了一会儿。之后我匆匆吃完,他们还没有走的意思,我先行告辞后,关照张天庆给他们打个折。

如今,朱季老、曾复先生和小如先生都先后作古,再想与谈旧剧、就教的前贤几乎没有了,我也很少到戏院去看戏了。抚今追昔,恍如隔世,不免有不胜唏嘘之感。

作者单位:燕山出版社

吴小如：传统文化传承一瞥

周生华

我们要给世界展示我们的文化,这个文化必须是我们理解的、珍惜的文化,是让人信服、看了以后心悦诚服的文化。

吴小如是著名历史学家、北京大学教授。他曾受业于朱经畲、朱自清、沈从文、废名、游国恩、周祖谟、林庚等著名学者,是俞平伯的入室弟子,在中国文学史、古文献学、俗文学、戏曲学、书法艺术等方面都有很高的成就和造诣,著有《京剧老生流派综说》《古文精读举隅》《今昔文存》《读书拊掌录》《心影萍踪》《莎斋笔记》《常谈一束》《霞绮随笔》等,译有《巴尔扎克传》。

2014年5月11日,吴小如因病在北京逝世,享年九十二岁。在他生前,笔者有幸访问过这位被誉为"多面统一"的大家,他对中华文化的热爱及对增强民族凝聚力的思考,言犹在耳。时值社会各界高度关注传承中华优秀传统文化之际,笔者特整理吴小如生前所言,与读者分享。

那是在2011年3月下旬,笔者一行有幸见到了大病初愈的吴小如先生。沏了一壶菊花茶,老先生稍见暖意后便打开了话匣子,聊起中国的京剧、书法、繁体字乃国粹瑰宝。

"中国的京剧、书法、繁体字是增强中华民族凝聚力的源泉。"吴小如先生特别强调,对这三样国宝,当代大学生一定要掌握、认识、传承并发扬光大,简化字推行了五六十年了,但繁体字不能不认识,繁体字在国际上也有着深远的影响,国外的华侨很多,他们很多人用的是繁体字。

吴先生跟我们说起一件事。三十多年前,有一位美籍华人回到中国,相关接待部门为他配备了一位有经验、外语很棒的导游,这位华人将印有自己中文名字的名片递给这位导游,名片上是三个繁体字,那导游一个字也不认识,以至于他跟上面反映游览情况的时候,连这人的名字都说不上来。"中国人只会洋文,却不识繁体字,这不行!太悲哀了。"吴小如先生说。

吴小如先生教文学史数十年,在教学方面,他始终坚持"治文学宜略通小学"。这个"小学"指的是声韵、文字、训诂,再加上目录版本校勘。吴先生认为,这些是我们现在研究国学最基本的常识。

他提出,现在的大学生们,还要认识草书,认得一些古文字。草书不是天书,不能乱写,是有规范的。毛主席从延安到北京几十年间,虽然字体有变化,但是写法始终很规范。如果我们不认识草书,就有很多手稿无法辨认,无从学习。略通古文字对于我们学习古代文学、书稿,亦有着很大的帮助。

聊到传统文化,老人家还谈起了京戏。他说,梅兰芳的儿子梅葆玖在"两会"上提出,不能把不是京戏的东西硬往京戏里装。对此,他深表赞同。

老人介绍道,梅兰芳第一次去日本的时候就强调,京戏是古典艺术,不宜于演时装戏。所以,梅先生早年排的时装戏,后来都不演了。梅兰芳也移植了不少戏,比如《穆桂英挂帅》,就是从豫剧移植过来的。当时,大家看着很像京戏。这说明中国的戏剧有共同的规律,它是综合性的,有唱有说有打。虽然历史不长,但它一出现,就很成熟。如果在舞台上,京剧被弄成了四不像,老观众慢慢就不看了,新观众又没兴趣。结果就会丢了一批老观众,又没补进来新观众。

说起书法,吴小如先生首先谈到在画上题字的问题。北大有个艺术书法研究班,很多年前曾找吴小如先生讲过课。吴先生跟学员们说,你们画画得不错,字可能也不错,但是,你们不会题款。1981年,有个朋友要出国,找个画家画画,想送给在外国的朋友。结果那位朋友不会题画,把好好的画糟蹋了。题画是个学问,称谓上要注意细节。称兄不见得对方比你年长,称弟也不见得对方比你年轻。这就是一种文化礼仪。比如鲁迅,他对所有的学生都称"兄"。另外,"愚"这个字也不能随便乱用。诸葛亮给刘后主的《出师表》,用了这个"愚"字,其实在这里有点居高临下的意思。因此,称呼上的问题,搞书法、搞绘画的都应该重视。

吴先生说,初练字的时候,很多人都要临帖、摹碑,临摹颜鲁公、欧阳询等等。但有一点要求,就是必须先把这个碑文读懂,不能只是照猫画虎写字。读懂了碑文,等于学了一点文言文,知道这碑说的是什么事。现在有些人写字写得不错,但是根本不懂文意。

他强调,书法讲究横平竖直,练好基本功,写字要在行,得多理解古文化,不能瞎摹、乱创新。创新是好的,但要在文字规范的基础上创新。比如杜甫,看他的全集,都是创新的东西。他的创新,有的尝试过关了,成了后人的范本,也有些尝试是不成熟的,他尝试一次,就不再做了。而我们看到,坏作品很少,大部分是好作品,这样才有了规范和原则。所以,杜甫成了后世的楷模。相比之下,李白是天才,作律诗可以一句都不对仗,还能写出来。他就像一个很会唱戏的人,有天赋,怎么唱怎么红,怎么唱都好。杜甫则是规规矩矩。我们不是天才,就要靠后天的努力。写字也是如此,必须锲而不舍。

吴小如先生身体欠佳,谈起文化问题却精神矍铄。老人强调,繁体字、京剧、书法,都是我们中国独特的文化,从长远考虑,我们不能不珍惜。我们要向世界展示我们的文化,这个文化必须是我们理解的、珍惜的文化,是让人信服、看了以后心悦诚服的文化。

书斋清芬

朱航满

冰心书房曾悬二联,一为冯友兰所撰,上联为"文藻传春水",下联为"冰心归玉壶";另一为祖父谢子修所撰,上联为"知足知不足",下联为"有为有弗为"。此两副书斋对联皆佳,前一副尤为绝妙。冯友兰撰写此联,乃是贺吴文藻和谢冰心结为百年的喜联,以"文藻"对"冰心",以"春水"对"玉壶",既以两人名字嵌入其中,又巧采唐诗"一片冰心在玉壶",堪为妙趣横生。在《吴小如录书斋联语》中,吴小如先生特别录写了这两副对联,对于冯友兰所撰联,吴先生有题跋评语:"属对甚工。"对于谢子修所撰联,吴先生题跋评说:"立意甚高。"由此亦可见吴先生对此两联的欣赏。一副好的书斋对联,既有赏心悦目的审美价值,又有抒情言志的意义,或者还有修身养性的激励。吴小如先生亦极欣赏他的老师俞平伯的一副书斋对联,上联为"欣处即欣留客住",下联为"晚来非晚借明灯"。这副对联由俞平伯所撰,又由吴先生的父亲吴玉如书写。俞平伯是一代文学大家,吴玉如则是著名书法家,两位大家的合作,堪称瑰宝。这副古槐书屋对联,吴先生评价为:"写得意味深长。""表面上平淡无奇,其实这里面包含着得遇知音的兴致,却也有人到晚年的寂寞之感,不仔细品味是不大体会得到的。"

书斋对联讲求清雅脱俗,冰心书房的两副对联都高雅,"冰心归玉壶"一联,虽有戏谑意味,但并不俗气,且令人会心。俞平伯所撰对联中的"晚来非晚借明灯",取《说苑》里的一则典故,乃是"老而好学,如秉烛之明"之意,吴先生评价说:"这是一种积极乐观的态度,而说得十分含蓄。"其父亲吴玉如称赞这副对联:"没有'烟火气'。"吴小如先生用他极为清秀俊美的书法来写书斋对联,所选对联内容皆有清新之气。吴先生喜集陶渊明、杜甫、苏东坡等人诗句,亦可见品位和性情。他的自撰联,亦是品位极高,其中有两副,我最是喜爱。其一是他的自撰对联:"偶从城市亲鱼鸟,独向丹铅遣岁华"。联后有题跋为:"此莎斋自撰联。上句本先君诗,改首句'爱'为'偶'字;下句杜撰,盖仆自况。然近年老妻久病,顽躯日衰,即此亦难践矣。戊子寒露。"其二是:"春水船如天上坐,秋宵客向梦边来"。联后有题跋:"此莎斋就老杜诗为上联杜撰而成。盖近年体衰,入夜即就寝。值此秋夜,某日竟有佳客惠然来访,当时似梦非梦,故下联乃写实也。戊子寒露,小如录近作。"吴先生这两副晚年所作对联,用他评价老师俞平伯对联的话来说:"实际跟作诗的境界也差不多,应该是上乘的文学作品了。"

吴小如是北京大学教授,古典文学修养极深,他好诗词,好戏曲,好撰联,好书法,好作文,堪为一代大家。读《吴小如录书斋联语》,有很深触动。虽是看似有文人游戏意味的对联,却彰显深厚功力。这些书斋对联,多由吴先生选录,采古今名联,可见品位,令人称赏;而吴先生又不满足于简单书写,又对选录对联,或注明出处,或品评月旦,或题记往事,虽是随手所写,却是妙手文章。吴先生录写对联:"春秋有佳日,山水有清音",题跋便是一段赏析和考辨:"此

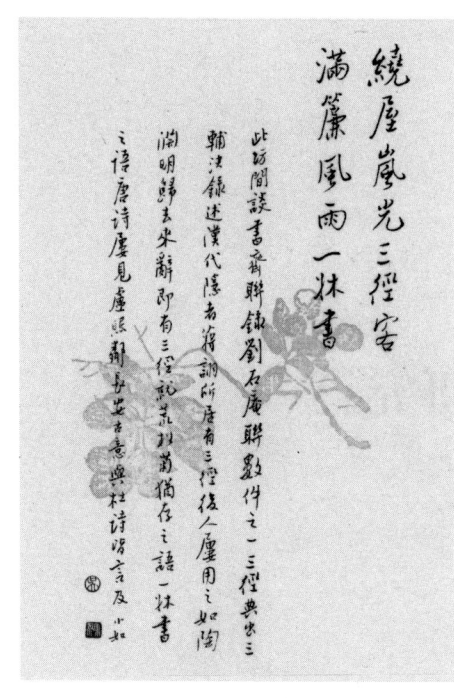

吴小如录书斋联

联习见，然属对自然工整，洵佳作。上句见陶诗《移居》之二，下句见左思《招隐》诗。以晋人句对晋人句，甚得体。坊间谈楹联诸书，于下联出处每误，易谂误导，不可不知。小如。"再如对联"莫嫌荦确坡头路，且傍江山好处吟"，则是别有寄怀矣，其中题跋有："自一九五一年至庐山会议，读书人频遭磨难，乃成此联。联成于反右前后，先君为作翁松禅体书悬于壁间，后曾付印。或讥'好'字对仗不工，实则'好'字指璧环，与孔等距，亦名词也。"《吴小如录书斋联语》是清赏之作，亦是寄情之作。也因此，我十分感谢此书的编选者刘凤桥君，他鼓动吴先生写了这本书，乃是令我们得以欣赏这真正属于文人书斋的一缕清芬了。

作者单位：解放军总医院

研究篇

论吴小如的杜诗学研究

陈麦歧

引言

吴小如(1922年9月8日—2014年5月11日),原名吴同宝,安徽泾县人。作为执教北大的著名学者,其治学格局以通达广博著称,在训诂、戏曲、书法、诗词等领域都有突出成就。小如先生作为通人,当然熟读杜诗,他本非致力于杜甫研究的专家,晚年却在家中为几位学生讲析杜诗,以丰富的视角和手段呈现了一种极具时代意义的杜诗学研究路径。其十五次授课的内容被整理成《吴小如讲杜诗》,该书代表了新世纪通人治杜诗的最高成就,这对现今杜诗学研究范式的开拓与推进不无启迪意义。

一、文本苦赏的根基:字词训诂与解诗家法

小如先生精通小学,其《读人所常见书日札》《读书丛札》《先秦

文学史参考资料》《两汉文学史参考资料》等皆是以小学分析文学的力作。小如先生也曾明确指出阐释诗歌要旨须植根于字词训诂："但诗无达诂不等于诗无定诂或诗无确诂，后人固不得引董说为借口，而任意胡乱解诗也。"因此他一直强调"治文学宜略通小学"。刘宁教授指出其考据学相对于乾嘉学术的新变："通古今之变的眼光，使吴先生为乾嘉考据学的古老传统，增添了开阔的视野和通达的方法论。"①在实证观念的影响下，小如先生的杜诗研究也多关注训诂、考据等实证层面的内容，对作品的赏析也建立在完全疏通杜诗字义的基础之上。因此，小如先生自嘲式地将欣赏称为"苦赏"，并认为欣赏必须建立在苦苦琢磨作者遣词的用意并与作者相会于心的基础上，正确的文本细读方式当是先苦后甜。

小如先生解读杜诗，首先是充分关注了诗歌中的字的读音。小如先生就曾批评："现在很多人读诗读错字，对诗歌的读音不讲究。"②小如先生有丰富的诗歌创作经验，对诗歌的格律有很高的敏感度，所以在讲杜诗时，对于一些多音字往往不厌其烦地细辨。比如《羌村三首》，小如先生谈及"峥嵘赤云西，日脚下平地"，指出"峥嵘"的语音流变："嵘"在民国时期还读 héng，但是现在都读成 róng。再比如谈到杜甫写诸葛亮的诗时，旁引李商隐《筹笔驿》的"徒令上将挥神笔，终见降王走传车"，小如先生指出"令"读 líng，而"传"为名词时应读 zhuàn，传车、邮传部、传舍的"传"都应读 zhuàn。谈及杜甫《南邻》"园收芋栗未全贫"，先生指出"芋栗"是一种特殊的栗子，然后展开说"芋"的两个读音，作植物时念 xǔ，作栗子的意思时读

---

① 刘宁《其学沛然出乎醇正——吴小如先生的古典文学研究》，《文学评论》2010年第4期，第179页。
② 吴小如《吴小如讲杜诗》，天津古籍出版社，2012年版，第135页。下文所引吴小如对杜诗的阐释皆出自该书，不再一一注明。

yù。这些看似零碎的小学问或许被有些学者认为不值一提,但小如先生的讲述中其实保留了民国时期的一些字的读音,可以说提供了丰富的语音史资料,而且从小如先生对诗歌读音的关注度上,足可管窥他杜诗研究的深度与广度。

小如先生对杜诗音韵的关注,有时不会仅仅局限于一字之音,而是结合诗歌文本,从创作的角度展开了新的解读。比如谈到杜诗《江南逢李龟年》:"岐王宅里寻常见,崔九堂前几度闻。正是江南好风景,落花时节又逢君。"小如先生指出一、三句的末字"见"和"景"虽然没有押韵,但都属于见纽,为同纽字,恰可证明杜甫创作时,一、三句的末字也有音韵上的关联。再如谈及杜甫《登岳阳楼》中的"亲朋无一字,老病有孤舟"时,小如先生认为这十个字有阴平、阳平、上声、去声和入声,五声俱全,所以吟起来铿锵有力,恰恰体现了杜甫"晚节渐于诗律细"的特征。

其次是关注字义在诗歌语境中的作用。杜诗中有些近义词常为学界所忽略,而小如先生慧眼如炬,往往由此阐幽抉微。比如谈到杜甫《北征》中的"况我堕胡尘",小如先生聚焦于"堕"字而联想到"坠"字,认为"堕"和"坠"有别。以地平线为界,从上朝下落在地平线以上叫"坠",所以一般叫"绿珠坠楼"而不是"绿珠堕楼";向地平线以下落去叫"堕",所以凡是落入不正常的、生活水平以下的都叫"堕",所以是"堕入十八层地狱""堕落"。杜诗这里用"堕胡尘",恰恰昭示了一种不正常的生活状态。当小如先生谈及杜甫的《宾至》《客至》时,又抓住了"宾"与"客"的区别。小如先生指出,"宾是请来的客人,客是熟人串门",进而举例外交部只有"礼宾司"而无"礼客司",电视节目所请的叫"嘉宾"而非"嘉客",《易经》中是"不速之客"而非"不速之宾"。他用一系列耳熟能详的词语非常轻松自如地解释清楚了"宾"和"客"的区别,进而代入杜甫的两首诗歌中。

小如先生认为《宾至》中杜甫面对的来宾是上层人物,有一种身份上的疏离,所以诗歌的表述非常拘谨和客套;而在《客至》中杜甫面对的来客当是与他关系较为亲密之人,所以诗歌情溢于言。小如先生有时也关注一个字在诗歌语境中的具体含义,比如读到杜甫的"烽火连三月,家书抵万金",小如先生探讨"三"字到底是实写还是虚写,最终联系杜甫的行踪与唐代安史之乱的相关史实,认为杜甫成诗时战争持续了远不止三个月,故这里的"三"是虚指时间比较长。

小如先生有时并不仅仅探讨字本身的含义,还常常站在作者的角度,替作者考量下字,着眼于诗歌的字法。比如《石壕吏》中的"有孙母未去",有版本作"孙有母未去",小如先生并没有局限于比较传世各种版本的差异,而是从诗歌创作的角度展开体悟式的分析。他认为"有孙母未去"的文本阐释空间更为庞大,暗示了在丈夫死后儿媳没有改嫁的原因,而"孙有母未去"则是一个平面化的表述。再如讲解《蜀相》中的"锦官城外柏森森",小如先生认为"柏森森"如果表述成"树森森",泛化的字词指向会造成诗味消退,而"柏森森"则有丰富的文本语义,因为柏树本身就是高洁和忠贞的象征,而围绕着丞相祠堂,那更可以理解为是诸葛亮形象的外溢,使得武侯祠的环境显得既寂寞冷清,又肃穆庄严。

小如先生阐释杜诗,在字词训诂之外的诗义疏通上,也非信口开河,而多是遍稽诸说,在考据传统的基础上申说考辨。小如先生阐释杜诗多本于仇兆鳌的《杜诗详注》,综合来看,其对于仇注的态度可归为三点。其一,在仇注的基础上再深究一步。谈及《八阵图》中的"江流石不转"时,小如先生肯定了仇注发现了其典故来源为《诗经》中的"我心匪石,不可转也",但也指出了仇注"没往深里讲"。小如先生揭示了杜甫是在反用《诗经》,《诗经》中的诗句暗示了石头可以转动,而人心是不能转动的,杜甫则说本可以转动的石头现在也不能转动了,这恰恰体现了诸葛亮的遗恨。其二,辩驳仇注,另立正解。比如谈到"羯胡事主终无赖",仇注认为"无赖"是"二皮脸"的意思,小如先生则认为"赖"作倚靠解,"终无赖"是终于靠不住的意思。联系安史之乱的史实,安禄山正是联合了同罗、契丹等羯胡造反,小如先生的解释显然优于仇注。再如《秋兴八首》中有"白头吟望苦低垂",仇注改为"白头今望苦低垂",小如先生幽默地批评道:"'仇注'的文学艺术细胞似乎差点儿。"仇兆鳌因为出句"彩笔昔游干气象"中的"昔",误以为杜甫是在做今昔对比,便自作主张地改为"今望",但"今望"的造语过于生硬,杜甫怎肯为之?其三,不否认仇注,但生发出一种新的阐释。比如谈到《秋兴八首》中的"香稻啄余鹦鹉粒,碧梧栖老凤凰枝",仇注认为此句用了倒装手法,意为"香稻乃鹦鹉啄余之粒,碧梧乃凤凰栖老之枝",是杜诗追求句法复杂化的一种表现。小如先生并未否定这个阐释,但从另外的角度提出了一个新的看法。他引曾巩的文句"室于叹,途于议",此句本应作"议于室,叹于途",如此倒装实是为了醒读者之目,既强调"室",又强调"议",既强调"叹",又强调"途",所以这句当解为"到了街上只能叹气,到了室内只能议论"。杜诗也是此理,既想强调"香稻",又想强调"鹦鹉",既想强调"碧梧",又想强调"凤凰",故倒装以求醒目。

除了对仇注予以特别的关注外,小如先生还常常引用其师俞平伯先生、废名先生的观点。小如先生强调自己作为学生,十分重视师承和家法,比如他十分推崇废名,据小如先生自述:"废名师曾讲过一学年《诗经》,我 1950 年秋在津沽大学开《诗经》专题课,曾通过先生的在南开大学就读的女儿向先生借阅他的《诗经》讲稿。承先生厚爱,全部惠借给我过录。"①可见他对废名先生的学问心摹手追。所以在谈及《咏怀古迹五首·其一》中的"五溪衣服共云山"时,小如先生指出古今杜诗注本对这句诗的解释基本上都是隔靴搔痒,而其师废名的解释则可谓发覆之谈。废名认为五溪指五溪蛮,泛指少数民族,少数民族的服装都是五颜六色的,而西南地区的群山、云霞也是五颜六色的,这种色彩正是互相调和的。

  小如先生为俞平伯先生的入室弟子,对俞先生的观点更是多次祖述甚至发扬。谈及《观公孙大娘弟子舞剑器行》中的"女乐余姿映寒日",小如先生遍举诸说,认为都不及俞平伯先生所释精辟。俞先生认为这句诗是用向秀《思旧赋》序的语典:"临当就命,顾视日影,索琴而弹之。余逝将西迈,经其旧庐。于时日薄虞渊,寒冰凄然。邻人有吹笛者,发音寥亮。追思曩昔游宴之好,感音而叹,故作赋云。"杜甫看到公孙大娘弟子的"女乐余姿",正如向秀在日暮天寒时分经过嵇康故居一样。再如解释《望月》中的"香雾云鬟湿,清辉玉臂寒",古今注杜者均认为这是在写杜甫妻子望月,博学如章、黄,也持此见。据《武汉日报》记载:"章太炎先生读杜诗至'香雾云鬟湿,清辉玉臂寒'二句,谓黄季刚先生曰:'杜二一贫如洗,乃有此标致夫人耶?'季刚先生曰:'云鬟玉臂,固未必佳,安知非一脸麻子耶!'章先生大笑。"其实章太炎已经发现了端倪,黄侃则以一句玩笑话稀释了这个疑惑。俞平伯先生敏锐地抓住了这个疑惑,引《琵琶记》中"香雾云鬟,清辉玉臂,广寒仙子也堪并"反证,认为杜诗颈联实则在写嫦娥,但俞先生又认为以元曲反证唐诗的方式有失严谨,所以最终没有将此观点收入其《论诗词曲杂著》中。不过,小如先生却将这

---

① 吴小如《呼唤废名全集问世》,见《吴小如文集·笔记编二》,中国书籍出版社2022年版。

一观点继承并发扬,他引李商隐的"青女素娥俱耐冷,月中霜里斗婵娟"、苏轼的"但愿人长久,千里共婵娟"、周邦彦的"耿耿素娥欲下",认为他们与杜甫一样都是以嫦娥来写月亮;又引北宋末年李纲《江南六咏·其三》中的"江南月,依然照我伤离别。故人千里共清光,玉臂云鬟香未歇"反证杜甫,进而认为杜诗颈联实则通过描写嫦娥来呈现月亮朦胧与皎洁的两种形态,以暗示杜甫望月之久。小如先生在讲学时常常引用并生发俞先生的观点,俞先生得知后还曾向其写信"感谢你宣传鄙说"。

二、文体交融的视野:以戏解诗与借诗说戏

小如先生有深厚的戏曲学素养,融唱戏、听戏、读戏、考戏于一身,消弭了学界一直以来案头与场上的鸿沟,其《台下人语》《鸟瞰富连成》《京剧老生流派综说》皆是光照学林艺坛的扛鼎之作。因此,小如先生在诠释杜诗时,字里行间常常闪烁着来源于戏曲学领域的光芒。

小如先生援引戏曲来解读诗词,甚至借解读诗词来探讨戏曲,肖复兴先生将这种现象称为"对读",但简单地视之为"书中涉笔成趣最有意思的部分"①。其实这种读法实现了学科跨越,打开了文体交融的视野。不过这种跨文体、跨学科式的研究视角对研究者的知识素养有很高的要求,小如先生作为传统学界观照梨园的最后风向标,驾驭起这种研究范式自然得心应手。其实,早在明清曲论家的视角中,就有很多诗戏相通的论述,可谓渊源有自。不过明清曲论家往往是以诗词创作的标准来衡量戏曲的艺术成就的,而小如先生

---

① 肖复兴《听吴小如讲杜甫》,《中国文化报》2013年1月1日第3版。

以戏曲来助益杜诗的破译,或通过杜诗来烛照戏曲展演的得失,这与传统的诗曲相通理论有本质区别。

小如先生以戏解诗可以分为两个层面。第一个层面是以戏曲搬演来侧面诠释诗学问题。比如谈到杜甫诗歌注重法度,而李白诗歌往往超越法度,是以后世学诗多从杜甫入手时,吴小如便例举京剧艺术家中的杨宝森、杨宝忠、余叔岩等,他认为这些京剧艺术家并不是天生就具备好嗓子,他们学习谭派唱法都注重规矩,循序渐进,始有大成。吴小如随后又提及为了标新立异而发明"后现代"唱法的言菊朋,依然认为他是从规矩中来,吴小如认同言菊朋的"标新",但反对其"立异"。吴先生进而指出李白作诗天赋异禀,就像演员有好嗓子便随心唱戏,虽则不必拘泥规矩但往往流于粗疏;杜甫作诗天赋不如李白,亦如嗓子不好的演员,但完全可以凭借后天的努力去学习并进步。吴先生揭示了学习写诗和唱戏的共通性。

小如先生还常常以戏曲中的术语来诠释诗词。比如小如先生以戏曲中的"亮相"来诠释杜甫《佳人》中的"天寒翠袖薄,日暮倚修竹",以"关目"来诠释《观公孙大娘弟子舞剑器行》中的舞剑,最为精彩的是以戏曲唱腔的起伏来诠释杜诗的顿挫。小如先生谈到杜甫的沉郁顿挫,认为"沉郁"是指杜甫诗歌的内容,而"顿挫"是指杜甫诗歌的技巧,又援引戏曲的唱腔之法来辅助阐释,他认为杜甫《自京赴奉先县咏怀五百字》中的"杜陵有布衣,老大意转拙。许身一何愚,窃比稷与契"深得顿挫之法:杜甫既然指出自己是布衣,那就应该随着年龄的增长变得越来越世故,结果反而更顽固,甚至顽固到了愚蠢的地步,想要成为稷与契这样的栋梁之材。杜甫顿挫的手法之所以能成功,正是因为有发自内心的沉郁的思想。随后小如先生便说程砚秋的唱腔是有顿挫和起伏的,但是没有棱角,"如果顿挫出现了棱角,说明演唱底气不足,或者说是不善于运用换气,顿挫的地方全让人听出来了"。杜甫的诗也是有顿挫而无棱角的,他的顿挫毫无斧凿痕迹,不是刻意的、造作的。

  第二个层面是以个人的听戏经历或戏曲演员的生平经历来类比杜甫及杜诗所叙写人物的生平经历。小如先生谈到了《丹青引赠曹将军霸》中的"即今漂泊干戈际,屡貌寻常行路人",这句诗写曹霸丹青技艺炉火纯青,但是现在沦落到在街头给寻常过客作写真画。小如先生随即指出,艺术家在生前未必都是得到世俗的认可和尊重的。他以唱京剧的杨宝森比曹霸,杨宝森的京剧并不卖座,有次《洪洋洞》唱到快结束时,观众席只剩小如先生和他的一位朋友在认真聆听,小如先生觉得杨唱得精彩,每唱一句就鼓一次掌,其友则在旁边大呼"一字一珠"。当谈到杜甫晚年生活的窘迫时,小如先生比之为一辈子唱戏的艺人:"唱得非常精彩,但就是不上座儿,死了以后却享大名。"谈到公孙大娘舞剑时的"矫如群帝骖龙翔",小如先生联想到了梅兰芳唱《游园惊梦》,尽管舞台上是只有一个人的独角戏,但依然精彩,而现在戏台上的角色不厌其多,反而使得戏曲的展演万象纷乱。以具备一个人就能占领整个舞台的功力的梅兰芳,来诠释一个人舞剑就能吸引观众的公孙大娘,可谓善于类比。小如先生甚至以自身听戏的体验来设想杜甫的体验。当谈到杜甫为何见到公孙大娘弟子舞剑就生发出如此多的感慨时,小如先生便以自身的观剧体验为例:小如先生很喜欢京剧武生泰斗杨小楼,在杨小楼去世时难受到午饭都难以下咽。杨小楼去世不久国家就陷入了战乱,1979年吴先生在北京昆曲研习社复社专场中看到了王金璐演的《挑滑车》,王金璐的演唱路数即是取法自杨小楼的。从杨小楼到王金璐,正如从公孙大娘到李十二娘,小如先生与杜甫同样作为观众,所生发的感触在这个时候超越了时间和空间的间隔,达到一种惊人的默契。

小如先生诠释杜诗,诗本是主,戏本是宾,但有时戏曲甚至喧宾夺主,呈现出借诗说戏的新局面。比如借杜诗谈论戏曲的切末,谈及《秋兴八首》中的"云移雉尾开宫扇",小如先生指出戏台上的宫扇都布局在演员的后面,而在现实的朝堂上,宫扇都是在皇帝的前面,宫扇打开后始能见到皇帝。

小如先生借杜诗谈戏曲的曲词的润色与演唱。首先是曲词修改层面。谈到《咏怀古迹》中的"支离东北风尘际",小如先生指出现在人们认为的东北是山海关以外,但唐朝的都城是长安而不是北京,所以长安的东北边都叫东北。随后小如先生便引申到四书中的"修身齐家治国平天下"的"家"与现在所说的"家"的不同,先秦时的"家"是指家族,而现在的"家"是指家庭。然后便举出京戏《伍子胥》中,有不少观众认为"伍子胥一家三百余口抄斩"的戏词不通,遂改为"数十余口",吴先生认为这就是忽略了"家"在不同时代的不同语义。其次是曲词演唱层面,小如先生谈及杜甫《赠卫八处士》中的"明日隔山岳,世事两茫茫"时,认为这首诗需要深厚的笔力才能收住,不可轻忽最后两句的功力。随后小如先生以程砚秋和梅兰芳的演唱为范例,他谈到梅兰芳晚年唱《霸王别姬》,最后一句"待听军情报如何"有意不唱,这种省略并无影响;但程砚秋演唱《红拂传》时,红拂与虬髯公分手时舞剑,最后一句唱词"此一去再相逢不知何年"则绝对不可以省略,因为这正是红拂舞剑结束后的内心话,唱出了红拂最真挚的情感。后来程砚秋的徒弟王吟秋却把最后一句给省略了,小如先生提出了建议,王吟秋也采纳了。

小如先生有时借杜诗谈文学作品中的形象塑造,甚至提出了戏曲史上的新命题。当谈及《佳人》中的"绝代有佳人"时,小如先生指出文学作品注重形象思维,形象本身就容易牵动读者的感情,如果杜甫所描写的女子是一位相貌平常的普通女子,其艺术性会大打折扣,正如《西厢记》中,如果是无才的张生和貌丑的崔莺莺,就不会引起观众和读者的同情。在此基础上,小如先生还大胆地提出戏曲小说中的才子佳人实则是对传统"门当户对"的爱情模式的一种瓦解,有其进步意义。这种将杜诗与京戏的对读升华到历史的高度的案例并不少见,如《自京赴奉先县咏怀五百字》中的"彤庭所分帛,本自寒女出。鞭挞其夫家,聚敛贡城阙"是刻画唐朝对劳动人民的剥削,小如先生随即联想到程砚秋所唱《荒山泪》中明朝末年崇祯帝时期的剥削场景,剧中高良敏父子因付不起捐税而入狱,儿媳张慧珠日夜织绢才将父子成功赎回。小如先生进而指出"剥削到残酷的程度,才把织成的丝织品收敛到一起,进贡到京城里"。

值得注意的是,小如先生师从俞平伯,俞先生喜欢唱昆曲,而小如先生所援引的例子,几乎全是京剧,笔者以为原因有二:其一,小如先生籍隶安徽,而京剧缘于徽班进京,小如先生所热爱的京剧名家如杨小楼等都是安徽人,其安徽口音自然于小如先生亲切可感。其二,小如先生生长于京津地带,从小是在京剧文化氛围里长大的。因此当小如先生执教北大时,将京腔带入课堂,从而在北大与"雅部正声"的昆曲分庭抗礼。那么就不难理解为何小如先生在诠释杜诗时频繁地援引京剧了,这不仅打开了杜诗解读的新视野,也推动了京剧的普及与发展,从而使诗与戏两个研究领域呈现出互补与共生的新局面。

三、生命体验的融入:揆情度理与平易近人

程千帆先生尝言:"胡(小石)先生晚年在南大教'唐人七绝诗论',他为什么讲得那么好,就是用自己的心灵去感触唐人的心,心与心相通,是一种精神上的交流。"此句如移易到小如先生身上,谁

曰不然？小如先生曾言："要体会诗人的良知，要以诗人之意逆诗人之志，不能用个人主观的意逆作者之志。"所以小如先生的杜诗阐释，并非仅基于字句训诂的刻板解读，而是在理性与感性的交织下破译杜诗的世界。苏轼曾言："作诗必此诗，定知非诗人。"他认为诗歌创作不可拘泥于一隅而自束，如果从诗歌阅读的角度出发，其实这句诗也可以改为"读诗必此诗，定知非诗人"。小如先生的杜诗讲解正是如此，常常通过揆情度理与兴会感发的方式将个人的生活场景及情感体验融入对诗歌的诠释中，使得诗歌解读充满生活性与趣味性。

小如先生重视兴会感发，主张解诗要揆情与度理并重。他曾说道："我本人无论分析作品或写赏析文章，一直给自己立下几条规矩，一曰通训诂，二曰明典故，三曰查背景，四曰考身世，最后归结到揆情度理这一总的原则。"[①]因此，他在诠释杜诗时，对杜诗不仅有鞭辟入里的理性分析，也有思接千载的感性体悟。比如针对《洗兵马》中的"已喜皇威清海岱，常思仙仗过崆峒"，小如先生指出"常思"就是"常忧"，因为其后所接"仙仗过崆峒"指肃宗逃窜到凤翔，如直用"忧"字则讽刺肃宗的无能过于明显，故用"思"字更为委婉。小如先生由此得出结论：《洗兵马》并不是如学界认为的那样完全是唱赞歌，也有见于言外的讽刺，正如盛开的蔷薇，远观虽然艳丽，但触手则多刺。小如先生此解正是基于对杜诗的兴会感发，个中精妙之处岂是寻常掉书袋者所能悟到的？

小如先生常常能结合自身诗歌创作，站在诗歌审美的角度来理解杜甫。小如先生诗集《莎斋诗剩》中就有多处融合化用杜诗，如

---

① 吴小如《我是怎样讲授古典诗词的》，《古典诗词札丛·代序》，天津古籍出版社2002年版。

《肖跃华君藏周退密先生手书诗稿属题》中的"已将迟暮供多病,似此精勤我不如",显然化用自杜甫《野望》中的"唯将迟暮供多病,未有涓埃答圣朝";《题范洛森藏吾皖画家黄叶村遗作》中的"自古文章憎命达,英才十九困风尘"显然承袭了杜甫《天末怀李白》中"文章憎命达,魑魅喜人过"的观点;《题近人画牡丹十首·其三》中的"平生不作非非想,淡饭粗茶自有春"显然可以勾连杜甫《清明二首·其一》中的"钟鼎山林各天性,浊醪粗饭任吾年"。正因为在诗歌创作中有学杜的经验累积,所以当谈及杜甫《秋兴八首·其一》中的"玉露凋伤枫树林"时,小如先生便敏锐地关注到了枫树叶的颜色:"我在十几岁刚学作诗的时候就发现,人们对于黄叶是感觉到凄凉,而对于红叶是欣赏的。"小如先生所说盖指《莎斋诗剩》中的《无题·其二》:"词人旧陟西山巅,感慨今时想昔年。黄叶黯然红叶好,岭头同是一秋天。"随后小如先生引白居易《长恨歌》"落叶满阶红不扫"之句,针对有人质疑为何不是"黄不扫"时,小如先生直接从诗歌审美的角度指出,如为"黄不扫",则诗意全无。并进而引及其父玉如公执教南开大学时所出的一道题:"一叶落( )天下秋。"玉如公认为所有答卷中,填"而"的最好,填"知"的及格,填"地"的不及格。这种文学的审美训练于现今的高校体系中已严重缺失,而小如先生幼承庭训,练就了独到的审美眼光,这也使得他的杜诗研究面面俱到。

当然,小如先生的讲解也保留了很多传统说诗的踪迹。叶嘉莹先生曾指出,传统的私塾先生说诗往往只是反复吟诵,然后举着大拇指说道:"真好。"程千帆先生也曾回忆胡小石先生教诗的场景:"有一天,我到胡小石先生家去,胡先生正在读唐诗,读的是柳宗元《酬曹侍御过象县见寄》。讲着讲着,拿着书唱起来,念了一遍又一遍,总有五六遍,把书一摔,说:'你们走吧,我什么都告诉你们了。'"吴小如先生也谈及俞平伯教杜诗时的一幕:"俞平伯先生当年说,这诗还用讲？多念两遍就行了。"这种传统的说诗之法，追求不落言筌，心与境会，其实受禅宗"不立文字"的影响较深，讲诗者自能与古人心会神交，但听诗者水平参差不齐，未必能如说诗者一样臻于其境。小如先生继承晚清民国时期的学术传统，其讲解杜诗，偶然也会呈现出这样的烙印，如他谈及杜甫的《南邻》："杜甫有时上邻居家串门，'相送柴门月色新'，这句太好了。黄昏时，不早了，该回家了，'相送柴门月色新'，好极了。"关于"相送柴门月色新"这句诗究竟好在哪里，小如先生并未深究，一反之前的说诗路径，只是以"好"形容之。当小如先生谈及《秋兴八首》时，也多以"写得好""很精彩"概括；当他谈及《将赴成都草堂途中有作先寄严郑公五首》时，认为"'新松恨不高千尺'一联固然不错，但结句'衰颜欲付紫金丹'就不算好。像《登高》那样通首都好的，也比较少"。这种偏于个人兴会感发的说诗，从另一个角度佐证了小如先生体悟式的解释路径。

当然，在体悟的过程中小如先生也始终持严谨的学术态度，面对一些难以理解的问题，也敢于阙疑。如谈及杜甫的"古庙杉松巢水鹤"，小如先生直言自己并不理解为什么古庙中有"巢水鹤"，这使笔者想起了王力、吴其昌等学者回忆王国维先生在清华大学国学院讲授《尚书》时，每当遇到了疑难之处，王国维也直说自己"不解"。相较于当今学界不少学者强不知以为知，王国维先生和吴小如先生这种阙疑的精神更显得难能可贵。

现今杜诗研究成果汗牛充栋，为何《吴小如讲杜诗》一书问世以后广受关注且经久不衰？笔者以为一个很重要的原因就是小如先生的杜诗阐释既非艰涩的高头讲章，也非烦琐的文字考据，更非冰冷的理论分析，而是充满历史温情的款款絮语，呈现出平易近人的特点，从而给杜诗研究注入了生活化的血液。

小如先生对杜诗的阐释，其平易近人的特点首先体现在杜诗的选目上。杜甫的诗歌现存有一千余首,但小如先生阐释杜诗,所选几乎都是常见的篇目,面对这些大家耳熟能详的经典文本,小如先生每每在无疑处有疑。如果联系小如先生的另一本著作《读人所常见书日札》,不难判断小如先生并不是通过读人所不知的书来矜炫学问广博,而往往是从人所共读的书中读出自己独一无二的真知灼见。

其次体现在对学术现场的回忆与重构。小如先生阐释杜诗,常常还原他当年置身的学术现场,详细引述了当时硕学鸿儒的谈屑,保留了民国时期的一些著名学者并未形诸楮墨的观点,提供了学术史的一手资料。比如谈及杜甫的"瓢弃樽无绿,炉存火似红"时,小如先生便讲述了一个有趣的故事:俞平伯先生看到有人诠释"蚁"为酒上浮了一层蚂蚁,直呼"什么话,什么话"。谈及"清新庾开府,俊逸鲍参军",小如先生便展开说李杜诗的六朝渊源,进而认为如果想临摹唐诗则必须熟练掌握唐以前的诗歌写法,还引述俞平伯先生的自述——俞先生说自己的小品文是学六朝风格的,并告诫小如先生不要盲从众口而说他是导源于晚明的。这些珍贵的一手资料迄今为止尚未得到足够重视,至今围绕俞平伯的小品文的研究都还是聚焦于他的晚明渊源。谈及"忧端齐终南,颔洞不可掇",小如先生先指出"掇"是用手摘的意思,随后谈及《诗经》中的"采采芣苢,薄言掇之",引杨简《慈湖诗传》,认为这里的"掇"是用手掐的意思,所以林庚先生翻译《诗经》此句为"掐大的掐",即采纳了小如先生提供的杨简的解释。小如先生在讲解杜诗过程中还时常掺入对个人学术历程的回忆,将研究与生活融为一体。比如谈及杜诗反映安史之乱的问题时,小如先生便讲述了王国维"二重证据法"和陈寅恪"以诗证史""以史证诗",又基于此而回忆起了自己接触这些理论的学术进程,后又谈及自己面试研究生时问及"六家""二体"却无一个学生答上。这些个人回忆式的追溯,零碎而和谐地分布在杜诗诠释之中,增强了趣味性和可读性。

再次体现在杜诗于日常生活中的实用性。由杜诗的古迹书写谈及某些地方的古迹题名,小如先生便举例:南京一个旧房子题匾为"王谢人家",这个题匾当是语出刘禹锡"旧时王谢堂前燕,飞入寻常百姓家",看似古雅,实则大谬不然,小如先生尖锐地指出王家和谢家是两个大家族,是不可能住在一起的。上海的一个饭馆雅座上写有"灯火阑珊处",这句话当是化用辛弃疾《青玉案》中的"众里寻他千百度。蓦然回首,那人却在,灯火阑珊处",可是饭馆负责人并未细审"阑珊"的语义,如果真的是灯火阑珊,恰恰说明了饭馆生意的冷淡。当谈及杜甫的"秋水才深四五尺,野航恰受两三人"时,小如先生不无得意地提起一件往事:朱德熙先生曾被人询问某人书斋名"恰受航轩"的意思,当时他未能作答,便询问小如先生,小如先生便指出了这名字其实源自杜诗。小如先生的讲解,让读者看到了诗歌的广泛应用,让读者感受到了古典诗歌与现代生活依然息息相关。大到对诗歌本身的阅读与研究,小到日常生活中饭馆的广告、书斋的起名等等,这些日常化的生活场景,穿插在杜诗的讲解中,使得枯燥的文本解读呈现出一种活力,也展现出了丰富多彩的时代烙印。

结语

小如先生承继了乾嘉考据学而另开生面,在字词训诂的基础上既传承家法,又博采众长。其在诗歌的阐释中多次以诗、戏对读,通过"以戏解诗"与"借诗说戏"的方式开拓了杜诗研究的视野,同时从文学审美的角度与杜甫展开了传统体悟式的隔空对话,融入的个人生命体验与学术历程记忆也增强了杜诗阐释的可读性与趣味性。那些看似系统、严谨的杜诗研究成果,往往在见刊面世后便被束之高阁,埋没在浩如烟海的文字信息中,但小如先生体悟的文字常读常新,光芒永在,已成为了杜诗研究的森林里一棵永不凋零的常青树。最后笔者想强调的是,小如先生的杜诗学讲授本身就是摒除功利的,既非身处高校学术体制的压力下,也非有意去填补学术圈的空白,而恰恰是这种雍容不迫的气度,才造就了《吴小如讲杜诗》的高妙绝尘。笔者由此想到,《书绅录》中曾记载程千帆先生问学于刘永济先生的一件事:"刘弘度(永济)先生一生对《庄子》下过很深功夫,但不写东西,只是诗词中时时表现出庄意。我曾经问过他,他说:'你以为读了书一定要让人知道吗?'"吴小如先生的杜诗研究,正如刘永济先生的庄子研究,如果没有谷曙光教授的请求,可能小如先生的杜诗学研究成果一辈子都不会面世,而恰恰从这种契机中,我们也得以欣赏到了传统学人的内敛和温情。

作者单位:四川大学

进入经典的方式
——评吴小如《古文精读举隅》

方麟

吴小如先生的《古文精读举隅》,堪称中国文本细读的典范之作。这种细读,远绍汉唐注疏,中继诗文评点,近接小说评点,直承中国传统细读法;同时,又与英美新批评殊途同归。全书分为三辑:古文精读举隅、古小说析赏举隅、历代小品析粹举隅。"凡书一经其眼,经其手,如庖丁解牛,腠理井然。经其口,如悬河翻澜,人人满意。不啻冬日之向火,通身汗发;夏日之饮冰,肺腑清凉也。"前人评价金圣叹的话语,同样可以施之于小如先生。

在我看来,小如先生的大作,至少具有以下六点品格:一曰文体意识,二曰考辨精审,三曰离析结构,四曰涵泳主旨,五曰品味语言,六曰明辨手法。

《文心雕龙·知音》说:"夫缀文者情动而辞发,观文者披文以入情,沿波讨源,虽幽必显。"文体意识,可以说是小如先生细读法的最大品格,处处体现了他史家的眼光。他往往能从单篇的文本中跳脱出来,从文体的角度来进行审视。他对小品文的见解,尤具卓识。小如先生认为,尺牍作为小品文的一类,其特色是短而精、话家常和不矫饰。小品文由附庸地位上升为"独立大国",是在唐、宋两次古文运动影响下结成的丰硕果实。小品文既可言志,又可载道;既可信笔写成、触手成春,又可刻意构思、精心结撰;既可抒情遣兴,又可议论说理。这实际上将小品文从明清以来的狭仄天地中解放出来。小如先生的文体意识,时时刻刻凸显现代眼光。比如他将《捕蛇者说》看作寓言体"通讯报道",将赋看作自由句式构成的有韵散文,认为《项脊轩志》专门摹写身边琐事而具有小说胎息,中国史传文学要与后来的长、短篇小说密切关联。这岂止是溯源,更是与现代文体比附旁通,极具启发意义。

  小如先生不囿于文学的藩篱,能以文献征故实,以考据入文学。在他看来,古典文虽以赏析为主,但又不限于赏析。即使是赏析文学作品,也离不开"订讹"和"传信",这是做学问的基本功。对作品的理解尽管可以百家争鸣,但总归有一种讲法是最正确的,而正确的赏析功夫无疑建筑在坚实的"订讹"和"传信"基础之上。这是小如先生与一般文学研究者不同的地方,也是小如先生学者性格的体现,尤为宝贵。如他对《论语·学而时习之章》"人不知而不愠"中"愠"的解释,就不是简单一笔带过,而是遍引诸家,得出了令人信服的结论。关于"愠"字,何晏解作"怒",陆德明引郑玄解为"怨",朱熹释为"含怒"意。小如先生觉得这样讲并不算错,只是不够妥帖。经过考辨,他发现"愠"字训为"郁闷"之义为确,相当于今人的"心里别扭"或"闹情绪"。不但如此,他还进行穷尽式的枚举归纳,认为以"闷"释"愠",始于程颐,此后朱熹、金履祥、江声、日本学者物茂卿都主此说。复检朱骏声《说文通训定声》,凡从"昷"得声的字,大抵皆有涵隐内藏之义,从声训上加以疏通;又根据《论语》"不患人之不己知",找到内部证据。这一考辨无疑是令人信服的,既训释字义,又溯源探究;既解说音理,又注重内证。可以说逻辑缜密,滴水不漏。这种考辨,书中俯拾皆是,处处彰显了小如先生的智慧与品格。

就古文细读本体来说,小如先生非常注重文本结构。结构,对建筑来说就是框架,对音乐来说就是组织,对文章来说就是文理。他分析《战国策·邹忌讽齐王纳谏》时说:"文章的结构层次很重要,没有层次不行,层次太多也不行。一般地说,总要注意到结构层次的对称美、排比作用和递进作用。"他发现,邹忌一文从头至尾用三层排比的手法来写。妻、妾、客是三层,私我、畏我、有求于我是三层,宫妇左右、朝廷之臣、四境百姓又是三层。上、中、下赏是三层,令初下、数月之后、期年之后又是三层。邹忌自以为美于徐公是三层,思想转变过程也是三层,全部事态的发展又是三层。这不只是注意到文章的表层结构,更是关注到文章的深层结构。离析结构,对于赏析文章具有方法论的意义。在小如先生的基础上,我们还可以进一步演绎:结构,可以是时间,也可以是空间;可以是视角,也可以是距离;可以是意象的疏密,也可以是情景的虚实;可以是起承转合,也可以是逻辑理路。把握了结构,就能提纲挈领,驾轻就熟。

结构之外,小如先生还特别注意涵泳主旨。小如先生认为,要分析一篇文章的主题思想,必须先考察它的写作背景。比如欧阳修的《醉翁亭记》,绝非单纯的山水游记,其主题思想到底是什么?思想倾向究竟是消极的还是积极的?小而言之,必须联系欧阳修的个人身世;大而言之,必须考察"庆历新政"这一时代背景。此外,文章的主旨还涉及作者思想的倾向性。小如先生发现《左传》中往往用"遂"字寓褒贬,属于春秋笔法。文章主旨,有文本义,有形象义,有隐藏义。如《庖丁解牛》,庄子是以之说明人要依循天理、因其固然,才符合养生之道。这是文本义。然而,庖丁的故事有更丰富的内涵:要想解牛(做事),就必须摸清牛(事物)的内部规律;摸规律不是凭空想象,必须依靠实践;摸规律和解决矛盾的过程中,必须依靠主观努力。这些道理,其实已经超越了文本的本来意义,说明形象大于思想,可以称为形象义。还有,欧阳修写作《丰乐亭记》,在写歌功颂德的文字时为什么以一唱三叹的笔调出之,这个就是隐藏义,又可以叫作言外之意、弦外之音。只有将写作背景与思想倾向等量齐观,涵泳文本义、形象义、隐藏义(甚至象征义),才能深刻地揭橥文章主旨。

近人杨树达曾经说过:"余生平持论,谓读古书当通训诂、审词气,二者如车之两轮,不可或缺。通训诂者,昔人所谓小学也;审词气者,今人所谓文法之学也。"如果说"通训诂"是考据辨章的话,那么"审词气"就是品味语言。比如欧阳修的《醉翁亭记》,小如先生认为是一篇典型的以诗为文的代表作。小如先生谈到,读者觉其通篇用"也"字贯穿到底,是活用虚词,达至化境;并进而指出,其实欧阳修是把《诗经》《楚辞》中"兮""些"等词的用法移植到散文当中,只是因为句法参差,才不着痕迹。其"野芳发而幽香,佳木秀而繁阴,风霜高洁,水落而石出"最能代表作者寓骈于散、化骈为散的精美技巧。甚至连"若夫""至于""已而"这样领起下文的虚词,也都是从骈文或六朝小赋嬗变而来的。又如他评孔融《论盛孝章书》,说文章语意委婉,写得从容不迫,纡徐婉曲,深得雅人风致。这都是知味之言,值得细细揣摩体会。

最后,小如先生对文章的写作手法,也是三致意焉。略微翻览,就谈到了浪漫主义与现实主义、论证说理方式、个人趣味与时代主题、以诗为文和细节刻画等问题。在小如先生看来,庖丁解牛的故事,虽然迹近荒唐,却又引人入胜;意料之外,又在情理之中。其原因就是用浪漫主义手法描写客观事物,须以现实主义的生活体验作为基础。贾谊的《过秦论》以气盛为特点传诵不朽,原因有三:用叙事来说理,用写赋的手法来说理,用全篇对比到底的手法来说理。

写传记或者小说,不排斥写生活琐事,但要反映大背景、大问题、大事件。如果为琐事而琐事,就容易流于无聊,成为回避问题、追求小趣味的个人避风港。归有光《项脊轩志》读来令人凄婉惆怅,是因为作者将韩愈、欧阳修的以诗为文的特点与古典小说着重细节描述的特点巧妙结合,开拓了古文的新意境。这样的例子还很多,这里就不一一胪列了。

阅读《古文精读举隅》一书,不独可得文本细读门径,关注文本的文体、考据、结构、主旨、语言和手法,还能随着小如先生重温经典,重新踏上经典征途。就仿佛有位长者,坐在你身旁,教你如何读书,如何进入经典。这样的好书,是不多见的,无论是学生、教师、家长,还是文史爱好者,都值得拥有。

经典,原来可以这样读。

作者单位:北京教育学院

凿破鸿蒙自成家：
写在《吴小如戏曲文集全编》出版时

谷曙光

一

我侧身坐在老师北大中关园的书房里，怯怯地向他禀告，正在编《吴小如戏曲文集全编》，而且是"上穷碧落下黄泉"，努力想把他从早期到晚年的作品都找到并收齐。

然而，老师的脸上浮现出"不必为之"的神情来，他一拍椅子把手，冲口说出："嗨，费那个事干吗?！何况早年的剧评，有些我并不满意！"仍然是中气十足。

我则"汗出愧且骇"，期期艾艾地解释："出版社的选题已然'上马'，所谓'箭在弦上，不得不发'了。而且先生现在盛名在外，他年愿做'魏颢'者，必定大有人在。您早年的文章，也是雪泥鸿爪，想看的人正复不少。这套书的编校，您交给我，总算是自家弟子，可以少操点儿心吧？"

先生沉思了一下，扬了扬眉毛，话出如风："宋末方回的诗说：

'乃后容赊十年死,定应全废一生诗。'(《悔少作》)这当然是玩笑话。我一生坦荡,也不是'悔少作'。我对诸多问题的看法,从青年到晚年,几乎是一以贯之的。既然有读者想看我早年的剧评,你就去弄吧!我不管了,交给你了。但你可不能随便改我的东西,就是特殊背景下的文章也不要改,这叫'立此存照'。你是了解我的,我不想文过饰非。另外,你校对我的文章已有经验,'身分'不能写成'身份'、'交代'不能作'交待'……"

"那个自然,那个自然。先生的话我记下了。"我长长地舒了一口气。

此刻,梦也醒了,人也轻松许多。

"犹忆尊前坐谈客",大约是日有所思,夜有所梦,近年我因编《吴小如戏曲文集全编》,负担较重,竟然不止一次在梦中梦到了先师!上面就记述了一次梦中的场景。

二

不妨先谈一下这套书的缘起。选题并非我的设计,而是出自山东文艺出版社的创意。选题上马后,出版社申报了国家出版基金项目,顺利获批,后又入选"十三五"国家重点出版物出版规划项目,这些足以说明选题的价值和意义。

我其实与山东文艺出版社素无往来,但承出版社的厚爱和信任,辗转找到了我,恳切地请我"主事"。说实话,我当初对此是犹豫的。毕竟先师戏曲方面的著作,历年已出版了多种,有的还屡次再版重印。如果另起炉灶,重新编《吴小如戏曲文集全编》,是否有此必要?新找到的逸文数量有多少?出版社又是否真心诚意地投入,还是只不过拉我做摆设,"炒炒冷饭"而已?我一度决心难下。但在沟通的过程中,我充分感受到了出版社的诚意和编辑的用心,终于应承下来。

俗话云,此一时彼一时也。我要透露,莎斋师健在时,就不止一家出版社表示愿意给他出全集了,先师思之再三,最后的选择是在北大出版社出一套五卷的"文选",全集则暂不考虑了。当然,先师也曾一再表示,他身后如有"爱之者、好之者"为其张罗全集,他是管不着的。以莎斋师目前的盛名,将来出全集,是必然的,也是迟早的事。由此言之,我现在给先师编戏曲文集全编,也算是为将来出全集做一些有益的准备吧。

再往具体说,我愿意承乏,是出于以下几方面的考虑:首先,我之前曾搜集了一批莎斋师1949年以前的剧评,想着时机成熟了,专门编一本《少若少作集》,甚至连出版社都事先沟通了。现在搞"全编",就等于曲线实现了出"少作集"的初衷,而不必另出单行本了。其次,出版社的选题已然启动,所谓"开弓没有回头箭",即便我推辞,出版社也会另请高明。客观讲,我毕竟追随先师多年,故自忖还是编此书的合适人选。更重要的是,我受先师多年的教诲,有机会为老师做点事,自是义不容辞。

三

关于这套书的编校思路,总的理念是:在力所能及的情况下全面搜集、整理莎斋师在戏曲方面的著述,有文则录,保持原貌。姑且梳理一下先师戏曲论著的出版情况。吴先生虽然从20世纪30年代后期就开始发表剧评,但是其戏曲文章的结集出版,却迟至80年代初。最早的一本是《台下人语》(中国戏剧出版社1982年版),之后数年有专题性的《京剧老生流派综说》(中华书局1986年版),再过十年是总结性的《吴小如戏曲文录》(北京大学出版社1995年版)。世纪之交,又有两本小巧可爱的袖珍本《鸟瞰富连成》和《盛世观光记》(辽宁教育出版社1998、2000年版)。新世纪以来,则出了《吴小如戏曲随笔集》及《续集》《补编》(天津古籍出版社2005、2006年版)一套三本。而最后的北大版五本文选中,也有一本《看戏一得》(北京大学出版社2012年版)。

盘点可知,莎斋师的戏曲著作,一共出了九本之多。其中,光中华书局版的《京剧老生流派综说》就单印了四次;《台下人语》《鸟瞰富连成》等,除了单印,也不止一次收入其他书……总体看,先师的戏曲书籍,虽不是畅销书,却不失为"长销书"。甚至可以说,在诸多研究戏曲的老辈学者中,莎斋师的论著销路一直差强人意(这是先师反复强调的一个成语,幸勿误解),他确有较广泛的读者群。

平心而论,治戏曲的学者,长期以来,存在"案头"与"场上"的"鸿沟",吴先生曾有感而发:

> 搞文献资料的疏于理论,治戏曲文学的不大注意舞台实践即表演艺术,演员有实践经验却缺乏系统研究,专家学者有案头功底却不了解活的戏曲演出史。能登台奏技的往往写不出文章,会写文章的又未必深知舞台幕后的底细。(《〈双梧书屋剧考零札〉序——悼念吴晓铃先生》)

由此言之,先师认为吴晓铃先生具备一位戏曲史专家和戏曲理论家的"全方位条件",是发自内心的赞誉。然而请问,若将这番话移用于先师自己身上,谁曰不宜?先师的文献功底扎实,文字表达能力出众;又博观历代剧本曲话,考证与欣赏皆优为之;且饱览戏曲繁盛时期的名家名剧,谙熟戏曲演出史;兼以数十年收藏唱片,精于名伶唱腔鉴赏分析；同时结交名家谈戏、寻访名师学戏……甚至还有唱腔选面世（指正式出版的CD《吴小如京剧唱腔选》，上海音像有限公司）。试问这样的"全方位条件"，研究戏曲，岂非驾轻车、就熟路？这样真正贯通"案头"与"场上"的学人，在一百多年来的戏曲研究史上，又有几人？《京剧老生流派综说》是莎斋师的名作，启功先生盛誉为"真千秋之作"，与王国维《宋元戏曲史》同具"凿破鸿蒙"之功。这绝非启功先生逢迎，而是如老吏断狱般点出了吴先生在戏曲研究上的筚路蓝缕之功。我想，先师在戏曲领域鲜明独特的研究路径和多方面的杰出学术成就，会随着时间的推移而日益凸显出来。其开示后学，功不唐捐，乃是不期然而然的。

因之我浮想联翩，莎斋师作戏曲文章，亦如名伶在红氍毹上，光彩照人，风姿绰约，从而得到众多读者的首肯和喜爱。其谈戏文字的佳处，概而言之，一是操曲晓声，观剑识器，可谓梨园知音；二是谈言微中，具真知灼见，更时有犀利醒脾观点；三则不但懂戏，而且善表达，文笔上佳，笔端带有感情；四是褒贬出于公心，不虚美，不隐恶。最重要的一点，吴先生是从兴趣出发研究戏曲的，他是最虔诚的"乐之者"，数十年寝馈其中，且"不向如来行处行"，终能自树立、不因循，结出硕大无朋的甘美果实。

四

经过数年的努力，《吴小如戏曲文集全编》终于就要付梓，全套书拟精装五册，请分述之：

第一册《少若少作集》。收录莎斋师1949年之前的谈戏文章。我想了很久，决定用这个名字。先师早年的笔名虽然不止一个，但少若显得既有朝气，又富诗意，不但用得最多，亦流传最广，故采用之。先师十余岁就开始撰写剧评,发表于京津沪的报纸、杂志,文笔老辣,臧否犀利,不知情者,绝不知作者为一不满弱冠之少年! 之前,只《吴小如戏曲随笔集(补编)》收了"旧文一束",《学者吴小如》一书附录有"四十年代剧评一束",二书加起来,收录的早年旧文不过十二三篇而已。现在,这册《少若少作集》竟收录了二百余篇莎斋师早年的散佚之文,基本勾勒出先师"少作"的总体面貌,这对于系统考察其戏曲观点的变迁和全面认识其戏曲研评的成就、贡献,都是大有裨益的。虽然仍未做到"竭泽而渔",但我本人和出版社确已尽最大努力,才达到目前的可观规模。

第二册包括《中国戏曲发展讲话》《京剧老生流派综说》《鸟瞰富连成》《读〈红毹纪梦诗注〉随笔及其他》四部分。《中国戏曲发展讲话》类似戏曲简史,读之可对戏曲发展的脉络有清晰掌握。不过,此文作于"文革"中,"不乏趋时之论和违心之言"(先师自言),然而先师后来没有饰非掩过,收入书中一仍其旧。这次依然如故,此之谓"时代痕迹"。《京剧老生流派综说》前文已及,不待多言。《鸟瞰富连成》由三部分合成,是京剧史上最著名科班富连成的信史,也是研究富连成及其出身的名伶的必读参考书。《读〈红毹纪梦诗注〉随笔及其他》是读张伯驹《红毹纪梦诗注》的札记,"干货"甚多,又把先师写伯老的另两篇也放到一起,以形成小专题。

第三册含《菊坛知见录》《津门乱弹录》《看戏温知录》《戏迷闲话》《谈戏信札(致汪沛炘)》五部分。前四块内容,原先都是报纸连载,后收入《吴小如戏曲文录》,今一仍旧贯。特别值得一谈的,是《谈戏信札(致汪沛炘)》,这是本书的一个亮点。早年通讯,以书信为主。莎斋师有个特点或者说美德,即每信必复。因此其存世信札的数量较多。但是,以谈戏为主,总量达到一百余封,只有这宗。据先师幼子吴煜先生见告,这也是先师存世数量最多的一宗书信了。

记得在编北大版文选时,莎斋师曾有意从中摘出部分内容,后因故未果。此次编《全编》,我又思及,乃向先师家人提出,承吴煜先生信任,慨然悉数提供,铭感曷胜!致汪信札,因是知音谈戏,故比写文章更为直率,略无隐讳。信札唾珠咳玉,吉光片羽,极堪玩味。先师"文革"前大力购藏老唱片;而"文革"后,又开始搜求珍稀录音,可谓"与时俱进",而此批信札就是见证。总之,致汪信札有着特殊的史料价值,详情可参专辑前的"整理说明"。此外,还曾见到先师致他人的谈戏信札,因东鳞西爪,不成系统,就暂不收入了。

第四册有《台下人语》《台下人新语》与《唱片闻见考索录》三部分。《台下人语》和《台下人新语》之前已多次出版,但这次也有新的增补。试举一例,《台下人语》中的《"改"笔随谈》,系 1956 年 11 至 12 月连载于《文汇报·笔会》,共计六则,但"文革"后收入书中,只有前四则,五、六失收,先师或未存剪报。这组短文发表于"大鸣大放"时期,不但实话实说、毫无忌讳,而且举例极有针对性,切中"戏改"要害,"真取心肝刽子手"(宋人严羽语)。总之,文章精彩而有指向,散佚的五、六两则,今予补全。《唱片闻见考索录》努力把先师 1949 年之后关于老唱片的文章"一网打尽"(不含其他专辑中谈老唱片的零星单篇),包括此前从未收入书中的《京剧唱片知见录》(四篇),谈何桂山、谢宝云百代片,姜妙香青衣唱片,物克多伪谭片。此数篇曾得友人盛赞,惜乎止于此。众所周知,莎斋师不但研究京剧老唱片,同时还是海内有数的老唱片收藏家。先师身后,其珍贵藏品已全部捐给上海市文化艺术档案馆,有了最佳归宿。本书的一个颇具新意的设计,是把莎斋师收藏的老唱片目录也印了出来。我想,这是具有特殊意义的,就像过去的藏书家每每自印藏书目录;而刊出先师收藏的唱片片目,方便读者知晓先师到底收藏了哪些片子,再跟他的相关文章对照,当更能相得益彰,举一反三。

第五册《台下人曲终语》，名字亦我斟酌。这册内容比较芜杂，我勉力分为观点与沉思、序跋与书话、怀人忆旧、订讹传信、观剧月旦、剧目考订、零金碎玉、口述谈话、梨园吟草诸编。来源包括从莎斋师的多本散文集中辑录的文章(指之前未收入戏曲类图书者)，又从报章上爬梳了相当数量的逸文(指1949年之后者)，还有口述讲话、谈戏诗等。从时间上看，自"文革"前的逸文，一直到先师逝世之前的文字，跨度非常之大。这里面多有莎斋师戏曲长短文的"漏网之鱼"，或者从未结集出版者。因是最后一册了，故可称为"曲终奏雅"吧。作于1956年的逸文《"发掘"与"发展"》，核心观点竟是当代戏曲要以继承、抢救为主，这在彼时，与戏曲界的主流意见是格格不入的，可见先师治学的独立精神。这实是先师秉持了一生的理念，今天仍未过时失效；但早在六七十年前就亮出"底牌"，不啻空谷足音！本册中的一些文章，是有特殊史料价值的，如发表于1961年《光明日报》的《说谭派》，与"文革"后作的《京剧老生流派综说》中的"说谭派"，差别就颇大，不妨两存之。一些怀人忆往的文章，如谈张醉丐、夏济安、俞平伯、吴晓铃、林焘、柳存仁、金克木、谢蔚明、华粹深、吴祖光、程之等，虽然并非以谈戏为归旨，但文中颇有些与戏曲相关的掌故珍闻，可读性亦强，故特意裒集成编。此外，如戏曲方面的序跋和书话、专门解惑祛妄的文字，乃至与戏相关的诗歌，都随类相从，方便检读。如此处理，想荷读者同意。

总体看，这五册的体例和编排，既注意了发表的时间，又设计了若干专题，还照顾了原来的处理。我之前生怕有"炒冷饭"的嫌疑，现在粗略估算，全部五册中新的内容(指与先师已出版的九本戏曲论著相较)，大约已超过五分之二矣。我想，这也是极不容易才实现的，总算可以告慰先师了，而且不负出版社和先师家人的托付，同时对读者也有所交代矣。

五

上面屡言,这套书收集了先师相当数量的散佚作品。关于佚文搜集的不易,不妨多说几句。对于民国和"文革"前的旧报刊,有条件深入报刊库的,则首选查询原件,有时翻阅半日,手面黧黑,非但不以为苦,且喜不自胜。个别旧报刊虽在图书馆查到目录,但因年久纸坏,早已不提供原件查阅。即便找熟人疏通,也无济于事。对此,只能"望馆兴叹"了。

我本人和出版社的编辑,长期徜徉在各种文献史料中,爬梳剔抉,乐此不疲。有时经过多方努力,即便只发现一篇佚文,也会欢喜雀跃。试举一例。张古愚主编的《戏剧春秋》,是抗战期间上海出版的戏剧期刊,开本小,页数少,薄薄一册。先师在上面颇发表了一些文章。此刊无论是国图、首图还是上图,竟都无藏(起码检索系统查不到),后在上海的几家大学图书馆查阅,仍无所获。我早年曾在旧书网站上买过零册,后拜"时代利器"所赐,通过电子数据库查到部分内容(数据库本身有缺),可惜还是不全。遂另拜托上海友人,又在旧书商处以高价购得十余册。上述三方面凑起来,虽然仍不齐全,但确已尽最大努力搜求。其中一篇《谈小余的戏》,连载二十余次之多,多方拼集,才基本凑成全璧。仅此一刊,即可知文献搜集的艰辛甘苦矣。

1949年之后的文章,也有相当数量的增补。除了上文提到的数篇,又如关于用大嗓唱小生的问题,先师写过不止一篇,但除了收入《台下人语》的《大嗓唱小生》,另一篇他本人虽有印象,却多年久寻未得。这次找到了"文革"前发表的《试论小生唱大嗓的可能性》,算是弥补了这个遗憾。两篇对读,当能对此问题得到更全面的认识。

六

戏曲可纳入俗文学的范畴,梨园术语多约定俗成,故其书籍的编校具有特殊性,诸如优伶的名字、剧名乃至剧中人名,还有一些程式技法等,写法往往颇不相同,令人莫衷一是。现在的情况是,某一人名、剧名,莎斋师早、中、晚期的文章(跨度长达七十余年),写法或也不同。如果不加统一,势必徒乱人意,造成一套书前后写法分歧的情形。出版社为了图书符合国家的出版规范,要求我对此处理。经审慎思考,我乃商之八八高龄的钮骠先生,在与钮先生反复商讨后,做了统一处置。

熟悉爱好戏曲的朋友,当对钮骠这个名字不陌生。他是前辈丑角宗匠萧长华先生的高足,早年曾跟随莎斋师习古典文学。莎斋师谈戏的书里,收录了好几封钮骠的信札,或匡讹误,或提供史料线索。莎斋师视钮骠,谊在师友之间;而钮骠却始终尊吴先生为师。这次统一伶名、剧名等,若非钮骠先生健在,我真不知道还有何人可以请教了(因为想找一位先师信得过同时又懂戏的友人)。

举例言伶名,如老生前辈名伶刘鸿昇的名字,多误作"鸿声",甚至坊间写"鸿声"多于"鸿昇"。先师的《京剧老生流派综说》也写"鸿声",现统一为"鸿昇"。又如,关于于连泉的艺名,小翠花抑或筱翠花,也是各执一词。我考虑1922年上海出版的特刊专集就叫《小翠花》,而1962年北京出版社的《京剧花旦表演艺术》也作"小翠花",这两本书应该是得到于连泉本人认可的,因此就统一为"小翠花"。钮先生也同意我的意见。再如程砚秋,早年名艳秋,这是众所周知的,现不再区分,统一为砚秋。类似的处理,还有程继先(早年多称继仙)、李宝櫆(早年名宝奎)、张文涓(亦曾作文娟)等。剧名兼剧中人名如《铫期》，本名净裘盛戎之第一名剧，旧时无不作《姚期》，但作为历史人物，自应以史书记载的"铫期"为准，盖不宜篡改历史人物之姓名也。剧中人，如《问樵闹府》中的反派人物，葛登云和戈登云两种写法都有，今统一为前者。

　　剧名方面，如《打鱼杀家》和《打渔杀家》，一直以来聚讼纷纭。钮先生执简驭繁，认为此剧名与《问樵闹府》类似，盖范仲禹是先问樵夫、后闹葛府；而《打渔杀家》是先打渔夫、后才杀家，故本书统一为《打渔杀家》。又如《八蜡庙》，先师之前出版的书多如此写，但实则手稿往往作《虮蜡庙》，且旧日戏单无不如此。钮先生也建议用《虮蜡庙》，盖此为旧时供奉农作物害虫之庙，祈祷害虫不为灾害，而庄稼丰收，故用"虫"字边，是有道理的。其余，如《挑华车》《挑滑车》统一为《挑华车》，《骆马湖》《落马湖》统一为《骆马湖》，《镇潭州》《镇澶州》统一为《镇潭州》，等等。术语方面，打炮戏和打泡戏，莎斋师都写过，也都可以，钮先生建议统一为"打炮戏"；趟马、荡马，莎斋师早年作"荡马"，后则作"趟马"，现统一为"趟马"。

　　先师的书，原就有一些引文，我本预备按今天的通行本全部复核校改一过；后发现，先师引用的书，多为早期版本，如清代、民国之出版物，总之皆有依据。因此，我想只要非明显的错字或不通，是否就不必刻意以今天的通行本再去改动先师的引文了。

　　还有一点需要特别说明。我在这套书中，斗胆做了一些力所能及的注释。考虑到莎斋师的书里原本已有一些旧注，而他又经常在文中加"小如按"，为了区别，我就萧规曹随，仿之以"光按"（《谈戏信札》专辑因系新整理，故这部分注释就不再加"光按"）。平心而论，新加注绝不是标榜我比先师高明，更非炫博。莎斋师戏曲文章的跨度，前后达七十余年；而早年查找资料尤其不易，文章难免个别存疑或不确定的地方，还会有一些记忆出现偏差的情形，这都属正常情况。今天的形势已大不相同,查找资料便捷许多,特别是利用电子数据库,可谓真正的利器。当年莎斋师多方查找,难以解决的史料问题(如1935年秋余叔岩为湖北水灾义演《琼林宴》的详细情况),今天通过数据库或许片刻就能释疑。先师一生治学的理念,在"订讹传信"四字。因此,有些存在多种说法的地方、明显的误记之处,还有先师当时遍寻不得而现在唾手可得的史料,我就不能熟视无睹。针对上述情况,我以按语的形式,在页下注释中酌情处理,提示读者。譬如《伍子胥》的最后一场戏,杨宝森和谭富英演,都称"打五将"(多数时并不演,因此知者甚少);而先师文中则写作"打四将",我一度以为是个硬伤。但后在名老生高庆奎的老戏单上,发现也作"打四将",才知晓先师的写法渊源有自,而我险些自误误人!这种地方,虽细微而实关键,出注予以说明,无疑提升了书的学术品质。兹再郑重申明一下,加按语注释绝不是炫鬻或有意唱反调,实在是秉承先师"订讹传信"的理念,为读者提供方便,为进一步研讨留出空间。知我罪我,唯俟来者。

七

为了编校这套书,三年多来我耗费了大量的心力。特别是2020年春以来,因为众所周知的疫情,导致图书馆长期关闭,查阅资料极为不便,而此时恰为编校的攻坚阶段。好在山东文艺出版社的王月峰编辑责任心极强,我们虽然从未谋面,但通过邮件、电话和微信的沟通,却是极为密切的。有时周末或深夜,彼此想到问题,随时沟通,从无怨言。我提出的编校中的琐碎问题,他总是第一时间予以回应并努力解决。我很想把这套书做成精品,在开本、装帧、排版,甚至用纸等方面,都提出了一些具体要求,而很少考虑成本问题;但出版社从未表示难办,无不满足。这令我尤其铭感!不必讳言,之前先师戏曲方面的书,有的装帧设计不够理想,有的排版太密,有的用纸不佳,还有的校对略有疏漏;而我,是有着把这套书做成先师出版物中的精品的雄心壮志的!在这一点上,月峰兄与我的想法毫无二致。愿望大好,我们也用心为之;然是否实现,还请读者评判。

由衷感激先师幼子吴煜先生的授权并提供珍贵资料。2020年秋,我过沪专诚拜访,与吴煜先生对坐清谈,真如对夫子。没想到多年不见,吴煜先生竟然也古稀以上了。时光荏苒,能无感慨!诚挚拜谢诸多师友的帮助,此处不一一列名;而他们出力,并不是我的面子,完全是出于对莎斋师的景仰和爱戴。

这套书肯定还有不少缺点,比如仍未收全,尚存"漏网之鱼";又如校对方面,还有点滴的疏忽。但是我想,就像莎斋师之前出版的戏曲类图书,都不是"一锤子买卖",所以我坚定地认为,后续还有机会修订。期待下次再版时,订正讹误、增补新发现的佚文。

莎斋师是1922年生人,按照中国传统的算法,2021年或可谓先师百岁寿诞;而这套书印出上市,恰逢其年,这也是一个巧合。谨以此书献给先师百岁诞辰!心香一瓣,敬彼岸之师。在先师不算很多的谈戏诗中,有一首他老人家一写再写:

浊世听歌易,清时顾曲难。
名家纷绝响,旧梦碎无端。
识小情何益,钩沉迹已残。
寂寥千载后,一例鼎彝看。

而我一直以来,只是囫囵吞枣,并未真正领会。这两年因编校《全编》,反复涵咏,才渐次读出了其中的沧桑、感怀与无奈,还悟出

《吴小如戏曲文集全编》书影

了一点兀傲和自信。我曾与友人把臂倾谈,多年来在北京,除了自己的家和学校,跑得最多的地方就是中关园莎斋了。如今每经北大东门一带,总有"重过万事非"之悲怆。大画家蒋兆和云:"天地之大,似不容我;万物之众,我何孤零。"此孤高形象,亦极切风骨清肃之莎斋师。窃以为,像先师这样的研究戏曲的大家,今后再也不会有了!"别号行鸣雁,遗编感获麟"(唐彦谦句),岂不伤哉!然而,"桃李不言,下自成蹊",先师身后的"知音",注定代不乏人;而其戏曲论著,其深知灼见,自会光照学林艺坛,滋养后人。

先师之学沛然醇正,考据与鉴赏兼胜,乃"旷世难求之通才""多面统一"之大家,这在学界已有公论;而戏曲,不过是他老人家各擅胜场的"数驾马车"之一。余此生何幸,为先师董理谈戏旧著。日后如有机会,我当续尽绵薄,在莎斋师的著作整理刊布、学说传播发扬等方面做更多的事,以不负先师的教诲之恩。书成涕零,感怀于心。

庚子冬日于燕京蓟树烟雨楼

在"旧学"与"新知"之间

——中国书法学术史上的吴小如书法及其书学观

陆霞

  学术界、书法界公认,北京大学教授吴小如是20世纪传统文化的一位守望者,他在古典文学、文献学、戏曲等方面成就斐然。于书法,他自幼在其父亲、津沽书法名家吴玉如的耳濡目染下习书,自知甘苦,但终其一生,却从不以书法家自居。究其缘由,他认为成为书法家应具备三方面的先决条件:一、文化素养,二、艺术细胞,三、下苦功夫。除此之外,他认为作为书法家,通过书法创作在中国书法史上做出较大贡献,创造出价值,才能跻身于古今书法名家之列。因此,即便在书法创作领域中领一时之风气,"吴门书风"从游者众,且对于古代书论、书史熟稔于心,吴小如却几乎从不参与书法界的活动,而是以传统文人自居,把书法看作是文人必备的基础修养。应该说,持这种立场的学者在书法界并非绝无仅有,但是在旧学与书法方面都取得相当成就,且本人又任教于现代大学的案例又并不多见。窃以为,以此衡量改革开放后书坛诸名家,则吴小如信可谓启元白、饶选堂后之一人。

一、一语惊醒学书人——吴小如的书法之路与书学追求

熟悉20世纪中国书法史的人,应该对吴玉如的书风不会陌生。晚清以降,在书坛刮起碑学旋风的同时,帖学仍然在几位旗手的鼓与呼之下获得了一定的发展。当时的帖学大家中,在南方,当然首推云间白蕉,而在北方,则吴玉如亦可堪一时之重。吴玉如书法取法《淳化阁帖》,广采"二王"一脉众长,而墨迹之中,又尤其瓣香于王珣《伯远帖》,最终形成享誉北国的"吴门书风"。著名书法教育家欧阳中石即是此后吴门书风的传人,而最为直接承传玉如公书法衣钵的,则显然非其哲嗣吴小如莫属。

吴小如八九岁时随乃父吴玉如练《皇甫诞碑》,因临得不像,转而偷偷临摹《颜家庙碑》,被他父亲发现并训斥了一顿。盖因他父亲主张初学者不要临摹颜、柳二家楷书,因易于鼓努为力,习之不当,容易流于粗犷鄙俗。这一入手之时的原初取法,也决定了吴小如毕生书法风格的走向,即妍媚、娟秀一路的帖学正统,而非庄严、浑强的鲁公风貌。后来,他父亲让他改习北碑。他先后练《崔敬邕墓志》和隋《姬氏志》。上高中时,吴小如练邓石如的楷书,并将"二王"小楷《黄庭经》《东方朔画赞》等字体放大,写成寸楷。这种学书的路径,也决定了吴小如书法以楷书、行书等帖学主流书体为主,在传统的路子上取法乎上,并加入了其父书法的精华。

第一位教他写字的就是他父亲。他练北碑、草书,但不成气候,他父亲觉得他练字没多大希望,于是他自暴自弃辍笔二十年之久。那是1943年前后,吴小如以教书为业,觉得书法上用毕生精力也追不上他父亲吴玉如,但是做学问倒有可能超过他父亲,便辍笔二十年。其间,吴小如治学横跨中西,以文史之学为主,还曾旁涉西方文

学译介。他曾经在美国人创办的教会学校燕京大学学习、任教,此后长期任教于北京大学,以教书、科研为主业。直至1963年,一位与他年龄相仿的学生与他讨论书法的问题时,学生的一番话令他幡然顿悟:"我明知资质鲁钝,没有书法天才,但我还是不停地写。写,总比不写强。"吴小如很受震动。重拾笔墨是在他四十岁之后,学生的"一语"惊醒他,以后他哪怕再忙,每天都要抽点时间写字。反省白白流逝的二十年时光,如若没有放弃,怎么也比以前有进步。于是,年逾四十的他,重拾翰墨,临池不辍,直至晚年因中风引发半身不遂,被迫搁笔。

"有学而不能,未有不学而能者",吴小如顿悟之后勤下苦功,可终有"年岁之不吾与"之感。他在跋《瘗鹤铭》中言:"至1964年,乃复摹此铭,仍取邓书参习之。其渊源脉络,渐谙之矣。然以实践功微,书无寸进。因思此二十年中,苟不废习书法,或当稍胜于次日也。三年以来,摹此铭可四五通,惜予体弱,无其笔力,惟略谙其用笔使转耳。"又跋《董美人墓志》:"昔沈寐叟谓《敬使君碑》为北碑大宗,予习《董志》,知亦从《敬使君碑》之体变化而出,而后又为虞、欧矩范耳。倘假我数年,当重临此志也。"吴小如深知习书的甘苦,也曾亲见他父亲吴玉如练书之不易。吴小如虽然不是一位收藏家,但基于其丰富的家藏和在学校任教之便利,阅读、临摹了大量的碑帖,他曾临摹古人的书法作品不下二三百种。其中,如名帖《兰亭序》、名碑《王居士砖塔铭》等都曾临写过几十遍。吴小如自言:"自魏晋、隋唐、宋、元、明、清以来诸家碑帖之菁华,一一取而临摹之,力求取法乎上。"可见其晚年用功之勤。他自己也曾撰联"独向丹铅遣岁华",这是他晚年生活的真实写照。

问题在于,吴小如作为一位熟悉包括文字学在内的小学的传统学者,为何没有选择与文字学关系更密切的碑学,而是在帖学方面情有独钟？这是因为清代碑学的兴起，与以文字学为代表的乾嘉朴学密不可分。如梁启超所说，清代文字狱是乾嘉朴学盛行的一个重要原因，但文人潜心于考据之学，更多则是因为大量碑版的出土，使得清人得以通过"访碑"突破明代书家如董其昌等人的禁锢，另开"碑学"风尚。在理论上，先后有阮元《南北书派论》《北碑南帖论》、包世臣《艺舟双楫》等问世。康有为在此基础上，崇尚"穷则变，变则通"的思想，撰写了《广艺舟双楫》。吴小如说："唐人无隶书，宋人无楷，元、明人能帖不能碑，清人无行草。（所谓'无'，指无当行出色之作之谓。吴玉如说：'清人有碑无帖。'——引者注）代有短长，系乎时会。贤如赵子昂，亦以帖入碑版。醇如邓完白，而不能行草。……至包世臣、康有为并持论亦近谬。丙午冬信笔妄论之。"

吴小如此处虽自称"妄论"，但不难看出其对碑学与帖学还是做了深刻的思考。犹如新文化运动，学者对"选学妖孽，桐城谬种"的论争，吴小如此说自然也有"纠偏"的用意在。吴小如生于民国，在经历清代碑学的狂澜之后，他是在冷静地思索碑学与帖学该何去何从。他从帖学与碑学之外另辟蹊径，在强调"与古为徒"的同时，追求推陈出新。对于他来说，显然并不满足于拾康南海等人"碑学"的牙慧，而是选择另辟蹊径。如他在跋《石门铭》中所说："取箧中北碑逐一临之，因写一通，尚依稀得其笔意。惟气体疏弱，无轩豁遒劲之态耳。古人通会之际，人书俱老，今则秉烛程功，犹贤乎博弈而已。"也正因此，吴小如终成一位传承吴门书风的帖学书家。

二、晚来非晚借灯明——书法思想与书法创作的互动

无论从其哪一方面的成就来审视，吴小如都可说是一位保存了传统文人风骨的旧学学者。吴小如多次在多种文章中说自己只是

喜欢写毛笔字,不敢以书法家自居。然而,他的正楷在他耄耋之年终形成了一定的风貌:平静温和、含蓄秀逸。这和他多年积淀的文化素养和下苦功夫以及他一贯主张的"学书必自二王始"有密不可分的关系。

"晚来非晚借灯明"是吴小如的老师俞平伯先生自撰联的下半句,上联为"欣处即欣留客住"。对联最初由吴小如的父亲吴玉如书写。吴小如按照原对联的内容在《吴小如录书斋联语》中抄录并排置著作首页,注中表明:"此先师俞平伯先生所撰。上联原作'欣处可欣'。先父玉如公为作章草并题边跋,易'可欣'为'即欣',先师以为改笔更佳。联悬壁间甚久。先师既逝,原件已归莎斋。小如。"不难看出,吴小如非常喜欢此联。一者怀旧:对撰联人、书写者的情感,亦师亦父,情深意切;二者自勉:对对联内容的欣赏。诚如吴小如的《论书诗·学书》云:"学书缘气类,羲献牖天衷。圣教妍春柳,兰亭穆远风。乖时成毁半,不懈毁明通。岁晚从吾好,聊程秉烛功。"诗的最后两句,恰与"晚来非晚借灯明"暗合,有异曲同工之妙。

张怀瓘在《书断》中将历代书法评为"神、妙、能"三品。《吴小如手录宋词》书法作品集,吴小如择选可传世的二百首宋词用正楷抄录,并在每篇宋词后加入评注。周退密在致小孤桐轩主(刘凤桥)书中说,观《吴小如手录宋词》,觉得词后品题要言不烦,将其评为妙品。周退密此处的"妙"更多的是从书写的内容,即文化素养去评。俞平伯在《吴小如写赠本遥夜归思引跋》中说:"右本吴小如写赠,古槐书屋入藏第一。君沉潜秀异,甫逾冠年,于诗文有深赏。……适吴生来游,书此篇为赘。点翰轻妙,意悁骞腾,致足赏也。"俞平伯用了"轻妙"二字,点出吴小如的书法虽轻却恰有妙处,这其中的"妙"正映衬了他学书的思想。耄耋之年的吴小如在碑帖之间寻找门径,习楷书,从北碑入手,须吃透北碑。吴小如在《致谷曙光书》中也说:

"年未二十,偶以邓完白楷书习之,竟有所悟。稍晚又参以赵㧑叔,始悟如习楷书,必吃透北碑,更须苦摹二王者,……然学无止境,至今年逾八十犹临池不敢或辍。昔先君言七十以后渐悟书理,仆则更历十年乃略知甘苦。"

  吴小如书法的可贵之处在于"书法里的思想"。他的书法作品里有他自己的书写内容。他从不简简单单抄抄诗词或者古文,简单地"为书法而书法"。他将古典文学、文献学、文字学、考据学融入书法创作中。他认为考据之学,是治任何一门学问的津梁,其内容有着丰富的科学性。他用书法创作自作诗词,他手录自撰联。《吴小如录书斋联语》一书选录二百副对联用行书或楷书抄录,用小楷做笺注,说明出处流传,并论述其得失。刘凤桥在该书"后记"中说:"小如先生虽不以书家自居,但其'唐碑晋字'的书法成就,实为当代一流大家。他的字具有浓郁的书卷气,纯净儒雅,格调极高。"吴小如字中的书卷气离不开他好读书、习书从"二王"入手。父亲吴玉如始终坚持书法家首先要学做人,要有高尚的人格,做一个堂堂正正的人;其次要读书,要有学问。吴小如自幼受其父亲熏染。他对《圣教序》《黄庭经》用力犹深,年少练北碑《崔敬邕墓志》,融北碑于"二王"中,碑帖兼容。他觉得练好毛笔字,得刚柔相济、方圆兼备,具有含蓄朴厚、妩媚秀劲之美。

  吴小如虽然酷爱书法,对于书法也有自己独特的认识,但毕生远离书法圈,未曾参加各级书法家协会,也极少参加各类展览,当然更是游离于书法市场之外。肖跃华在《尘外孤标——吴小如》一文中说:"先生逃名,其实是为了爱名。他逃的是一团糟的名,不愿意酱在那书坛里面。故先生法书养在深闺人未识,多在师友、学者、门人之间流传,先生也乐得与同道中人书来诗往、交流感情。"确实,吴小如自始至终没有办过一次书法展览,他的法书多在师友中辗转。

但这里"逃名"更多"逃"的是书法名家的"名"。他的作品,一方面多见于书名题签、诗稿或友朋间的交游馈赠;另一方面,其在晚年也曾应年轻弟子之邀出版了一些作品集,但只偶有销售,多用于馈赠。

如果以吴小如对书法家的标准来衡量其自身,应该说,吴小如的字确如他自己所讲欠了点艺术天分。他在追求规则法度的同时少了点艺术中的"大胆险绝"。书法最早依附于文字,可当书写成为一种艺术,便超越了写字本身,它在达意的基础上还可以达情。从吴小如大量的文章中,可以看出吴小如是一位有坚守、有个性的学者,他的这份"个性才情"之所以会错失,和他辍笔二十年也有一定关系。所以在他的书法作品集中,较少看到"大胆险绝"的草书。孙过庭在《书谱》中说:"初学分布,但求平正;既知平正,务追险绝;既能险绝,复归平正。学书初谓未及,中则过之,后乃通会。通会之际,人书俱老。……是以右军之书,末年多妙,当缘思虑通审,志气和平,不激不厉,而风规自远。"这里的"人书俱老、风规自远"经历了三个转折,王羲之末年的书法达到了这样的境界。吴小如也在追求这样的境界,可在其辍笔的那二十年,却是"务追险绝"这一环节的缺失。在其书法上,如果说有遗憾的话,那就是如吴小如自己所说,在其辍笔的那二十年,即人生的二十岁与四十岁之间,如能有个"务追险绝"的过程,可能吴小如的书法将是另外一番风貌。不过,就"内秀""内美"而论,吴小如的书法又是许多重视"视觉冲击力"的当代书家所不能及的。尤其是他的晚年,经过大量练帖读帖、长达四十多年的努力之后,他的小楷平静而温和,含蓄而秀逸,亦非一般文人、书家所能达到的境界。

三、操千曲而后晓声——文史、小学对于书法的滋养

然而,如果仅仅就其书法方面所呈现出的旧时文人风骨,便认为吴小如是一位远离新式学术的夫子的话,则又与事实不符。这是因为吴小如的本业是教师,而且是源自西方的现代学术体制中的大学教授,他曾经任教于燕京大学、北京大学。尽管屡有"缺乏学术著作"从而多次无缘职称评审的掌故,但他的经历使我们不得不在现代学术语境中,来审视吴小如在书法研究方面的主张和学术贡献。

首先,无论在古典文学、戏曲还是书法中,吴小如都追求创作实践与理论并行。他自作诗文,听唱戏曲,临帖读帖,深信"操千曲而后晓声,观千剑而后识器"。他在不断的创作实践中总结着相关理论。他在《写毛笔字的点滴体会》中说:"有的学者对于书法有比较系统的理论,而在艺术实践方面却不能完全使人心悦诚服,如清代的包世臣,便曾受到艺术造诣比包更高的何绍基的揶揄讥诮。"

就书法而言,他除了出版多种字帖、诗稿手迹外,还有多篇书论文章传世。如为齐冲天《书法论》和卢永璘译、中田勇次郎撰《中国书法理论史》二书所撰写的序言,以及《正本清源说书法》《写毛笔字的点滴体会》《书法浅议》等。虽然与他作为一位在高校中任教的书法大家的身份相比,这样的理论成果实在不多,甚至无法与他的戏曲、小说理论相提并论,但其中不乏真知灼见,值得悉心品读。

其次,吴小如晚年临摹了大量的碑帖之后,对书法进行了深入的思考,逐渐形成他的书学思想。吴小如心目中的书法名家,应师古而化之且不失法度。"于以知作字之所以得名,必师古而化之,乃可跻于古今书家之林。王氏(王铎)晚年所书,多逞臆之作,文野雅俗相糅,且时有险怪失法度者,故终不得为大家。"可见以吴小如对

书法大家的评判标准，王铎算不上大家。他在《马连良与褚遂良》文中还做过这样一段精彩的比较："平生所见艺人，最拳拳服膺者二：一曰杨小楼，一曰王凤卿。……小楼如天神，非常人可比。其文可拟石鼓秦篆，肃穆庄严；其武直如怀素狂草，目不暇接，而章法井然。而凤卿则俨然汉隶也。老谭古朴醇厚，大巧若拙，在钟繇、右军之间。而余叔岩则上攀大令，下接欧虞，骨俊神清，精美绝伦。至于马连良，则拟之于褚遂良。"由此可见，吴小如不仅对篆、隶、行、楷做了系统研究，还与他擅长的戏曲进行比较。这种比较艺术学的研究方法虽然并非十分自觉，却非常独特。

第三，如同陆游在《示子遹》诗中所说："汝果欲学诗，工夫在诗外。"吴小如认为练习书法也是"工夫在书外"。吴小如及他的父亲吴玉如一直强调成为书法家的前提是读书，不可成为写字匠。吴小如古典文学的造诣非一般人能所及。他自作小诗议书法："学书必自二王始，譬犹筑屋奠基址。思之既久鬼神通，一旦豁然叹观止。今人习艺不读书，滔滔天下属野孤。绩文养志德不孤，水到渠成气自殊。从我游者其勉诸。"可以看出，吴小如始终认为，治一门学科首先应培养通才，必先广博然后能专精。吴小如自20世纪50年代在北大中文系教文学史，可以从《诗经》讲到梁启超。他讲古典诗词，本着"揆情度理"的总原则给自己立下四条规矩：通训诂、明典故、察背景、考身世。吴小如临摹了大量的碑帖，不断地读帖之后形成真知灼见。他在跋《孔宙碑》中说："用隶笔入楷书、行草方可，用楷笔、行草笔入隶书则不可。"吴小如晚年用隶笔写小楷，正是他的独妙之处。"尝谓碑版书法，出自工匠，无所谓有无书卷气，而矩矱自备。魏晋以降，文人士夫之书法，乃有所谓书卷气者。二王帖学之祖，正谓是也。"孙过庭《书谱》云："贵能古不乖时，今不同弊，所谓'文质彬彬，然后君子'。"吴小如书法，正是旨在碑与帖之间寻找一种平衡，探索"工匠"与"文人"之间融合的朴厚而秀劲之美。

最后，吴小如强调学书者首先得弄清楚文义，能将碑帖上的文字的含义弄懂，做一位有文化修养的"书法家"，不应该写错字、别字、破体字及生造字。在《正本清源说书法》中吴小如说："读日本中田勇次郎先生《中国书法理论史》，其立足点乃基于我国之文字。窃以为倘无文字，即无书法，更无所谓书法艺术。"书法是依附在文字上发展起来的一门艺术，文字的重要性可想而知。吴小如在《卢永璘译〈中国书法理论史〉题记》中说："中田先生讲中国的书法艺术，自汉至清，在每一章的开始处都从中国文字的结构和文字学的特点讲起，这就是作者一以贯之而且坚定不移的一个看法。我以为很有道理。"文字依附于语言。语言是人类交流的工具，有其涵义。把语言转化为文字，再用书法写出来有其实用价值。书写不仅仅写点画字形，更多的要写出文义。文义需要一定的文化素养，需要不断地读书。吴小如曾在北京国家图书馆发表题为《治文学宜略通小学》的演讲，并曾主编《中国文史工具资料书举要》《中国文化史纲要》等著作，其实这些内容也适合当今书法家参照，用来弥补文化学养的缺失。

四、致博雅以御专精——探寻另一种大学书法教育路径

终其一生，吴小如在现代大学体制中同时体现出对传统旧学的坚守和对于新知的探寻。他是在调和传统学术与现代大学体制之间的罅隙，探索一种在现代学术制度之下培养精通传统小学、书学的合格的研究者的途径。因此，尽管他本人从不自诩为书法家，其在燕大、北大所任教的课程也并非书法，但他仍然以自己独特的教学科研实践，在20世纪中国书法学学科发展史的道路上做出了积极

的探索，成为北京大学书法学科发展历程中的一位关键人物。事实上，如果没有北大的平台，吴小如或许不会在今天的学术界产生如此高的威望和如此大影响；而如果不是出现了吴小如这样一些以书法为副业的学者，北大在书法学科史上也不会有如此特别的地位。

回顾20世纪中国书法学科发展史，应该说与北京大学的建设密不可分。北京大学和书法的密切关系，在很大程度上得益于北大"永远的校长"蔡元培。蔡元培在一百多年前的北京大学校园中就提出了美育的问题，大力推动了美学研究和艺术教育的发展。其中一个带有里程碑意义的事件，就是1917年北京大学诞生了我国综合类高校中的首个书法社团——北京大学

吴小如书梁漱溟先生座右铭

书法研究会。众所周知，蔡元培掌校后，北大建立了多个学生社团，这些社团往往是我国该学科建设的起点。例如在新闻传播学等领域，就把我国新闻学科的起点追溯到北京大学新闻学研究会，并将

北京大学视作我国新闻学教育的渊薮。然而在书法领域,由于北京大学长期以来没有开设专业教育,所以人们常常把1963年浙江美术学院(今中国美术学院)书法本科专业乃至1979年书法专业硕士招生点的设立视作中国书法学科史的起点。这种看法,容易忽视民国时期中国书法教育的积累与贡献。

1918年,北大校长蔡元培在北京美术学校开学式之演讲中,第一次提出书法专科建设的设想:"惟绘画发达之后,图案仍与为平行之发展,故兹校因经费不敷之故,而先设二科,所设者为绘画与图案甚合也。惟中国图画与书法为缘,故善画者常善书,而画家尤注意笔力风韵之属;西洋图画与雕刻为缘,故善画者亦善雕刻,而画家尤注意体积光影之别。甚望后校于经费扩张时,增设书法专科,以助中国图画之发展,并增设雕刻专科,以助西洋图画之发展。"在蔡元培这种理性认识的感召下,北京大学在书法教育、书法研究方面开创了很多先河。1918年,北京大学图书馆馆员王峻(岑伯)出版了我国第一部新式书法史《书学史》。不同于古代的书史,《书学史》是新文化运动期间书法领域产生的第一部西方意义上的通史性的著作,无疑是现代中国书法学史的一个起点。

1923年,北大将书法研究会、画法研究会与摄影研究会合并,成立了北京大学造型美术研究会(有时也写作造形美术研究会),出版了我国美术、书法、设计界第一本综合期刊《造形美术》。北大首次将美术与书法联系在一起成立造型美术研究会的做法,与今日国家学科目录中设立"美术与书法"专业学位可谓异曲而同工。1922—1925年,北大还培养了我国首位以书法为研究方向的研究生——容庚。接任蔡元培出任北京大学校长的蒋梦麟也是一位书法爱好者。1941年在西南联大时期,北大校长蒋梦麟撰写出我国第一部大学校长撰写的专著《书法探源》。这是一部用格律诗、论书诗的方式撰写的书法专著。

百余年来,北京大学以美育和跨学科的视角参与书法和书法史研究,构成中国现代书法学学术史上一段不可或缺的重要段落,也成为连接中国古典书论与新中国书法研究之间的一座重要桥梁。老北大师生沈尹默、马衡、刘季平、蔡元培、刘师培、王岑伯、钱玄同、孙以悌、蒋梦麟、沈从文、容庚、台静农等,以及新中国成立特别是全国院系大调整后毕业于北京大学或在北京大学任教的邓以蛰、宗白华、季羡林、任继愈、陈玉龙、宿白、吴小如、赵宝煦、李志敏、葛路、罗荣渠、欧阳中石、李泽厚、叶秀山、金开诚等,都在不同程度上致力于书法研究,以各自不同的方式积极推动了中国书法研究转型。

按照现在的标准来讲,北大书法群体可能并没有什么符合现代学术规范和评价标准的书法研究成果,并非专业的书法家,也不设书法专业,从事书法的教授都有自己的专业。但他们以业余、美育的方式介入书法研究和教学,可以说是在美术学院、综合大学和师范大学的专业书法教育之外的又一种书法教育形式,这未尝不能对今天书法学的学科建设提供若干积极的启示。第一,北大书法教育是一种针对非专业人士的博雅教育、通识教育。这种美育不同于书法专业教育,它不旨在培养专业的艺术家,而是面向艺术爱好者,面向每一个接受现代教育又亟待提升艺术素养的人,吴小如等在北大正是扮演了这样一种潜移默化、润物无声的师者角色。第二,北大书法非常重视文化性。包括吴小如在内的诸多前辈,他们并不是专业的书法家,如果论技法,比手上功夫和毛笔的笔性,跟专业书法家肯定是有差距的,但是反过来,北大书法群体又有一些专业书法家所不具备的趣味。第三,与此相联系,北大书法还带有一种学术性。北大的教师们往往有自己的本行专业,吴小如等教授都是在自己的专业之余来思考书法问题,给书法研究搭建了一个多学科对话讨论的平台。一言以蔽之，以吴小如乃至北京大学为代表的这种"博雅"式的书法教育之路，为我们思考和警惕当今书法专业教育"技法至上"的弊端至少提供了某种可行的思路。

结语

一个人倾其一生在一个领域卓有成就已属不易，而吴小如的一生，在古典文学、史学、戏曲、书法、文献学、目录学等多个领域均颇有建树。他说："凡墨守成规，不敢越雷池一步的人，或只知蹈袭，既不敢也不想走革新道路的人，他只能被前进的历史潮流所淘汰，根本谈不上什么'家'和'派'了。当然，作为革新派也并不那么容易，并非每一个不求师古的人都能称为开宗立派的'祖师'。只有对艺术遗产掌握得最全面、理解得最透彻、继承得最认真的人，才有资格谈革新创造，才能独树一帜，别开生面，自成馨逸。古往今来的大学者、大文豪、大艺术家、大思想家，无不如是。"当然，与20世纪上半叶之后同在文学、史学等领域任教的书家胡小石、容庚、台静农、启功、姚奠中等先贤类似，吴小如最终在书法方面选择了"述而不作"的治学路径，从而在给书法学术史留下些许遗憾的同时，也给后人留下了一条有待赓续的学术传统。

作者单位：中国科学院

吴小如先生《孟子》研究述评

陆岩军

近年来,成长于民国时期的老一辈学者不断离世。学界在痛失典型之余,更为渐乏既可上接传统学术又可下启现代学术的、新旧学问兼备的大学者而痛惜乃至迷茫。这些老一辈学者几乎都进过私塾或有家学渊源,在童蒙时代多已熟读四书五经,同时因能亲炙上一辈具有深厚传统学养者的教诲,且有同辈学人的切磋激发,更因身处旧学渐废、新学高涨的时代巨变中,所以一方面能融入旧学,对旧学有深入体认,另一方面具有明显的现代学术意识、眼光和方法,因而能着力开拓出新的学术境界。

吴小如先生就是这样一位典型学者。吴先生曾幽默地说:"从我的学历看,我勉强算得上一个曾经染指过'五经''四书'的人。正如启功先生的名言,我还是看到过'猪跑'的。"[1]又自述曾"面受《论语》樊迟请学稼章之义于先师俞平伯先生"(吴先生于《论语》亦有

---

[1] 吴小如《自序》,见《吴小如讲〈孟子〉》,天津古籍出版社2008年版。下引吴小如解读《孟子》言论,均出自该书,不一一标注。

研究,著有《论语丛札》),又曾听父亲吴玉如先生讲过《论语》《孟子》①。这样的学术经历在民国非常普遍,但在老辈凋零、硕果无多的当下,则显得弥足珍贵,可谓前有古人,后无来者,故吴先生有"乾嘉学派最后一位朴学守望者"②之誉。在刘宁先生看来,"在学养广博深厚这一点上,吴先生取法前辈大师,并能得其仿佛,而在学术道路上,则有其独特的个性"③。

孔子云:"必也正名乎?"(《论语·子路》)因为具有扎实的新旧学养,吴先生对"国学"有着通达的体会与直达本质的把握:

> 追根溯源,"国学"之名盖始于晚清,是对"西学"而言的。其实它的内涵并不出清人治学的范畴,即义理、考据、辞章三者不可偏废之论是也。义理之学大概近于哲学思想;考据则以文字、声韵、训诂、目录、版本、校勘之学为主要内容;而辞章之学,则基本上指古典文学作品,当然也包括以古典文学为讨论内容的文论、诗话、词话、曲话之类。用旧的说法,所研究对象不外经、史、子、集四大部类;用"五四"以后的说法,则研究中国古代文、史、哲三大门类的学问皆可属之。(《吴小如讲〈孟子〉·自序》)

这既说明了国学是中国古代固有之学问,同时也指出"国学"之名是对"西学"的一种近代因应。因此,既要把握国学的固有本义,也要有意识地与西学形成深度交流与互动,从近代"中学为体,西学

---

① 吴小如《听父亲讲〈孟子〉》,《文汇读书周报》1992年7月25日。
② 陈丹晨《老学生眼中的吴小如》,见《学者吴小如》,北京大学出版社2012年版,第263页。下引凡出自该书者,仅标页码。
③ 刘宁《其学沛然出乎醇正——吴小如先生的古典文学研究》,见《学者吴小如》第133页。

为用"或"西学为体,中学为用"的非此即彼的二元对立的模式中走出,站在现代学术的角度,对国学经典做出更合乎时代、更合乎当下世界的阐释与解读。这一点,在吴先生对"国学大师"称呼的分析中,已有明晰的揭示:

> 清末民初以来不少学者大都留过学,远者到过欧美,最近的也到过日本,所以他们的治学方法毕竟沾了若干"洋"气,因之研究成果亦不同于清代未出国门一步的学者。代表人物如严复、梁启超、王国维、陈寅恪、胡适等人,他们的著作,终有别于乾、嘉、道、咸以来的戴震、段玉裁、王念孙、孙诒让诸家的学术模式。此盖时代转变、社会发展导致学术风气使然,是不以个人意志为转移的。然而值得注意的是,凡今天被称为"国学大师"的,倒是王国维、陈寅恪以及胡适等人,而清代不少有成就的朴学家,反未被戴上这样的桂冠。可见"国学大师"也者,乃指在新时代研究"旧学"的某些代表人物了。(《吴小如讲〈孟子〉·自序》)

吴小如先生揭示了现代学术视野下的"国学大师",并非仅是朴学大师,而是朴学与新学兼具,其所研究内容为国学,而研究视野、研究方法则明显已带有现代学术研究的特点,二者兼备,方可谓之"国学大师"。

学术研究贵在实事求是、客观公允,要避免厚新薄旧、以新自傲的学术自大现象。在这方面,吴小如先生既为朴学学者主持公道,又对以新学自命的学者提出中肯的批评:

> 我倒想替自古以来直到清代的一大批所谓朴学家说几句

话,即"五四"以来的新派人物动辄说治"旧学"的人"不科学",而他们从西方学来的治学方法才是"科学"的。这话不免有失偏颇。……其实照我这读书不多、一知半解的人的认识,只要站得住脚、未被历史长河所淘汰的古今传统名家名著,不论从思想内容还是看问题的视角来观察,都或多或少符合或包含着辩证法。……如果较真,以胡适本人的言论和著作为例,不科学的地方却所在多有。只就他说中国文言文是死文字这一点而言,就是很不科学的。(《吴小如讲〈孟子〉·自序》)

吴先生的这一论断平实而公允,既能尊重旧学,又能指出新学的不足。

吴先生对当下的"读经"热,也提出了三点冷思考:其一,合格的师资不易解决;其二,用现代眼光来看,经典当包含经史子集,数量太多,中小学生消化不了;其三,古汉语的文字障碍不易克服。所以,吴小如先生一再强调,与其向青少年推广"读经",还不如让成年人、文化人和官员们来"读经"。

正是基于这样宏观而到位的体认,出于文化责任,吴小如先生幽默而自谦地说:"在行将就'火'的衰朽之年也应该贡献一点爝火般的余热。"且"在儒家经典中,《论语》虽简短,却并不好理解;而且讲《论语》的人正在一天天多起来。而《孟子》,应该是儒家经典中在文字上障碍比较少的一本读物",因之于2006年至2007年,吴小如先生用一年多的时间撰成这本《吴小如讲〈孟子〉》,2008年由天津古籍出版社出版。

这是现代学者所作的一本颇有个性特色与学术成就的《孟子》解读本。吴先生解读诗词时,曾奉行一条原则、四点规矩,即"一曰通训诂,二曰明典故,三曰察背景,四曰考身世。最后归结到揆情度理这一总的原则,由它来统摄以上四点"①。吴先生解读《孟子》时,在奉行以上原则和规矩的同时,又表现出统摄古今、以古鉴今、针砭时弊、求真敢言的新特点。具体来说,表现在如下四个值得珍视的方面。

一、简明扼要,简洁得当

吴先生将此书的读者设定为成年人,且已根据传世的各家注释和译本(如朱熹的《孟子集注》、焦循的《孟子正义》、近人姚永概的《孟子讲义》和杨伯峻的《孟子译注》等)基本上读懂了原文。如此设定,意在"尽量节省笔墨,而不去旁征博引",实则乃从原文的字面解读中挪出身来,而集中精力于文本意蕴、思想本质的阐释上。因此,本书为读者设置了一定的阅读门槛,其实也对吴小如先生自身提出了更高的学术要求。概言之,本书是为有一定文化素养的成年读者,尤其是文史研究者所写,具有重要的学术参考价值。

汉代赵岐于《孟子》的注释,可谓"开辟荒芜,俾后来得循途而深造,其功要不可泯也"②。根据切身体认,赵岐指出《孟子》"闳远微妙,蕴奥难见"③。吴小如先生在讲解《孟子》时,则以简明扼要的方式来阐述《孟子》的意蕴与思想特质,往往一语中的,尤见功力,与其一贯"写文章应力求简净"④的写作主张完全契合。

---

① 吴小如《我是怎样讲析古典诗词的》,见《诗词札丛》,北京出版社1988年版,第2页。
② 永瑢等撰《四库全书总目·孟子正义提要》,中华书局1965年版,第289页。
③ 赵岐《孟子注疏题辞解》,《十三经注疏·孟子注疏》,北京大学出版社1999年版,第10页。
④ 朱则杰《小如师教我写文章》,见《学者吴小如》第230页。

如《离娄上》"家之本在身"章,解读指出:"此章即《礼记·大学篇》'修齐治平'说之张本。"通过溯源与关联,直揭其本质。又如《离娄下》"原泉混混,不舍昼夜"章,解读简明通俗,其中"一步一脚印""泡沫"云云,尤能传其神韵:

> 此章孟子则强调有本源之水虽不舍昼夜而放乎四海,然必盈科而后进,遇坎坷之地亦必先充实而后继续前行,所谓一步一脚印是也。苟为无本,虽一时沛然雨集,沟浍皆盈,实则浮沤也,犹今所谓泡沫。

又如《离娄上》"孟子谓乐正子"章,解读云"铺啜犹言饮食,即今所谓混饭吃",洵为妙解,令人会心一笑。再如《公孙丑上》"尊贤使能"章,解读指出:"此亦孟子理想社会之蓝图。能否实现,在孟子当时固不敢必,即大一统之后亦未必能尽如其言也。"既揭示其社会理想,又着眼于历史,无限深意与感慨寄寓其中。复如《滕文公下》"富贵不能淫"章,解读简而得当,其"养气必先养勇"之说,独具只眼:"夫富贵不能淫,贫贱不能移,威武不能屈,非大勇大智者不能为。故仆以为养气必先养勇也。"

另如《离娄上》"有不虞之誉"章,解读云:

> 此二语皆自省之词。意谓人之誉己,未必无溢美之言,不可便沾沾自喜。而人之嫉己,则往往求全责备,犹韩愈《原毁》所云:"举其一不计其十,究其旧不图其新。"己既被谤,宜躬自厚而薄责于人,不必斤斤计较。明乎是,可望头脑清醒而深加自律。

真是有德者反躬求己、三省吾身之语,解读简明而韵味悠长,值得反复品读。

二、兴有所寄，心有所得

吴小如先生开门见山地说："这本小书实是即兴之作。"又自谦，"这只是即兴发言，不敢吹嘘是什么'心得'。"(《自序》)书末又云："自丙戌至丁亥，约岁余。手录《孟子》一通，每章略加浅解，聊陈鄙见而已，非敢云学术心得，以招物议。"老辈学者之虚怀若谷、谦冲内敛，每令人肃然起敬。实则此书既是厚积薄发的即兴之作，亦是寄慨深远的寄兴之作，更是发明良多的心得之作，实与吴先生的首要写作宗旨"没有自己的一得之见绝不下笔"[1]及治学写作三境界"首先尽量述而不作，其次以述为作，最后水到渠成，创为新解"[2]相契合。

如对《孟子》首章之解读：

此孟子开宗明义第一章也。古人注《孟子》者，汉有赵岐，宋有朱熹，清有焦循。参读此三家之言，大旨可明。然而自汉至清，释此章者皆首标仁义二字。盖仁与义乃孔孟一生着力处，其言固无误。唯史迁独具只眼，谓此章要害乃在利字。《史记·孟子荀卿列传》云："太史公曰：余读孟子书，至梁惠王问何以利吾国，未尝不废书而叹也。曰：嗟乎，利诚乱之始也。夫子罕言利者，常防其原也。故曰：放于利而行，多怨。自天子至于庶人，好利之弊，何以异哉！"此真一语破的矣。考之后世，凡言

---

[1] 吴小如《漫谈我的所谓"做学问"和写文章》，见王力等《怎样写学术论文》，北京大学出版社1981年版，第47页。
[2] 吴小如《怀念游国恩先生》，见《红楼梦影：吴小如师友回忆录》，北京大学出版社2012年版，第97页。

利以治国者,其后果往往化公为私;及上下交相争利,则受害者必为民,故民多怨。尤以不夺不餍四字为诛心之论。自古迄今,未闻贪污腐败、贿赂公行之徒有适可而止之时也。义利对举,仲尼已言之,所谓"君子喻于义,小人喻于利"是也。特言利之为害,不及孟子之言深刻耳。为政者可不慎欤!

此处引司马迁之论断,揭示"此章要害乃在利字",直达腠理。"考之后世"云云,则直为寄兴而发,警世之意,寄寓其中。文末"为政者可不慎欤",更是情之所至,兴不可遏,类乎耳提面命。

又如对《梁惠王上》第三章之解读,既揭示孟子之理想社会,又与管仲思想相对比,指出其局限所在。进而揭出重视民生为先秦诸子之共识,而战国诸侯乃至秦一统后之执政者仍未能做到此点。可谓读书得间,寄慨遥深。

再如对《公孙丑上》"宰我、子贡善为说辞"章的解读,可谓目光如炬,烛幽探微,诚有心得:

此一段虽赞孔子,实孟子自占地位。方公孙丑言孔门弟子如何如何,孟子竟言"姑舍是"。意者孟子自视甚高,可直接上承孔子。此犹韩愈言"轲之死不得其传焉",其意亦在愈本人即孟轲之传人也。严几道自言"圣人复起,不易吾言",亦是此意。即此类言语,便下圣人一筹。

复如《公孙丑上》"以力假仁者霸"章的解读,以史家之眼光剖析孟子理想主义之论,既揭示孟子之高标,又揭示社会政治之实际运行情况,令读者于二者均有深刻清晰之认识。再如《公孙丑上》"人皆有不忍人之心"章的解读,在引述朱熹解读的基础上,联系古今中外,做了颇有心得之引申,痛慨世风,救世心切。又如《滕文公上》"孟子驳许行"章的解读,辨析颇为精彩,厘清诸多似是而非之说。《滕文公下》"予岂好辩哉"章解读,纵论儒墨道之兴废之由,并由其出发,纵论学术与政治之关系,直可作一篇学术专文来看(限于篇幅,文长不录)。

吴先生往往以孟子之言观照当下之现实,而发以深刻之心得。如《离娄下》"君子所以异于人者"章:

此章孟子力主以仁与礼待人,且示人以反思自省之道。此在十年浩劫中最得考验机会。在浩劫中,知识分子十九皆时时处于横逆之境。其始也未尝不自反,自反而已无不仁不忠矣,然而横逆如故,于是自杀者屡见不鲜。孟子曰:"于禽兽又何难焉!"夫禽兽诚无理可喻,然士可杀不可辱,面对禽兽唯死而已。孟子曰:"如有一朝之患,则君子不患矣。"在浩劫中,一朝之患即有性命之忧,又岂得不患乎?使孟子遇此浩劫,即不死亦不免受下辱。其言固足为鉴戒,其身亦未必能脱于危难也,此其所以为浩劫欤?

在本书的解读中,吴小如先生既能兴有所寄,心有所得,又能反求诸己。真可谓圣贤之道,重在切己自得,非仅为话头而已。如《公孙丑下》"王馈兼金一百而不受"章,解读云:

此章涉及财货取舍之道。俗语云:"无功不受禄。"今之通例,曰:"按劳取酬。"仆于师友或门人馈遗,有可受者,有必不可受者。盖取之有道,非其道而取之,非贪即盗也。仆六十以前,以家口众而举债累累,卒得清偿。六十以后,以老妻久病,每入不敷出。于亲友门人所馈遗,不免有取伤廉之病,故仆之为人,去古人远矣,深用愧疚。

三、文以载道,观照现实

孟子思想乃为战国乱世而发,其将孔子的核心思想"仁"进一步推广到政治上,提出了"仁政"或"王政"的核心观点,将孔子的"为政以德"发展为"仁者无敌",将孔子的"仁者爱人"发展为"爱人者人恒爱之,敬人者人恒敬之",将孔子的"仁义礼智信"发展为人之四端,将孔子的"我欲仁,斯仁至矣"发展为"人皆可以为尧舜",将孔子的"天命在兹"发展为"当今之世,舍我其谁"。总之,孟子既继承了孔子的思想道统,又发展了其博大深广的现实关怀。

汉代学者王充指出:"夫知古不知今,谓之陆沉,然则儒生,所谓陆沉者也。"①特意指出儒生多有知古不知今之弊。历史学者张宏杰认为:"只有与当下结合起来,历史才真正有意义。"②中国社会科学院丁东也认为:"历史研究,说到底是今人对过去的理解和感悟。"③以此衡之,经典解读也应如是:只有在对现实的观照中,经典才能更好地彰显出其力量与价值来。

古代学者于经典的传统解读,严守经典的权威性,固守注不破经、疏不破注的原则,其中汉学侧重文字训诂,宋学侧重义理解读,然均严守经学的藩篱,不敢越过雷池半步。其以古鉴今、观照当下的部分则多出现在史论、策论、笔记中。现代学者对于传统经典,既

---

① 杨宝忠《论衡校笺》,河北教育出版社1999年版,第417页。
② 张宏杰《通俗历史的启蒙作用》,见《历史的局外人:在文学与历史之间游荡》,东方出版社2018年版,第265页。
③ 丁东《读懂古人的无奈、智慧与权谋》,见张宏杰《大明王朝的七张面孔:朱元璋》,天津人民出版社2013年版,第6页。

应"照着讲"——尊重其历史地位、作用与价值,厘清其本义,更须"接着讲"——着力做好传统经典的现代转换工作,揭示经典的当代价值,善与圣贤对话,敢于观照现实,揭示经典的开放性与现代性,在经典原有的逻辑上,以发展的眼光提出内涵更丰富、外延更周密、更具说服力、更具现代性的现代阐释来。在这一点上,吴小如先生对《孟子》的解读用力寄情颇多,令人击节赞叹。

如对《告子上》前二章的解读,论及"性善论",以古观今,出以大胆犀利之点评:

贾生论秦之亡,一语破的,谓"仁义不施,攻守势异"。今之为政者所以上令不能下达,于不正之风所以屡禁不止,皆以政权为私有之物,不容他人染指而已。纵称官吏为公仆,称政权为公器,称人民为公民,其实皆口头禅耳。

又如对《告子上》"五谷者,种之美者也"章的解读,以古鉴今,直指当下,意味深长:

五谷不熟,不如荑稗。今人徒以表面文章示己政绩,所谓形象工程。然徒有其表,卒为民害。孟子之言实最有现实意义。

再如《梁惠王下》第二章,结合周文王之囿与齐宣王之囿的不同,联系当下,做了直指时弊的揭示:

此章真谛,乃在揭露封建帝王特权之害。以情理度之,文王之囿,亦非今之公园,可全部开放。然樵采者、捕猎者可自由出入,是文王尚非以苑囿为禁地,虽有限制,尚非十分严格。至齐宣王之囿,则全属禁地,有捕杀麋鹿者如杀人之罪,是视其民命犹不如麋鹿也。自古至今,虽西方民主法治国家,统治者亦有特权,非任何公民所得享受,其余更无论矣。

又如《滕文公下》"彭更问曰:'后车数十乘'"章的解读,由彭更质疑孟子无事而食,联系到当下人文科学知识分子所遭遇的轻视,读来意味深长。再如《告子下》"五霸者,三王之罪人也"章的解读,以古论今,发以慨叹,若衡之于当下的国际大势,直似洞若观火:

> 以古例今,联合国宪章宜为国际所共同遵守;五常任安全理事国,犹春秋时之五霸也。然不遵宪章者,往往为某常任理事国中之大者强者;而一国之中,又往往以国家首脑行专制独裁之权者得在位而行政,而政府官员又多畏首畏尾而不敢直言。今人动辄言以史为鉴,读此章,是可以为鉴矣。

上引种种,既能直探经典本质,又以之观照当下,颇具现实关怀,表现出当下读书人稀有的良知、勇气与现实关怀,恰可印证弟子孔繁敏对他的老师的基本印象——"知识渊博、思想敏锐、求真务实、敢说真话、笔锋犀利"[1]。总之,《吴小如讲〈孟子〉》中既有高卓的学术识见,又有浓郁的人文情怀与真诚的现实观照,"从这个意义上说,《吴讲》是《孟子》研究中的一个新的里程碑"[2]。

吴小如先生忧国忧民,心系家国天下,敢于坦诚直言。这既是

---

[1] 孔繁敏《我所敬重的吴小如先生》,见《学者吴小如》第222页。
[2] 陈延嘉《吴小如讲〈孟子〉读后》,见《学者吴小如》第31页。

其自谓"性情本来褊急易怒"①,实则秉性刚直所致,又与其20世纪八九十年代在多家报纸副刊发表的数百篇杂文所秉持的强烈的社会现实关怀一脉相承。②吴小如先生弟子彭庆生曾深情评鉴他的老师:"在中国士人的传统中,历来倡导'道德文章',而'道德'是位在'文章'之上的。小如师的文章固可传世,而其道德更是门生后进学习的典范。"③

这正是最好地践行了经学之"经"——经邦济世,经纶世务。吴小如先生的治学格局与情怀,于斯可见。

四、实事求是,辨伪求真

坊间传说,吴小如先生有"学术警察"之称。其实这是出于一个严谨学者求真求善的本能,也"表现出一位文化守望者对我国传统文化的挚爱和关切"④。正如清代大儒钱大昕所言:"学问乃千秋事,订讹规过,非以訾毁前人,实以嘉惠后学"⑤。吴先生每以此自期,"平生疾虚妄"⑥,自云"我本人治学问和写文章,每以'订讹'与'传

---

① 吴小如《读王水照兄近作有感》,《文汇读书周报》2001年8月25日。
② 参见周倜《博古通今、学贯文史的大学者吴小如》,见《学者吴小如》第278页。
③ 彭庆生《难窥夫子墙——敬贺小如师九秩华诞》,见《学者吴小如》第301页。
④ 王水照《"福寿绵长"——记吴小如先生》,见《王水照文集》第9卷《鳞爪文辑》,上海古籍出版社2023版,第33页。
⑤ 钱大昕《答王西庄书》,见陈文和主编《嘉定钱大昕全集·潜研堂文集》,凤凰出版社2014年版,第569页。
⑥ 檀作文《吴先生教我读〈诗经〉》,见《学者吴小如》第236页。

信'二事为己任"①、"仆平生读书治学并无谬巧,惟疾虚妄实事求是而已"②。这正是其独立思考、实事求是学术品格的外显。戴红贤先生受此激发,将吴先生的治学精神概括为"学术研究的真血脉是求真求是的精神和态度"③。这真是见道之语。

在本书中,吴小如先生站在现代学术及政治立场,直接与孟子展开对话,对其言行或思想进行辨析,甚或指出其不足或不妥处。如对《梁惠王上》"孟子见梁襄王"章的解读,从历史事实的角度对孟子思想的局限做出切实的分析:

> 姚永概云:"此章乃孟子本色文字。"其言是也。然就其时代背景言之,或即世人以为其言迂阔而远于事情者非欤?战国,秦、齐、楚三强鼎立,各逞其坚甲利兵;韩、魏、赵居乎其间,如专从行仁政着手,旷日持久,不待其政生效,国已亡矣。故仆以为孟子之言诚是,唯奈非其时何!若在大乱之后,如刘项争霸之余,汉高一统之际,即约法三章而天下可定。不俟孔孟仁义之道大行于世,亦可以称帝矣。

诚然,孟子提出的是政治理念或政治原则,为根本性的解决之道,但在依仗武力争霸的战国乱世,的确显得迂腐阔远。故可说孟子生非其时,然其言诚是。

又如对《梁惠王下》滕文公问孟子三章的解读,揆情度理,对孟

---

① 吴小如《常谈一束:吴小如学术随笔自选集》,福建教育出版社2000年版,第99页。
② 肖跃华《尘外孤标——吴小如》,见《学者吴小如》第102页。
③ 戴红贤《生动的一课》,《文史知识》2009年第4期。

子所言提出不同的看法：

> 然孟子于此篇内之三章所陈，实无补于滕之现实处境。夫滕居于山东平原，诸侯林立，虽欲远徙而不可得。如求自立自存，一曰能使民效死而弗去，二曰为君者勉强为善而已，皆未知之数。于以见战国时代，小国实无力与大国和平共处。欲求不亡，必足食足兵，更取信于民。而终不免者，则时代使然，即孟子亦无能为力也。

孟子之说有理而无解于现实处境，亦是时代使然，诚可谓无可奈何之事。

再如对《万章上》末三章的解读，吴小如先生结合史实，提出批评性意见：

> 此三章皆孟子为圣贤辩护之言。除孔子在卫事，孟子所言似有据外，伊尹、百里奚皆凭推断。其实古史中多有传奇色彩，初未必为圣贤讳，孟子不过以儒家卫道者之观点释古史古事耳。为圣贤辩护，实开后世个人崇拜与个人迷信之风气，诚古今以来最大之流弊。

又如对《公孙丑下》"孟子为卿于齐"章的解读，对"行事"一词予以辨析，对姚永概所解、杨伯峻所译均予指瑕纠谬，分析允当。又如对《尽心下》"圣人，百世之师也"章的解读，则对李零"丧家狗"之说予以指正，语重心长：

> 五四以来，或言孔子不过常人而已，不得以圣人称之，盖不

欲以偶像视之,固未可厚非。而近乃有人据《史记·孔子世家》,谓孔子不过一丧家狗。夫丧家之狗,"丧"字应读平声,乃指人家有丧事,人皆悲泣,即其家所豢养之狗亦嗒然无精打采,而非丧失其家流浪之狗也。后世读"丧"为去声,久失其本义。今乃据讹误之说引而申之,以释《论语》,是已误导读者。复用此以形容孔子有失落感,则强调儒家之消极一面。虽曰还孔子之本来面目,实则以偏概全,犹属片面。以此立言而竟不顾七十子及其后学如孟、荀诸家对孔子之评价,名为学术研究而竟专走偏锋以哗众,此真以紫夺朱矣,夫复何言!

此外,吴小如先生对一些古今异义,尤其是今人误用的词语,均予以辨析。如在对《梁惠王上》第四章的解读中,指出现在使用不当的"始作俑者"的使用错误:"至以俑殉葬究在以生人殉葬之前抑之后,有待详考,而孔子之言,则为贬义无疑。近人不知其言出典,竟以始作俑为褒义语而举以称人,是期人将断子绝孙,真毫厘千里之失矣。"又如在对《梁惠王上》第六章的解读中,吴小如先生指出:"引领一词,始见于此章,犹言延颈也。近顷不知自何时起,释'引领'为引导领先之意,似近望文生义。殆成人不读古籍之过。时贤虽号召儿童读经,倘无师资以导夫先路,犹不免以讹传讹也。"这些指正均体现了吴先生"希望写文章的人尽量用词准确,不要总是以讹传讹,将错就错"[①]的一以贯之的主张。

大匠诲人,必以规矩。吴小如对《公孙丑下》"孟子去齐"章的解读,指示读书之法,认为读书须知人论世,综括而观:"读书须知人论

[①] 吴小如《常谈一束:吴小如学术随笔自选集》,福建教育出版社2000年版,第6页。

世,综括此数章而观之,可概知孟子之为人,足以启人心智。"对《尽心下》"尽信书,则不如无书"章的解读,亦指示著述读书之法:

> 古史虽不可尽信,然以史为鉴,则不诬也。读书而正人心,是可读之书也;读书而坏人心术,则不可读之书也。今之阐释古书与著书立说者,当知所取法。

此外,吴小如先生亦从文章学角度,对《孟子》行文特点多有剖析。如对《梁惠王下》首章的解读。吴小如先生又强调:"读书当求言外之意。"(《离娄上》"天下有道"章解读)在辨伪求真的基础上指示读法。如对《梁惠王下》第七章的解读:

> 此章之旨,似宜析而辨之。以国人舆论为决策之本,是孟子具有民本思想之菁华;然生杀取舍之权卒归之于国君,则君主专制之局限也。观其结论国君"为民父母"一语可知。必择其菁华而剔其局限,读书庶几可以古为今用。

智者千虑,或亦有疏。吴小如先生的个别解读,亦有值得商榷之处。如对《离娄下》"言不必信"章的解读,小如先生认为:

> 言必信,行必果,此为人之基本规范。而孟子竟谓大人者言可不必信,行可不必果,岂于为大人者求之不严苛欤?曰非也,下言"惟义所在",即涵盖信与果矣。孟子之意,犹《左传》记曹刿之言,所谓"小信""小惠",非为君上所宜琐屑而施诸人者。

按,孟子此章所云,重点为"惟义所在",与孔子"君子之于天下也,无适也,无莫也,义之与比"(《论语·里仁》)及孟子"执中无权,犹执一也"(《尽心上》)意旨相通,即是说大人君子之言行要按照道义和权变的原则,而非执一。此处"言要信、行要果"没有问题,问题出在"必"上,这与孔子所云"毋意,毋必,毋固,毋我"(《论语·子罕》)实则相通。

阮元指出:"窃谓士人读书,当从经学始,经学当从注疏始。"[1]此可谓治古代文史之学者奉为圭臬之论。然时移世易,今天的读者受文言阅读能力所限,可先从今人权威解读入手,再循序渐进,进入古人注疏,则是当下更为可行的研读途径。吴小如先生长于考据与鉴赏,吴组缃先生曾有"鉴赏古诗文,天下无出小如之右者"[2]的评价。再加之其自"四十年代,又因读程树德《论语集释》而勤搜有关'四书'的著作"[3],前后历六十余年之积累,厚积薄发而成《吴小如讲〈孟子〉》,全书有立有破,"立得牢固","破得准确"[4],允为今人研读《孟子》的权威读本,值得隆重推介。

作者单位:上海交通大学

[1] 阮元《重刻宋板注疏总目录》,见《十三经注疏·孟子注疏》,北京大学出版社1999年版,第2页。

[2] 诸天寅《我的恩师吴小如》,见《学者吴小如》第318页。

[3] 吴小如《漫谈我的所谓"做学问"和写文章》,见王力等《怎样写学术论文》,北京大学出版社1981年版,第44页。

[4] 吴小如《常谈一束:吴小如学术随笔自选集》,福建教育出版社2000年版,第18页。

守矩·思辨·纳新
——吴小如昆曲剧论阐微
马天恒

一、吴小如的昆曲活动

吴小如与戏曲相关的著述以京剧占比居大,昆曲占比较小。虽如此,但他对昆曲的重视与参与并不输京剧。

俞平伯抗战前在清华创立昆曲曲社谷音社后,便力嘱吴小如参加活动。根据吴小如文集所录剧评、信札,其涉及的昆曲活动主要分为曲社活动及剧目观演两类。在他观演各昆剧团演出后做出的评价中,吴小如往往直白地透露出个人的偏好(尤其是在吴小如与他人往来的信札中),有时甚至颇为犀利,如他写道:"韩世昌戏确不凡。我 1956 年看他《胖姑学舌》,依然不减当年。""沈世华的水平在华文漪、张继青以上,台风好,功夫根底深,多时不演,典范犹存。惜所唱已北化,嗓子也不是太好。"[①]乍看之下,像是一个普通观众从感

---

① 吴小如《1983.12.25 致汪沛炘信》,见《吴小如戏曲文集全编》(三),山东文艺出版社 2020 年版,第 392 页。

性出发进行的评价,而非一个专研戏曲的人的评论,但深入阅读便可发现其中句句都不脱离学理的思维路径。他对业余曲社演出活动做的记录与评价也有许多,如吴氏在自己的论著中就不止一次地对天津一江风曲社朱经畬先生演唱的《弹词》进行评价。

吴小如参加的曲社主要是俞平伯的北京昆曲研习社,有几条相关材料为证:张允和在《我与昆曲》一书中记述了北京昆曲研习社的活动,其中有一则是1957年2月10日上午10点在老君堂俞平伯家的开会事宜,其中提到了组员调整问题:"先聘钱一羽、张允和为组员。胡静娟、吴小如为组员。"①6月15日座谈摘要:"吴小如今天有事不能来。昨天《北京晚报》的记者来,给我看了小如同志写的一篇谈《三挡》的文章,可能明天晚报发表。"②"1980年5月28日票子发八位政协委员:钱昌照、沈性元、章元善、周有光、倪征、叶圣陶、俞平伯。另发:吴小如、吴晓铃、张伯驹、王西滋、许姬传、陈中辅、顾森柏、金紫光、汪健君、杨荫浏、杨景任(张奚若夫人)等。"

吴小如曾记录过自己的拍曲活动:"我和蔚明,以及另一位英年早逝的徐士年兄,曾经结伴学过几个月的昆曲,那是五十多年前③,俞平伯先生主持组建的昆曲研习社成立不久,从南方请来一位辅导曲友的笛师。单靠研习社的工资养活不了那位笛师,于是俞平老乃动员熟人学昆曲。由我倡议,我们三人合聘这位笛师为我们启蒙。规定每周至少学一次,由我们三人在各自家中轮流接待。记得学的是《长生殿·小宴惊变》一场唐明皇的第一支曲子。"④

---

① 张允和《我与昆曲》,百花文艺出版社2017年版,第206页。
② 张允和《我与昆曲》,百花文艺出版社2017年版,第233页。
③ 笔者注:1958年前后。
④ 《远逝的风铃》,见《吴小如戏曲文集全编》(五)第267页。

二、对舞台演出和细节的关注

吴小如撰写剧论都是依托于某个具体的剧目、某场现实的演出、某个活生生的演员来进行评论,绝非泛泛空谈,哪怕对著名演员亦能直言不讳又客观中肯地指出其不足。

因"京戏无论在表演体系上或在道德观念上都体现了传统文化精神和传统艺术的固有特征"[①],吴小如对戏曲演出的关注首先集中体现在对演员艺术素养和人文素养的考察上。他从欣赏艺术的高度去观照每场演出,因此对演出的要求甚至略显苛刻。如评张继青的《寻梦》,指出美中不足的是她出场时缺乏神采。吴小如的剧论以评姚继焜《休妻》最有亮点,这出戏的情境设定是隆冬腊月,因在夏天演出,饰演朱买臣角色的演员难免在台上淋漓冒汗。为此,吴小如对比了马连良在《南天门》中的表现,他指出,同是在酷暑时演出,马连良在塑造走雪山的曹福时竟无一滴汗水。这一方面说明评论者观戏之多和广,谈及同类的演出时信手拈来;另一方面,也提醒了演员,要注意提高表演技艺,达到艺术上的升华之境方能为人叹服。

什么可以称得上是真正好的表演?吴小如在谈及沈世华的《思凡》时有过提及,概括为:台风好,刻画人物分寸恰到好处,表演细腻。不但身上、脸上有戏,还须功夫无懈可击,堪称圆满。"唱"始终应是第一位的。吴小如在剧论中多次提出"唱"的重要性。虽然不能保证每一位观众都能领悟曲词的含义,但观众的投入无不是因为表演者能唱出戏情而为之感染。"唱功与身段要同时进行,所以演

---

① 王元化《清园谈戏录》,上海书店出版社 2007 年版,第 3 页。

员必须要明了唱词的含义,做出身段来方能有的放矢。"①

为此吴小如特别看重昆曲演员的文化程度,即要"脸上有文墨气"。以《琴挑》为例,他认为"至于陈妙常的内心矛盾,则借助于唱功来体现,而不以眉眼露行藏。如果把陈妙常演得春意浓酣,眉目传情,那就不知道是谁'挑'谁了。至于俞老当年演潘必正,身段不多而举止却大方潇洒,书卷气逼人。相比之下,现在的演法就嫌身段过于繁复。而脸上文墨气太少的人,最好要强调一下演戏以外的艺术修养。记得当时有人评论程、俞二位大师此戏,有'演的是才子佳人戏,演员却不带才子佳人气'的名言,窃以为做到这一步才真是深得艺术三昧,而使表演臻于化境。"②他亦指出,若演员的脸上没有文化,那么俞振飞的艺术将有断层、裂变的风险。

故经典艺术形象的诞生,既离不开剧作者苦心孤诣的思考,也离不开表演者的二度创作。演员艺术造诣的高低一方面取决于自身的艺术感知力,另一方面取决于后天的继续学习。为此吴小如有过担忧:"伶人不学无术,中国戏剧艺术,迄无发展,罪在于斯,病在于斯。话剧虽属新进,然考其中演员,能及水准者亦无几人,电影明星中亦多不读书,即导演亦有滥竽充数,全无学识之人,旧剧更无论矣。"③一个艺术形象之灵魂的有与无,与塑造者的精神世界直接相关,而这种能力的达成既无捷径可循,又非进行知识性的学习可以达成。吴小如提及的演员的"文墨气"与潘之恒所谓演员需具"才"

---

① 吴小如《昆坛求艺六十年——沈世华昆剧生涯序》,见《吴小如戏曲文集全编》(五)第128页。

② 吴小如《看昆曲演出断想》,见《吴小如戏曲文集全编》(五)第350页。

③ 吴小如《"阳世三间"与"黄鸡当饭"》,见《吴小如戏曲文集全编》(一)第311页。

"慧""智"的能力不谋而合,这些要素齐聚才能共抵台上的"神遇"境界。如他评价俞振飞对角色的塑造时说:"这里没有大幅度的戏可做,只靠简明朴素的身段和抑扬分明的曲调,加上足以传达内心情感变化的细腻微妙的眼神和冲淡从容的轻如蜻蜓点水的小动作,剧中人物灵魂深处最琐细的情绪也能使观众察觉得出。这才是昆戏的精华。"①

对演出细节的高度关注。以 1983 年 10 月吴小如就北昆演出的《长生殿》提出意见为例,"女演员穿宫装不加护领似乎并不很美观。有人说这是仿唐制服装。但这一台《长生殿》所有角色的服装也并非尽符唐制……'改革创新'与'混一车书'并不是一回事"②。

吴小如对"场上"的高度看重,并不仅仅是从演员出发,而是编、导、演三者兼虑,三位一体。"如果您想编剧,那我就要请问:一、您读过多少剧本?二、您看过多少戏,尤其是名角演的拿手好戏?三、您在'读'和'看'的过程中,是否曾比较过书面的所谓文学剧本和台上的所谓演出本有哪些异同?"③戏曲终究不是案头的艺术,没有丰富的舞台经验,是胜任不了编、导工作的。

三、新旧戏剧观

吴小如对新旧戏剧观的讨论是在对传统戏的尊重和对艺术本

---

① 吴小如《风流儒雅最堪师——简评俞振飞的表演艺术》,见《吴小如戏曲文集全编》(五)第 37 页。

② 吴小如《看昆曲演出断想》,见《吴小如戏曲文集全编》(五)第 349 页。

③ 吴小如《台下人谈京剧编导》,见《吴小如戏曲文集全编》(四)第 213 页。

体的遵循的前提下展开的,对新与旧、保守与创新问题的讨论是其剧论的核心内容。

1.明确"守旧"与"创新"是一对辩证的概念

吴小如在其剧论中以辩证的思维用大量篇幅谈及了戏曲的"守旧"问题。吴小如所谓"守旧"不是泥古不化,崇尚照搬与复制,也并非表面上对前人技法的复刻,而是在艺术本体上必须守戏曲艺术体制之"旧"。如他直陈并批评昆剧舞台上演员们奉俞振飞为圭臬而缺乏自身表演灵魂的现象,"现如今则无论南、北、京、昆,只要有人一扮上赵宠,就唯俞老马首是瞻,亦步亦趋,几乎千人一面。平心而论,俞老《写状》一折确属精彩绝伦,但《闯辕》一场稍失之'火',《三拉》一折未能免'俗',同他本人的《写状》相比,就不在同一水平上"。对于能突破这个困境的演员吴小如称赞有加,"记得江苏昆剧折子戏的最后一场,一位小生女演员演《荆钗记·见娘》,恰好中山大学王季思教授也在场观剧,休息时对我盛赞她扮王十朋演得好。我亦有同感,但经过仔细琢磨,乃发现这位女同志之所以演得动人,正由于她没有死学俞派"。[①] 对于知名演员的表演,吴小如能给出客观评价实属不易,更可贵的是他能及时发觉青年演员的个人风格并看重他们的二度创作。

"守旧"的观念还体现在对戏曲艺术"虚""实"问题的处理上。吴小如作于1982年的文章中提及了业内一种怪现象,即在舞美上舍弃中国戏曲虚拟化的审美,极力追求西方的写实主义特征。"梅、言、俞影片的效果就不如在台上好。去年从国外来了个哑剧专家,一切靠虚拟,这在中国早已司空见惯。可是我们却拼命在台上摆布

---

① 吴小如《看昆曲演出断想》,见《吴小如戏曲文集全编》(五)第348页。

景,走话剧路子"①。此种现象的集中出现诚然与 20 世纪 80 年代整个社会的文化思潮有关,但究其背后的原因,还是对新旧戏剧观念的认知与把握出现了偏差。

提及虚实处理,还绕不开"因陋就简"这一演剧原则。吴小如引用了刘曾复提出的"因陋就简"概念,在谈到传统戏表演时,他又对这一概念进行了解释性的延伸与拓展,这成为传统戏表演立足的重要标准。吴小如重申的"因陋就简",并不是字面意义上所示的用最俭省的手段完成戏曲创作,而是在更深层次上贯穿审美的各个方面,包括对戏曲艺术本体的尊重、对演员技艺传神的要求、对现在舞台过于绚丽以至影响到剧情戏理表达的诸多批判等。总之是一切皆应服务于剧情戏理。例如他在文论中曾以是否使用"检场人"的问题来讨论"因陋就简",取消检场的最初目的,是怕便装人物上台会令观者出戏。但这同样生出了弊端,如《连环计·小宴》中,身为司徒的王允竟自己在台上来来去去地搬椅子,这于舞台形象和戏情皆不适宜。放弃使用"检场人"显然是受"第四堵墙"理念的影响,从另一角度看,这仍属新旧戏剧观的问题范畴。吴小如在其文中没有明确指出检场是否应继续使用,他依旧从戏曲艺术本体审美的角度出发来衡量新旧手法各自的弊端,以期找到一个双美之法达成古典戏曲的审美意趣。

"虚拟性""写意性"早已是中国戏曲不争的艺术特质,在此基础上,吴小如提出,写意的前提是不能违反现实生活的逻辑与情理,并对这一准则辅以例证。历来少有研究者从此角度来论述"虚"与"实"的辩证关系,而是否以此要素为圭臬是舞台呈现成功与否的关

---

① 吴小如《1982.6.12 致汪沛炘信》,见《吴小如戏曲文集全编》(三)第 339 页。

键之一。

2. 对演员在个人风格上的出"新",颇具宽容度

无论是专业演员还是曲友,每每涉及昆曲的唱念问题,尤其是一些争议较多之处,人们往往各执一词,互难说服。如吐字是否完全遵循了中州韵的规范,字头字腹字尾是否夹带不恰当的方音,对小腔的处理是否唱出了水磨的韵味等细枝末节的问题。类似的现象同样被吴小如关注。当有人提出裴艳玲唱昆曲每逢翻高处就带有梆子味的问题时,吴小如是这样回应的:"我以为这完全不足为病。昆曲本吴音,但苏音与高阳昆已异趣,而川昆、湘昆与京昆亦各有不同。以梆子演员演昆剧,这本身就体现了艺术的融合和新变,如果必须唱得同南昆一个味道,那无疑等于禁止裴艳玲唱昆曲戏。荀慧生唱皮黄就融合了梆子的韵味,不是反形成了荀派唱腔的特色吗?"①吴小如的这种"宽容",并非无原则地让步,而是在遵循戏曲艺术本体的前提下,结合演员自身情况,在观演关系上做出调整。

3. 认同并重申"移步不换形",尊重戏曲艺术本体

1986年吴小如观摩了江西赣剧团编演的《邯郸记》,指出此次演出的最大失败之处就是没有突出弋阳腔无伴奏的帮腔,此场演出中竟加入了电子琴和其他西洋乐器的伴奏,"而且无论男女声,一律用洋嗓子唱洋歌的方式帮腔,这就令人产生了是中国民族传统戏曲还是从西方引进的歌剧变种的怀疑。再加上满台激光飞舞,而舞美装置也是旧式彩头班机关布景和未来派象征性画面的混合物……满台披着透明纱衣的少女与戴发绺、挂髯口的古装老生共同在'嘣嚓嚓'的伴奏下跳着不伦不类的迪斯科"。吴小如对这种极不严肃的戏剧现象进行了抨击,在他看来,戏曲成了"四不像"的变种,对"移

---

① 吴小如《昆曲的武戏》,见《吴小如戏曲文集全编》(三)第193页。

步不换形"原则的破坏是最重要的原因。"移步",指的是一切戏曲艺术形式的发展;"形",指的是民族戏曲艺术的传统特色,包括它的传统表现手段。"换形"不是不可以,但是要有前提,即要明确戏曲是古典艺术,是综合艺术。戏曲的艺术表现手段是写意的,但同时要注意,写意的基础是生活,虚拟的程式不能违反现实生活的情理和规律。

批判《邯郸记》并不是要否定纳新,纳新的内涵近似于"移步",前提依旧是要遵循"不换形"。对于纳新,吴小如有自己的看法。其一,必须严格依照戏曲美学。"这一批批强调改革、创新的勇敢分子,并不了解我国传统的戏曲艺术的美学特点为何物,只凭一己的逞臆与武断来随心所欲地对我国的传统戏曲艺术妄施斧斤,从而造成无可弥补、无可挽回的濒于灭绝的危机。"[①]其二,强调演员自己的创造性,反对刻意模仿名家。吴小如提出戏曲表演有其自身的规律,要成为一个好演员,绝非单纯靠模仿好某一翘楚那么简单,故而他屡次批评演员刻意模仿俞振飞的现象,"这次我所看到的苏昆折子戏,包括北昆新排的《长生殿》,演小生、冠生者非一,却大抵都像描红模子般在仿效俞老,我看这连俞老本人也未必同意吧"。守旧不是刻意模仿,譬如李贽所谓之"化工"而非"画工"。第三,当具体到某出戏的扮演问题上时,"移步"指的是不同的演员的扮演会有其不同的风格,但每一出戏的演法总是大同小异的,此为"不换形"。在"不换形"前提下进行"移步",才能使艺术走向正确的创新之路。每个演员塑造人物的过程,就是创新的过程,吴小如倡导并欣赏演员在自身的表演范畴之内践行"移步不换形"。

[①] 吴小如《试论移步而不换形》,见《吴小如戏曲文集全编》(五)第45页。

对"移步不换形",他还一针见血地指出学界历来争论的原因。即反对者将此观念意会成"抗拒思想改造"的意义。"盖当时的领导阶层要求全国人民绝大部分都要进行思想改造,如果一个人在思想改造过程中只是表面上移了几步,却未脱胎换骨即根本没有换形,那么改造思想岂不是成了走过场,亦即等于在内心深处抗拒思想改造?"①吴小如指出这显然是将艺术上的理论和政治上的理解强行混淆在一起,而对梅兰芳几十年总结出的艺术理论规律的抹杀。"新中国成立初期的戏曲改革,从一开始就是为了通过'改戏'达到'改人'的目的,在执行的过程中产生了不少粗暴的做法,并且越来越和政治捆绑在一起,最终对戏曲生态与戏曲遗产都造成了不小的破坏。"②吴小如切实从戏曲美学角度出发,辅以大量舞台例证来阐述究竟何为戏曲之"形",最终得出"移步不换形"理论实质不容曲解的结论。同时吴小如亦指出"不换形"并非拒绝纳新,"京剧表演艺术程式是体现移步不换形这一理论规律的重要表现手段,程式本身当然要发展,要'吐故纳新',但首先必须掌握程式的特点:它负有体现剧中人物身份、地位、气质、素养的重大使命"。可见,遵循程式是"不换形"的前提,其核心要义是,如果正确地运用"不换形",就更能体现剧中人物的身份、地位、气质、素养,而这直接与舞台实践密切相关。吴小如对"移步不换形"的正解对于戏剧观的明确同样是大有裨益的。

4. 对"新、旧、中、西"文艺观(戏剧观)的独到把握与认知

20 世纪 80 年代,正值中西思想碰撞的时期,吴小如以当时文艺

---

① 吴小如《试论移步而不换形》,见《吴小如戏曲文集全编》(五)第 55 页。

② 李伟《看似平易实艰辛——五四反思与王元化京剧观的形成》,《文艺理论研究》2021 年第 2 期。

界热衷的西方"意识流""朦胧诗""梦"等元素为讨论对象,反思"为何我们只靠横向引进,而不去深入钻研一下汤老先生写梦的经验"的问题。"汤显祖已经把封建少女潜藏于心灵深处的意识流采用立体的形式表现在戏曲舞台上了,如果我们认为只有西方作家才懂得意识流,岂不有点厚外薄中、数典忘祖了吗?"

面对眼下流行的文艺思潮,吴小如总能及时地回望传统,对所谓的"新"与"旧"进行分辨。新者未必新,旧者未必旧,回望"旧"的文艺观,反而能更透彻地解读"新"的文艺思潮。"在引进西方新潮流的各种理论和创作方法的同时,也不妨回过头来问津于汤显祖的剧作以及染指一下汤氏本人的美学思想。"①

吴小如在形式上更是直言:"我们谁也没有听说西洋交响乐团奏贝多芬或莫扎特的名曲加上板胡或马头琴,也没有看过欧美演员跳芭蕾舞时加上四击头起霸。为什么我们对于传统的民族文化艺术就如此'勇敢'而轻率呢?"②吴小如在其剧论中表现出极大的文化自信。

吴小如对一些概念提出自己独特的审美解读,如对"汰糟留精"的认识。他认为,"糟"与"精"对应的绝不是简单的"俗"与"雅","雅者未必精,俗者未必糟。有时俗不可耐,却是戏中之胆,去它不得。有时儒雅斯文,却一无价值,昆曲的没落就坏在这上面。《思凡》意俗,《刺虎》事俗,《游园惊梦》情俗,《狮吼记》《闹学》是近于科

---

① 吴小如《四梦与当代文艺创作》,见《吴小如戏曲文集全编》(四)第272页。
② 吴小如《吴小如戏曲文集全编》,见《吴小如戏曲文集全编》(三)第193页。

诨的,然而存在"①。

5.对新编戏的态度

吴小如指出,再创作和改编是传统戏曲自古及今的两种发展路径。"至于改编,在过去偏重于删繁就简,在今天则大抵属于改头换面,既非再创作却又不忠实于原本",导致的状况就是"一戏改成,无论思想脉络或艺术结构,往往有头腹尾互不衔接之病……凡保留原作面目之处多精彩动人,凡由今人增补或改写之处则显得逊色,至少是不成龙配套。与其全面压缩,不如择优录取,与其名为改编而实际上并原作之精神面貌和主题思想亦全盘交易,还不如另起炉灶,自辟蹊径,别写一新剧本,似更容易做出成绩"②。"《窦娥冤》杂剧到了明朝变成了《金锁记》传奇,可是那属于再创作而没有打着关汉卿的旗号。正如田汉同志重新把白蛇故事改写成京剧《金钵记》,并没有把昆曲《雷峰塔》搞成'四不像'"③。

提及"再创作",吴小如指出当下戏剧界盛行"改本"之作,许多创作者偏爱于借经典作品的人物与情节进行"二度创作",其表达的思想往往是现代的,甚至是先锋的。例如常常问为何古代的女子偏要从一而终,不去主动掌控自我命运?进而在改本中塑造出一个独立、自主、强大的女性形象。但这个女性形象显然是现代的女性而不是旧戏中的女性。反观创作者提出的疑问亦是毫无意义且欠科学的,因为"人之先后天的才智学识和创作上的思路风格,不可能完

---

① 吴小如《参观国剧学会,试演桃花扇等剧后平议(下)》,见《吴小如戏曲文集全编》(一)第523页。
② 吴小如《关于牡丹亭的札记三则》,见《吴小如戏曲文集全编》(五)第33页。
③ 吴小如《对关汉卿研究的几点意见》,见《吴小如戏曲文集全编》(四)第278页。

全相同,特别是时代不同了,历史是在发展中曲折前进的,更不能强求古今人世界观和认识论毫无差异,于是一戏改成,无论思想脉络或艺术结构,往往有头腹尾互不衔接之病"①。更有甚者,脱离了经典诞生的时代背景,不以一种科学规律的世界观、哲学观去客观地解读作品,反以自己的臆想为方向和目标,剑走偏锋,牵强附会。既如此,何苦硬要在经典基础上进行改本创作? 不如编演一台全新的戏剧传达想要表达的观念便是。如吴小如所言,如果一面要迁就原作,一面又要迎合时代潮流,终不免新旧杂糅,格格不入……或以旧瓶装新酒,或以幽灵着时装,反倒容易产生吃力不讨好的后果。这段写于1983年的文字,即便放在今天,依旧值得戏剧界反思。近年来舞台上也诞生了不少书写古代人物的新编戏,其中不少也能传达出新时代的情感和价值观,这看起来就不显得违和。反之,有些新编戏,使用旧剧的名称和人物,常冠名为"新某某记",将剧情改得或凌乱不堪,或支离破碎,人物动作和情感变化莫名其妙。这种现象古已有之,如《西厢记》的明清改本数以十计,但真正能经过历史的筛选广为流传的改本,主要还是明代李日华的《南西厢记》。李作虽为改本,但并没有破坏原作的情节与立意,主要是南北曲形制上的改动而非主观性的颠覆,同时李作注意保留原作中的精华,未对原作的审美造成伤害。这类改写就是成功的。吴小如以关汉卿作品为例进行了阐述,"我们对关汉卿剧作的改编、移植工作一定要谦虚慎重,尽量不要改变原作的主题思想,不要改变原来塑造的比较成功的典型性格,让观众还能从演出中认出这是关汉卿的戏,而不是

---

① 吴小如《关于牡丹亭的札记三则》,见《吴小如戏曲文集全编》(五)第33页。

80年代审美现代主义或荒诞派作家的手笔"①。

华粹深曾缩《牡丹亭》全本为十一场,俞平伯校订该剧,1959年10月由昆曲研习社作为国庆十周年献礼节目,于北京长安大戏院演出。第一场《肃苑》,第二场《游园》,第三场《惊梦》,第四场《慈诫》,第五场《离魂》,第六场《冥判》,第七场《忆女》,第八场《叫画》,第九场《魂游》,第十场《婚走》,第十一场《杖圆》。

全剧以《肃苑》开场,压缩原著七支曲子为一支,舍弃了原著《寻梦》一折,《冥判》后直接《忆女》;舍弃原著中的《拾画》,《忆女》后接《叫画》;最后一场《杖圆》。对翁婿互不相认的处理也与原作不同,改原作由皇帝说和为翁婿自行化解矛盾,削弱了杜宝和柳梦梅之间的冲突,这种处理方式显然没有抓住汤作的精髓,同时亦淡化了人物的性格。翁婿互不相认的结局,古人早有评断,"传奇至底板,其间情意已竭尽无余矣,独此折夫妻、父子拒不识认,又做一番公案,当是千古绝调"②。总体来说,碍于时长的要求确实需要华作在原作基础上进行大幅度的压缩,但是该作与常见串本戏相比又少了些精华,比如对《寻梦》和《拾画》的删减。这两出戏的艺术价值颇重,不仅分别是旦角、生角的独角戏,对演员唱、念、做的要求很高,而且从文本上看此二折戏在情节发展上都有着承前启后的意义。"我国传统戏曲表演有个特点,即经常出现独角戏的场次,而昆曲尤为突出。《夜奔》《思凡》(不带'下山')《寻梦》,全是独角戏……而我们近年来戏曲演出的趋向却每好以多为胜,动辄台上站满了人,然而人多并不等于戏好,更不见得能提炼出精湛的艺术。而这种独

---

① 吴小如《对关汉卿研究的几点意见》,见《吴小如戏曲文集全编》(四)第279页。

② 臧懋循语。

角戏在场上,一无背景二无陈设,却能紧紧扣住观众心弦。"①

在《寻梦》中,杜丽娘回忆一个个与有情人幽会的场面,亦真亦幻,心绪难宁。当她的思绪回到现实之后,一腔痴情受到打击,梦境再寻不到,自我意识觉醒后的无奈让她陷入无尽的失落。《拾画》是柳梦梅与杜丽娘跨越时空的一次相遇,在这里,柳梦梅第一次跟梦中的女子相遇了,同杜丽娘一样,他也是至情至真之人。此折戏更是将巾生的表演展现得淋漓尽致,不仅要有敦厚、真诚、可爱、俊逸,同时还要有一种淡淡的惆怅,极具机趣。

四、以文献学理念指导戏曲创作

吴小如文章考证逻辑严密,史料富于说服力,短小的剧评中透露出文史大家的治学风范。吴氏自述,自己有追本溯源的兴趣。为此,他对舞台上常见的南戏、杂剧、明清传奇进行了一系列的考证,为剧作家和演员充分掌握某个剧种的文献资料和它的演出史提供了不小的助益。

如在《〈琵琶记〉男主角质疑》一文中,吴小如对戏曲史中混用的"蔡二郎""蔡中郎""蔡伯喈"三个称呼进行了细细考述,逐层厘清了历代产生的讹传,从细节入手,明确高明以宋人戏文《赵贞女蔡二郎》改写的南戏《琵琶记》以蔡邕(字伯喈)为男主人公实属误解。

在《〈秋胡戏妻〉考》中,吴小如综合元杂剧《鲁大夫秋胡戏妻》、尚小云版《秋胡戏妻》并史料《烈女传》,对秋胡之妻的姓氏进行了一番饶有趣味的推排,使读者在观戏之余,亦得别的趣味,扩大视野。

---

① 吴小如《看昆曲演出断想》,见《吴小如戏曲文集全编》(五)第 346 页。

在《关于柳敬亭》一文中,吴小如对柳敬亭这一历史人物进行了考证,是戏曲舞台上研讨并塑造这一人物形象难得之资料。

再如在《戏词误引史实》一文中,吴小如指出昆曲《千金记》中项羽竟有"古人七擒七纵"之语,这种误引史实的行为大为不妥。然此种现象自古至今都有,对当下的戏剧创作不得不说是一记警钟。

在《〈窦娥冤〉不等于〈金锁记〉》一文中,吴小如针对有观众提出的京剧《六月雪》中由明代的海瑞为元代的窦娥平反是颠倒历史的说法,作出了解释。文中明确指出,窦娥的故事虽然是出自元代关汉卿的杂剧,但京剧《六月雪》却是根据明传奇《金锁记》改编的,首先是明朝人把窦娥的故事从元代移到了明代。吴小如就戏曲史中故事的流变问题,史论结合进行阐释,这无论是对戏剧从业者还是对普通观众而言,都是颇有意义的。

作者单位:江苏开放大学

试述吴小如先生的骈文史观

沙红兵

20世纪90年代初,笔者在北京大学中文系文艺学专业读研究生期间,有幸上了吴小如先生开设的《〈文心雕龙〉与〈史通〉》这门课。吴先生有一次在课上说:"一般人都知道韩愈、欧阳修等唐宋八大家是著名的古文家,但很少人知道他们同样也是出色的骈文高手!"十多年后,笔者在中山大学中文系随吴承学教授读中国古代文学专业博士,在考虑博士论文选题时突然想起吴小如先生当年在课上说的这句话,在得到吴承学教授的首肯和赞许后,笔者便以《唐宋八大家骈文研究》为题写作博士论文。2006年4月,笔者在论文答辩前,试着将论文寄呈吴小如先生请教。不承想吴先生先是从北京打来长途电话,接着又在论文最后的空白页上写了整整一页的审读意见寄来。近二十年来,笔者常常怀着十分感愧的心情奉读吴先生的这页文字。值此纪念吴小如先生逝世十周年之际,笔者拟从吴先生审读意见中的几段(句)文字出发,尝试探讨吴先生有关骈文及骈文史的一些观点。吴先生也曾在一些文章里呼吁加强对古代骈文史的研究,笔者希望向吴先生问学的这段宝贵经历和文字,能为吴先生的呼吁做一个小小的注脚。

一

骈文之形成,决定于汉字的一字一音,一字多义。文字本身即包括形、音、义三者。至魏晋以后,佛教传入中土,文字声律(包括声调、格律)之学使汉字汉语臻于完善,于是骈文乃必然形成。此由内部规律之被发现,非人力所强而致,即今人所谓"不以人的意志为转移"是也。①

在中国古代文学中,骈文尤以对偶、声律、敷藻等见长,《文心雕龙》称之为"丽辞"。而对偶、声律、敷藻等丽辞的基础在于汉字这一世界上独一无二的文字的特点。吴先生很精准地概括出汉字一字一音,一字多义,文字本身即包括形、音、义三者等特点,并认为骈文的最终形成,就是受到佛教传入中土后佛经经文诵读的启发,发现和认识到汉字的这些特点,并将之运用和发挥到极致的结果。这是极有见地的。汉字方块形、单音,每个字都由笔画构成,本身就具有造型之美,而两音结合可形成双声、叠韵,更进一步扩展组合,可积字、积词为句,将句子精心组织起来则可斐然成章。这样在字形、字音上的推求与应用,可形成文章的外在之美。汉字一音一义,由字的组合又可形成无穷无尽之词句,这种字义方面的运用,可形成文章内容、意义的丰富与神妙。不仅如此,这些字形、字音、字义的综合追求与运用,还要达到超乎字形、字音、字义之上的、之外的效果。

---

① 本文每节开头的引用文字均出自吴小如先生对本人博士论文《唐宋八大家骈文研究》的批语。

如欧阳修替韩琦作《相州昼锦堂记》，交稿后又索回修改，将文章原来开头的"仕宦至卿相,富贵归故乡"二句,改为"仕宦而至卿相,富贵而归故乡";王安石贺韩琦致仕书中"言天下之所未尝,任大臣之所不敢"二句,原来"尝"字下有"言"字,"敢"字下有"任"字,定稿皆删去。欧阳修、王安石这一增字一删字,看起来都似不在字形、字音、字义上推求,而归根究底又恰恰是极端推求字形、字音、字义的必然结果。用吴先生的话说,魏晋以后人们发现了文字、文章的内在规律,以锱铢必较、殚精竭虑的态度,理解和运用这一内在规律,尽可能追求和达到较理想的状态和效果。

这一点只要与英语等语言文字比较就能看得更为清楚。英语作为字母文字,不是如汉字一般的方块、独体、单音,所以英语中尽管可以有骈句,却因为内在规律的限制而不可能有对句。骈句只能做到句子之间的意对,却不能像对句那样不仅意对,而且字字在字形、字义、字音上相对。据金岳霖回忆,他同老朋友张奚若有次为一件事争论起来,他随口说出一句英语:"你真是 full of pride and prejudice。"张奚若立即回敬:"你才真是 devoid of sense and sensibility。"这两句英文,分别嵌入简·奥斯汀的两本书名"傲慢与偏见"和"理智与情感",十分机智和妥帖。另外,据说,钱锺书曾将"吃一堑,长一智"英译为"A fall into the pit, and a gain in your wit",也赢得一片赞誉。这两个例子表明金岳霖、张奚若、钱锺书等人对英语出神入化的掌握和运用,但由于英语内在规律的限制,他们的这些例子终究也只能是精妙的骈句,而不是精绝的对句。

因此,吴先生把古代诗文特别是骈文的形成与汉字的特点联系起来,与建立在汉字特点之上的一些内在规律联系起来,可算是抓住了骈文起源与本源的问题。文字与文章的内在规律不以人的意志为转移,但内在规律不是覆盖和断绝人的意志的屏障,而是向人的意志和心力发出邀请的挑战。而始终从字(词)入手阅读、鉴赏和理解古代诗文,这也是吴先生从事古代文学教学与研究的基本出发点,是对源远流长的文字训诂学传统的现代继承与转换,这一点只要是读过吴先生《读书丛札》的人,都会留下深刻印象。但阅读和熟悉吴先生的著作,了解吴先生的治学特点是一回事,真正能够深入思考并善于运用又是另一回事。

二

> 四六文句之形成,实源于《诗》《骚》。《诗》多四言,《骚》多六言,故后来发展为四六。故于诸文体中,四六最接近于诗(宋四六与宋诗,同样转入以文为骈、以文为诗),作者论李商隐时已触及此义,惜未得一间耳。

> 谈古文家写骈文,本已属窄题宽作。自古及今,持八家能写骈文的看法的人本就不多(我勉强是一个)。

在此,吴先生再次以文字的形式确认了他当年在北大课堂上提出的看法,认为唐宋八大家不仅是古文家,同时也是被一般人忽视的善写骈文的能手。这是一个不乏孤明先发意味的看法。

笔者在博士论文中曾提出一个观点,认为经过唐宋两次古文运动,特别是经过韩愈、欧阳修、王安石、苏轼等人骈文写作的示范带动,以古文的笔法、句法作骈文,也引发了骈文史由与诗的近缘性向与文的近缘性的转折变化。从吴先生的批语来看,他可能也是认可笔者这一看法的。笔者在论文写作过程中,只借鉴王瑶先生所概括的对偶、声律、用典、敷藻等几个骈体文学的特点,结合有关作品逐一论证骈文与诗的近缘性,但吴先生的批语却回到文学史的源头,指出四六文句的形成,实源于《诗》《骚》,因为《诗》基本上是四言诗,《骚》虽然多七言句,但去除"兮"等表示诗句节拍暂停的助词,则也基本上为六言。当然这绝不表示骈文只是四言句与六言句的简单相加。多年来,笔者细细体味吴先生的这条批语,认为对吴先生的这一看法,可能要与他前文对汉字的看法及古人基于汉字的特点而对诗句、诗体不断摸索实践的漫漫过程结合起来看,才能得到比较全面准确的理解。古代诗歌从《诗经》的四言诗形式,经过长期演变,先后定型为五言诗和七言诗,这成为古代诗歌的两种主要形式。而在这一过程中,古人其实还进行了其他各种形式的尝试,如三言诗、六言诗、八言诗、九言诗,以至十言诗、十一言诗,等等。萧子显《南齐书·文学传论》云:"五言之制,独秀众品。"钟嵘《诗品序》谓四言诗虽"文约意广",但"每苦文繁而意少",又称五言诗"指事造形,穷情写物""最为详切",所以"居文词之要,是众作之有滋味者也"。《文心雕龙·明诗》也赞扬五言诗造怀指事、驱辞逐貌的昭晰之能,同时说五言"流调","清丽居宗"。其实,抒情、指事、写物的功能尚在其次,五言诗"流调""清丽"的声律形式特点才是其秀出于"众品""众作"的最主要原因。四言由两言组成两个节拍,五言往往有三个节拍,但其中一个节拍是单字,更易产生音节声调清丽流畅的效果。也就是说,这个单音字的节拍通过停顿、调节而有着十分重要的作用。刘勰、钟嵘、萧子显还没有看到七言诗的成熟,但七言也有一个单音字的节拍。《骚》体借助"兮"等语助字成为七言,"兮"等语助词充当了一个单音字的节拍,如去除"兮"等字则成六言,六言一般由三个两言组成三个节拍,或由两个三言组成两个节拍,但又都缺乏单音字的节拍。三言诗和九言诗可以有单音字的节拍,但因节奏太短或太长,而未尽符合唇吻等诗歌吟诵的生理要求。

此外,在诗歌形式的演变史上还有所谓"杂言诗",即字句长短不一的诗。对于杂言诗人们一般常举《诗经·七月》、鲍照《拟行路难》等为例,前者以四言为主,不均匀地杂以五言、六言、七言或八言,后者以七言为主,不均匀地杂以五言。但杂言诗还有一些更遵循一定规律和限制,也更均匀、整齐的作品,如傅玄《鸿雁生塞北行》:"凤凰远生海西,及时昆山冈。五德存羽仪,和鸣定宫商。百鸟并侍左右,鼓翼腾华光。上熙游云日间,千岁时来翔。孰若彼龙与龟,曳尾泥中藏。非云雨则不升,冬伏春乃骧。退哀此秋兰,草根绝,随化扬。灵气一何忧美,万里驰芬芳。常恐物微易歇,一朝见弃忘。"(郭茂倩《乐府诗集》卷三七)此诗基本上由上句六言,下句五言组成一联,虽"杂"而"整齐"。不过,前一类杂言诗尤其鲍照的杂言诗读起来还能因"杂"而不乏错综的节奏感,傅玄的杂言诗由六言句、五言句组成一联,再以相同的句式组成两个以上的诗联,看起来齐整,却齐整得呆板。因为汉字一字一音的特点在此反而成为限制,下句五言虽然与上句六言同样是三个节拍,但有一个是单音字节拍,反而不能产生唇吻流利、声调婉转的理想效果。所以,傅玄式的杂言诗可以成为偶一为之的尝试之作,但与三言诗、六言诗、八言诗、九言诗等一样,未能定型和流行开来。

诗歌史的结果已经表明,最后定型和流行开来的是充分发挥了汉字一字一音特点,句法形式上也更为严格规整的五言诗、七言诗。不过,傅玄式的探索("五六")及三言诗、六言诗、八言诗、九言诗等形式也不能说是完全的失败,因为在从四言诗到五言诗、七言诗演变的过程中,诗句、诗体的不断尝试、探索和转化,除了诗还留下了一种特殊文体,这就是"四六"骈文。"四六"主要由四言句与六言句组成。四言句、六言句单独看,没有五言句、七言句流利、婉转,但四言句、六言句结合起来,即四言句的一个小节奏单位,与六言句的一个小节奏单位,却可以组成一个更大的节奏单位,而这两个小节奏单位之间实际上有一个虽然无形但十分重要的停顿。也就是说,四言的两个节拍,与六言的三个节拍,既可以形成两节拍与三节拍之间的错综,又被一个无形的停顿区隔并联结起来。这就像一个十一言句,因为节拍和停顿的巧妙配合,而避免了八言句以上便易产生"口吃"的不便。同时,这个大节奏单位又可以与另外相似的"四六"大节奏单位组成对句,连续的"四六"对句流转直下,而为了避免单调呆板,又可以稍做调整,将"四六"的对句变换为"六四"的对句。这些节奏单位、对句,再辅以精心裁制的用典、藻饰,便"自然"形成了"四六"骈文。但看庾信的《哀江南赋序》:"荆璧睨柱,受连城而见欺;载书横阶,捧珠盘而不定。钟仪君子,入就南冠之囚;季孙行人,留守西河之馆。申包胥之顿地,碎之以首;蔡威公之泪尽,加之以血。钓台移柳,非玉关之可望;华亭唳鹤,岂河桥之可闻?"这一节是纯粹的"四六",已在汉字一字一音的基础上极尽流转错综之美。而这一节前承的是"日暮途远,人间何世?将军一去,大树飘零;壮士不还,寒风萧瑟",后接的是"孙策以天下为三分,众才一旅;项籍用江东之子弟,人唯八千。遂乃分裂山河,宰割天下",连续的四字句、非纯粹的"四六"句,以及连词的承转,更凸显了四六骈文的整而不滞、多变善创的特点。这里,可以说吸收了包括傅玄式杂言诗在内的,从四言诗向五言诗、七言诗不断探索、演变过程中所积累的正反两方面的成果。也是在此意义上,诚如吴先生所指出的,骈文是最接近于诗的文体。

另外,值得一提的是,五言诗、七言诗在各自成为成熟的诗体之后又有了五言律诗、七言律诗的新成就。鲍照式的杂言诗后来也有类似的发展、繁荣,如产生被称为长短句的词。傅玄式的杂言诗也有余绪,如唐代权德舆《杂言赋得风送崔秀才归白田限三五六七言

(暄字)》：" 响深涧，思啼猿。暗入蘋洲暖，轻随柳陌暄。澹荡乍飘云影，芳菲遍满花源。寂寞春江别君处，和烟带雨送征轩。"（《全唐诗》卷三二四）此诗三言、五言、六言、七言次第展开，颇见匠心，但也依然只是诗人偶一为之的游戏之作。而与诗有着近缘的"四六"骈文，也因为散体古文运动的成功，被注入了古文的章法、句法，获得了新的发展，即离开了诗而转向了文。这些诗、文的不同发展、变化，都再度显示了它们各自在运用汉字特点方面的限制与潜力。

三

鄙意此文唯一不足者，在韩、柳之前谈到陆贽，这是非谈不可的；而独未谈完成专书的史论家刘知几的《史通》，这是一大漏洞。不知作者是否有意舍弃？如是漏掉，总要补上几句才好，因（按，原为应）刘子玄之影响绝不下于宣公奏议。

笔者当年在北大课堂听吴先生讲《〈文心雕龙〉与〈史通〉》，记住了吴先生所讲的有关唐宋八大家善作骈文的论断，却偏偏失之眉睫，在论文中将吴先生高度推崇的刘知几及其名作《史通》遗忘了，以至于在建构从六朝到韩、柳的骈文史的流变中，疏漏了在骈文史上与陆贽及其奏议同等重要的一环——刘知几《史通》。这实在是不应该的，应诚恳接受吴先生的批评。

汉字的特点易产生骈句，以至于阮元要将《易·文言》视为千古文章之祖。他另外还不厌其烦地列举了"乐行忧违""长人合礼""和义干事""庸言庸行""闲邪善世""进德修业""知至知终""上位下位""同声同气""水湿火燥""云龙风虎""本天本地""无位无民""勿用在田""潜藏文明""道革位德"等近三十个例子，证明骈偶其实是汉字语文最普通的基石之一。不过,虽然六朝时期特别是齐梁时代,骈文将对偶、声律、用典等各方面元素运用到极致,达到了这一文体的高度成熟,但同时也带来了堆砌过度、辞意晦涩、绮靡纤巧、文气不畅等流弊。如陈琳《答东阿王笺》有句云:"飞兔流星,超山越海。"飞兔、流星皆为马名,这句是骈句,同时"飞兔流星""超山越海"也构成当句对,即飞兔与流星对,超山与越海对,整个骈句有飞扬灵动之致。这句在齐梁时代,当写作"飞兔超山,流星越海"的工整对句。不过,如果这样写就断了文气,"飞兔流星,超山越海",字面虽为骈对,而气是散行,虽工而不板。① 过度追求工整就会以文气不畅、文意不显为代价。

因此,当骈文极盛之际,便也是文体需要革新之时。这就首先要说到徐陵、庾信。谭献对徐陵名文《与王僧辨书》的评价就颇有意味,他指出:"徐、庾出而大变六朝之体势,比于诗家之沈宋。"诗歌里的沈佺期、宋之问是推动律诗形式最终定型的诗人,谭献以沈、宋比徐、庾,就是认可徐、庾对骈文体式完善的贡献。另一方面,谭献又云:"精彩奇藻,摇笔波涌,生气远出,有不烦绳削而自合之意。"② 谭献认为,徐、庾遵守骈文在对偶、声律等方面的限制,将各种规则运用得如行云流水般自然,使作品摆脱了因种种规则限制而容易产生的板滞,取得生动流利的效果。

如果说徐、庾在正宗骈文的内部带动了一场变革,初唐刘知几则通过写作《史通》,开辟了骈文变革的第二条途径。从《史通》这部皇皇巨著里任举一例,如《六家》篇云:"逮仲尼之修《春秋》也,乃观

---

① 参见顾随讲,叶嘉莹笔记,高献红、顾之京整理《驼庵传文录:顾随讲中国古典散文》,河北教育出版社2015年版,第173页。

② 李兆洛选、谭献评《骈体文钞》下,世界书局股份有限公司2010年版,第343页。

周礼之旧法,遵鲁史之遗文;据行事,仍人道;就败以明罚,因兴以立功;假日月而定历数,藉朝聘而正礼乐;微婉其说,志晦其文;为不刊之言,著将来之法,故能弥历千载,而其书独行。"从这段引文已可以看出,刘知几不用典故、敷藻甚至声律,只剩下对偶这一最基本的骈文形式要素。而对偶,又只用宽松自然的骈句,不用锱铢必较的对句,甚至不需要字数相等,只要求意思相对;又不尽以骈句独行,而可以将好几对骈句融合在一个较长的散句之中。

刘知几《史通》以清晰、系统地阐述自己的史学观点为务,保持了最低限度的骈文体式,在初唐的历史环境下更为难能可贵。他与中唐后来受到苏轼等人高度推崇的陆贽一起,成为唐宋八大家中的韩愈、欧阳修、苏轼等人以古文运动之旁流推动骈文革新(而不是尽废骈文)的先驱。

以上,笔者对吴小如先生有关笔者当年博士论文的评审意见略作疏证。笔者已多年未从事骈文研究,荒疏已甚,吴先生片纸意长,笔者多有理解不到甚至误解之处。近些年来,有关六朝骈文、唐代骈文、宋四六、清代骈文以及古代骈文通史的研究,都出现了不少学术成果。但这些研究,断代的固不必说,包括一些骈文通史著作在内,在骈文史整体考察的眼光与意识方面都似乎还有待加强。吴小如先生曾说自己在全国教授中国古代文学史的教师中,可能是唯一将先秦两汉文学直到近代文学都完整教下来的。或许正是因为这样长期教学、研究的浸淫、实践,吴先生才对包括骈文史在内的古代文学史有深长、贯通的理解。这是我们无法企及但是可以永远学习的。

作者单位:广州大学

吴晓铃[①]与吴小如的戏曲研究方法

苏航

"搞文献资料的疏于理论,治戏曲文学的不大注意舞台实践即表演艺术,演员有实践经验却缺乏系统研究,专家学者有案头功底却不了解活的戏曲演出史。能登台奏技的往往写不出文章,会写文章的又未必深知舞台幕后的底细。"

这段话是吴小如先生写在《〈双栯书屋剧考零札〉序——悼念吴晓铃先生》一文中的。由此可得到两个信息:吴小如先生认为研究戏曲,文献理论与表演实践同样重要,而二者兼善者少;吴小如认可吴晓铃先生的戏曲治学法,认为其堪为二者兼通的学者。

英雄惜英雄,吴晓铃也曾在文章《小议大书二种》中,谈及吴小

[①] 吴晓铃(1914—1995),出生于江苏省南京市,自幼对文学和戏曲表现出浓厚兴趣,后赴北平(今北京)求学。1937年,毕业于北京大学中国语言文学系,师从著名学者钱穆、胡适等,深受他们学术思想的影响。毕业后,先后在北平师范大学(今北京师范大学)、中国戏曲学院、北京大学等高校任教,致力于中国古典文学与戏曲的研究与教学。后调入中国社会科学院文学研究所,接替郑振铎,担任《古本戏曲丛刊》的主编。

如和王金璐合著的《京剧老生流派综说》,其中有"至于小如弟则是在20世纪40年代末期相识,当时他在北京大学选了我好几门课,后来我拂袖而去,他留校任教,接了我的班,还有人称之为'吴派'。(我可不敢自封为祖师爷!'吴派'者,无派也。)据小如弟告诉我:这部著作在形式上虽然是金璐作序、他撰写,实际则他们两位的合作。要我议上一议还有一段因缘在,那就是他们的由相识进而至相知的中介是我。所以,我不敢辞。"

在另一篇《鉴往知来,取精用宏》中,吴晓铃评议吴小如的《台下人语》,先称其为"吴小如先生",后又直称其为"小如贤弟",可知两位吴先生活动于同一年代,虽闻道有先后,但相识相知,在戏曲研究上互相倚重,彼此欣赏。笔者不才,在阅读了两位先生关于戏曲的著作之后,生出尝试归纳两位前辈研究戏曲学方法的共同点的想法。所谓"取法于上,仅得为中;取法于中,故为其下",从两位前辈的戏曲学术研究方法中提取共通之处,对现今之戏曲研究也当有提灯探路的作用。

在戏曲研究上,两位"吴派"前辈的总原则是一致的,即贯通"台上"与"案头",具体而言,有以下四点:

一、做一名好"观众"

吴小如在《津门乱弹录》中说:"我对京剧,纯属业余爱好,并不真懂",又常以"一名热心观众"自称,这种自谦不单是好修养,更展示了一种态度,即研究戏曲艺术,首先要具备欣赏能力。其留世的大部分戏曲文章都以鉴赏评析为主,《台下人语》《菊坛知见录》《鸟瞰富连成》《津门乱弹录》《看戏温知录》《唱片琐谈》《戏迷闲话》等,皆站在"观众"角度对戏曲作评骘,或品评某出戏的表演,或点评某位演员，或回忆某次演出的场景，或赏析唱腔、身段、行头等，为文不讳言，所谈皆"一家之言"，但平心而论，务求真实。吴晓铃直接评论戏曲的文章不多，集中在《吴晓铃集》(全五卷)中的第三卷，大概有十几篇，如《陪艾德琳同志看戏》、《也谈杨小楼演黄霸天》、《杂议侯爷》(侯喜瑞演出)、《且慢提"抢背"二字》(盖叫天演出)、《义取崇雅，情在写真》(《长生殿》演出)、《我学习了很多东西》(第一届全国民间音乐舞蹈会演大会)等，但更多的是因一事起兴，谈戏曲表演的一类问题，如《戏曲与水利的关系》从侯宝林的相声对白聊起戏曲演员"饮场"之事，其中掌故多来源可靠，如记其亡友白凤鸣所言鼓王刘保全以白糖水饮场之事，非常出入剧场之人不可知晓。

二、做一名好"票友"

吴小如在《津门乱弹录》中说："看得多了，更体会到对一门艺术只有'知'而无'能'，绝非真知，于是便各处寻师访友，向内外行虚心求教，由看戏进而学戏。从四十年代到1966年以前，先后从安寿颐、阎景平、王庚生、韩慎先、张伯驹、顾赞臣、刘曾复、王端璞、贯大元、郭仲霖诸先生请益受业，一共学了六七十出戏：其中逐字逐句、一板一眼，从头至尾，有根有据地认真学到手的近四十出。这就使我对京戏的唱腔唱法、舞台调度以及场次结构等方面都有了较深切的理解和体会，比单凭浮光掠影看热闹，或品头论足发议论，确实跨进了一步。"可见吴小如是身体力行学过戏的。在《我演过三次戏》一文中，他更是生动地描述了其出演《大保国·探皇陵·二进宫》中的杨波、《捉放公堂》中的陈宫、《上天台》中的刘秀的三次经历。就现存资料来看，虽然没有吴晓铃跟人学戏或其本人亲自登台演唱戏曲的记录，但在其谈论戏曲的文章中，有非"内行"不能了解的关于唱腔的专业问题,如《内练一口气》谈戏曲演员的发声,《暗号》讨论演员试"嗓子在家不在家"的唱词,《谈谈戏曲唱、念中嗓子"横"的问题》剖析戏曲中发音失常问题,都见解独到,非有切实的观察和体会难以言说。

此外,两位吴先生与戏曲演员都保持着密切的私交,吴晓铃深入接触过的演员有梅兰芳、程砚秋、尚小云、荀慧生、马连良、郝寿臣、侯喜瑞等,甚至曾为马连良先生代笔《红梅老去枝未凋》一文,受梅兰芳之子梅绍武所托为《我的父亲梅兰芳》一书作序。吴小如则自幼买票看戏,戏言其看好戏的资本是"拿洋钱'捐'出来"的,积累了丰富的观戏经验。由于其父曾被马连良请为家庭教师,故马连良和吴小如台下交往甚密,后结为知音,吴小如更与杨派武生王金璐交往甚密,与名票钮骠互为诤友,这些都是"案头"之外所下的宝贵功夫。

三、重视戏曲文献建设

吴小如先生虽以"一知半解的老戏迷"自称,认为自己"自问绝对不够资格做一个专业的戏曲研究工作者"(《津门乱弹录》),但实际上,他十分重视戏曲文献史料建设,尤其是戏曲演出史。其在《菊坛知见录》一书的结束语《要编纂、整理戏剧演出史》中阐明了自己的观点:"几年前我写过一篇小文谈到'戏曲文献学',似乎并未引起有关方面注意。这几年全国各省市都在进行《戏曲志》的编纂工作,其中有个属于资料性的项目,就是按时间顺序编排出一套完整的当地各个剧种的演出史。这工作很重要,它是戏曲文献学中一个必不可少的组成部分。……掌握一个城市的戏剧演出史料并不太难,只要耐心地从历年的报纸广告上逐日抄录,便能基本上获得应有资料,虽然有时某些细节还不够准确,如因故停演、临场易人,或临时换戏之类,不在现场看戏的人是不可能完全获悉的。而全国解放以来,即以北京而论,由于报纸广告篇幅紧缩,不仅登广告的日期短暂,而且非主要演员也很少见报,久而久之,便有无从稽考之虞。因此这些广告毕竟还不是第一手的原始资料。而绝大多数的剧团,到目前为止,还没有建立起'工作日志'的制度,实际上这正是戏曲文献积累方面的一大缺陷。"

无独有偶,吴晓铃先生也曾感慨过戏曲演出史料编纂质量的不如人意:"最近读到几本为纂修《中国戏曲志》导夫先路的《××戏曲资料汇编》的书,说实在的,有些失望情绪。心想,如果全国各省、自治区和重点市的戏曲工作者都这样汇编所谓资料的话,那么不单修志的人势将把精力浪费在去芜存菁的筛选工作上,而且在浑浊的泥沙里也很难说能够拣选出几粒真金来,那么定会影响《中国戏曲志》的编写水平和学术价值。由此可见,初步汇集原始资料的'大军未发,粮草先行'的后勤工作是异常重要的。它可以决定战役的成败胜负。"(《龙起犹闻晋水清》)而对于如何编这类演出史,两人的意见也颇为一致:务求真实、详尽。如吴小如提到上海的两位戏迷朋友(他们是大专院校的教师)利用寒假翻检了1946和1947两年的报纸上刊登的上海各戏院的全部演出广告,并准备分类整理,旨在反映抗战胜利后上海戏曲界的繁荣景象,包括梅、程两位大师在较长时间内开展竞赛式的精彩演出的过程。吴小如其肯定这类劳动的重要意义,并发出"我们可以看出,编纂、整理戏剧演出史该是一件多么有意义的工作,而戏曲文献学这一学科的建立,又该有多么重要"的感慨。吴晓铃先生则举《山西剧种概说》一书为例,将其作为戏曲类资料汇编的一个样板,认为"这部《概说》的内容,初读起来,读者可能很会产生'千篇一律'的感觉。是的,这是因为在编写之前,主其事者便定下一个要求执笔者遵循的纲领。可是,由于剧种不同的区别,形式尽管'千篇一律'(也并非完全一律),内容则非'千人一面'(这是不可能的)。因此,篇篇不管长短,都能给读者以正确的知识和准确的史实。对于一般读者,能收传播信息之效。对于专业读者和专家学者,能够启发思维……先就一般读者来说吧。大多数不是山西人的读者读了以后,至少会惊讶一个省里竟有五十个各具特色的剧种(应该说不止此数)……不是山西人而到过山西的读者读了以后,才发现亲身目睹的剧种太少了,应该扩张视野,多听多看,扫除以偏概全、以管窥豹的一隅之见……这部《概说》,我看,它以客观的态度,不带倾向性的介绍方式,对于省内外的读者在认识上能够起到矫枉的作用"。由此可知,两位吴先生都十分重视戏曲文献资料汇编这种基础工作,且遗憾于这类工作没有尽早开展,可见的文献数量太少。

四、重视戏曲理论建设

　　吴小如在《津门乱弹录》中谈到"我从戏曲界的专家朋友们那里也学习到不少知识学问。又由于以教书为职业,迫使我不得不涉猎一些戏曲史和戏剧理论方面的著述,还读了一批古典戏曲和地方剧种的脚本。这一切,就是我若干年来写有关戏曲文章的微薄的资本"。这段话虽然过谦,却证明吴小如先生一直重视戏曲理论方面的学习,这也应是其著作《京剧老生流派综说》的创作背景。这本被启功先生誉为"千秋之作","内行不能为,学者不屑为,亦不能为"的书,奠定了吴小如在京剧戏曲理论界的地位,而书中对京剧发展史、演出史的独到见解,与书中所举史实互证,使其成为一本既系统又有可读性的著作,多次再版。而像《好戏不一定列"大轴"》《"名角"

不一定挂头牌》一类的随笔文章,都遵循以实例来佐证理论的笔法,兼具科普性和可读性,引人入胜,这恐怕也是吴小如能在曲坛如此负盛名的原因。而吴晓铃先生在戏曲理论上走的则是一条更"规矩"的路,其论文多就一点深耕,鞭辟入里,如谈快板的系列文章《谈谈"快板"的结构》《谈谈"快板"的句式》《谈谈"快板"的辙韵》,虽未专门集结为书,但每篇读来都条理清晰、语言精练,观点独到,令人只觉精神爽利。

除以上四点外,两位吴先生对戏曲艺术在现代的发展都十分关心,且在观点上多"所见略同"。如吴晓铃先生有多篇文章针对新成立的北方昆曲剧院,如《发掘,发掘,再发掘》提出应多发掘传统剧目,《姹紫嫣红开遍》提到"推陈出新"不是把陈的推到旁边,生搬出个新的来。吴小如在《台下人语》的自序中提到读者来信,"不论年龄大小,他们都有一个共识,即都不爱看那种以获奖为首要目的的所谓'新编历史剧'。从艺术视角看,有些根本不是京戏,不是昆曲。……这些青年观众更爱看长期脍炙人口的传统老戏……我自然而然产生了深刻的反思:多少年来那些甚嚣尘上的对京剧强调改革创新的议论,说什么青年人不爱看京戏,看不懂京戏,京戏必须改得合乎时尚潮流(实际上正是让京戏尽量不像京戏)才能吸引下一代观众,等等,并非全部事实真相"。可见这些认识,应该是真正懂戏曲、爱戏曲的研究者的共识。

当然,除以上共性之外,两位吴先生在学养背景、兴趣所在等方面各有所长,治戏曲学的着力点便有偏差:吴小如更偏重戏曲表演评介、演出史建设,有系统性著作《京剧老生流派综说》傍身。吴晓铃平生用力则在小说、戏曲双门,其戏曲方面的文章更多以点带面,宛如"短打""折子戏"。两位吴先生在人品上都有口皆碑,吴小如先生是最虔诚的"乐之者",数十年寝馈其中,终能自树立、不因循,结出硕大无朋的甘美果实。吴晓铃则被认为是一位真正贯通"案头"与"场上"的学人,其研究成果深受同行和观众的认可,其逝世后,其夫人石素真女士等家属遵照其遗愿,将其藏书赠予首都图书馆庋藏,化私为公,泽惠学林。两位吴先生对戏曲的热爱和真诚的态度令人高山仰止,他们研究戏曲的方法确实值得那些有志于戏曲研究的后学们深入研习和借鉴。

作者单位:首都图书馆

茂林风雅结硕果

——吴玉如、吴小如父子书法探赜

唐元明

安徽泾县茂林是一座历史悠久的文化古镇,不仅山清水秀,而且人文荟萃,闻名遐迩的"茂林三吴"即作家吴组缃、画家吴作人、书法家吴玉如就来自此处。尤其是吴玉如,"一门双宗师",与长子吴小如不仅同为功深艺湛的书法大家,而且是著名的文史学者和诗人、现当代文艺界备受瞩目的璀璨"双星"。

渊源有自沃隽才

吴玉如(1898—1982),名家琭(取老子《道德经》中"琭琭如玉"之意),字玉如,后以字行。原籍安徽泾县茂林,早年号茂林居士,晚岁自署迂叟。虽出生于文化气息浓厚的"宣纸之乡",但其祖上多为在外官员。其祖父吴瞻菁为同治癸酉举人,曾出使朝鲜,并出资在北京宣武门外兴建泾县新会馆,还是袁世凯的幕僚;父亲吴彝年,在李鸿章担任直隶总督期间创办的天津电报总局工作,后远任吉林电报局局长;母亲顾氏,清末南京著名诗人顾云之女。生在这样的文化世家,无疑会受"学而优则仕"观念的影响。因而,吴玉如幼年入蒙,诵习古典诗文。五岁开始临摹碑帖,曾在祖父朋友的一把扇子上肆意写下"姜太公钓鱼"墨迹,引得大家大笑不止。晚年吴玉如回忆此事还写诗记趣:"岁朝红染墨痕新,癸卯临为重六人。六岁涂鸦发祖笑,白头身世果何因。"可见书法的诱因确实引埋较早。

吴玉如十岁时,父亲离开吉林,全家迁往天津,他进入新学书院读书。放学后他便在祖父与母亲的亲授下,坚持练习唐楷、"二王"和苏东坡的《丰乐亭记》《醉翁亭记》碑帖,前后持续了三四年。到十二三岁时,他的小楷、行书、擘窠大字都已有相当功力。当年母亲过生日,他用工楷将苏轼的《石钟山记》完好地书写在一把洒金折扇上,作为秀雅的礼物献上,颇获好评。1913年,十五岁的吴玉如考入了天津南开中学,

吴玉如中年留影

与周恩来分在一个班级,又同为学生组织"敬业乐群会"成员,周任智育部部长,他任演说部部长。在相互激励下,他思想积极,学识并进,曾有诗明志:"何来小子太癫狂,把笔不曾顾四方。识得读书真理在,轻他南面不为王。"同时,他也未辍翰墨习练,正如其母所描述的那样:"在南开学校读书时,放学归来,自晚饭前即伏案作字,有时入神忘倦,临池彻夜,举头天已破晓。"两年多后,吴玉如考入北京大学预科班,后转入朝阳大学。因父亲病故,他丁忧在家,投入了上海

国文函授学校的古诗词学习,除创作一批诗词作品外,继续心摹手追唐宋诸贤的佳书名迹,尤其悉意沉浸于李邕、苏轼、黄庭坚、赵孟𫖯诸家的笔墨意趣,含英咀华,渐入佳境。

吴玉如二十岁时,为生活所迫,远赴东北哈尔滨谋生,因那里是其父亲长期为官之地,有好友傅强等可以依赖。傅是司法专家,时任外交部特派吉林交涉员。不巧的是,他来时傅已有新任命,即将返京,于是傅就转而将其托付给好友马忠骏(马为黑龙江铁路局总办兼市政管理局局长)。在马的热心帮助下,吴玉如曾任黑龙江交涉局秘书、中东铁路局监事会秘书等职,在哈尔滨度过了相对安适的十七个春秋。这段难忘岁月,也是吴玉如书法升华并崭露头角的黄金期。尤其是在广涉诸家后,重新回归"二王"轨辙,进一步汲取魏晋书法精诣和不羁风流,沾溉既久,渐开新境,遂有秀逸潇洒的自家面目。这自然得益于马忠骏的多方扶持。马辞官隐退后,建有私家园林"遁园",且创设"松江诗社",各界名流常雅集于此,吴玉如每每兴会,与当时的诸多名家如林纾、张伯英、宋小

吴玉如晚年留影

濂、徐鼒霖、成多禄、张朝墉、钟广生等吟诗作书、鉴赏古碑帖,眼界大开,诗文与墨迹留下众多,书名也不胫而传。

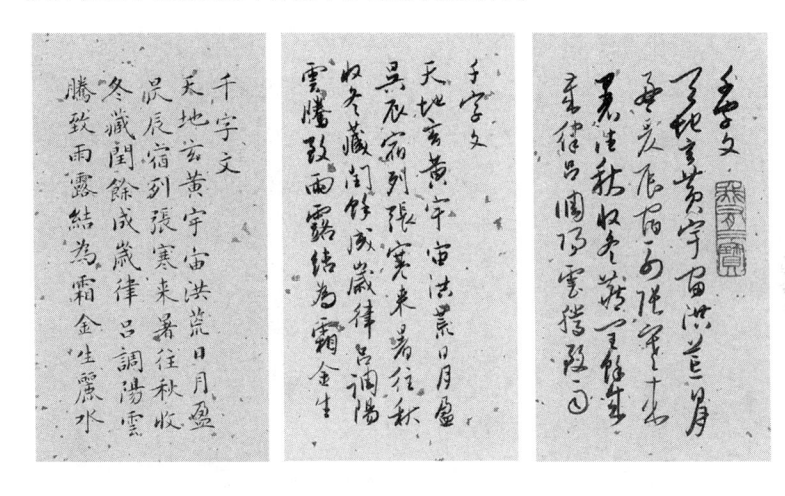

吴玉如书《千字文》(楷书、行书、草书)

此后十余年,吴玉如悉心追溯"二王"笔法神韵,进而上下左右拓展艺境。其楷书步趋《黄庭经》和《洛神赋十三行》,取其清雅朗润之致;同时,对《张猛龙碑》《郑文公碑》《崔敬邕墓志》《魏司马景和妻墓志》等古风俨然的碑帖深入研摹,形神兼得,风骨益滋。又喜爱契合"二王"行草规律的《元略墓志》、"隋碑之最"《龙藏寺碑》、欧阳询"最高造诣"的《皇甫诞碑》,并在虞世南《夫子庙堂碑》、褚遂良《雁塔圣教序》和李北海的行楷之冠《麓山寺碑》及《李秀碑》《李思训碑》等千古名品上下足功夫,楷行草典范与北魏笔法气象融化于腕下,力道与神采油然迭出。

1930年,吴玉如随政府外交人员莫德惠、刘泽荣出使莫斯科。驻外生活相当清寂,他就以翰墨艺术来排遣。如以小楷端临《乐毅论》《黄庭经》、以草书精写屈诗《离骚》,作品气息古雅,后被称许为"莫斯科三部曲",并作为佳礼献给马忠骏之女——亦是后任妻子马淑蕴。九一八事变后,他不得不入关,在天津定居,并奔走于京沪多地。1935年春,南开大学校长张伯苓邀请他担任南开商学院国文教师兼经济研究所秘书。1938年,他准备去昆明西南联大任教,途经重庆时被张伯苓挽留,暂任参政会秘书。1939年秋,他不愿继续在政府部门混迹,兼之远方的母亲无人照料,遂返回津门,从此闭门谢客,以"大匠不示人以璞"的精神,潜心临摹诸体书艺,进一步延伸以往书轨。楷书宗法《九成宫醴泉铭》《夫子庙堂碑》及北碑《崔敬邕墓志》《张黑女墓志》等,尤其于《元略墓志》倾力甚多;行书由王羲之《怀仁集圣教序》及诸家临摹《兰亭序》,而兼及李北海、苏轼、米芾、赵孟頫,尤其对《圣教序》《麓山寺》《法华寺》《方圆庵记》用功最勤;草书除"二王"诸碑帖外,对孙过庭《书谱》尤其用心;篆、隶视野则更宽,上自《散氏盘铭》《毛公鼎》,中及汉隶《史晨》《张迁》《礼器》《曹全》《华山庙》《石门颂》诸碑,下至邓石如、赵之谦等清代大家,皆有临摹和研究。如此系统深入、取精用宏,进一步提升了书艺研创实力与境界。

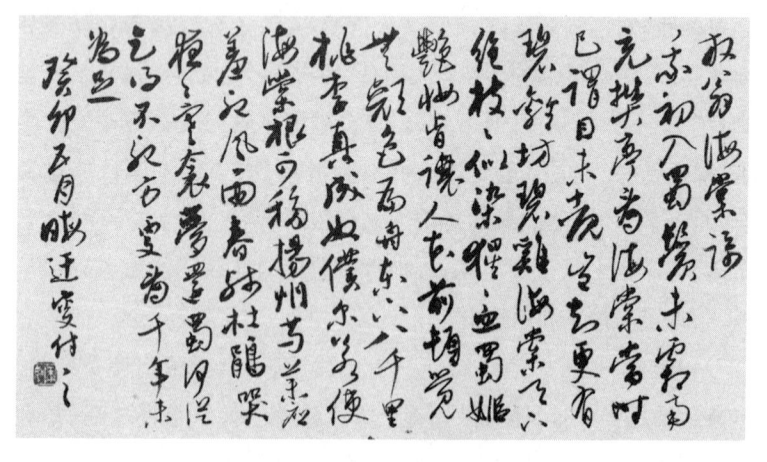

吴玉如书陆游《海棠歌》

吴玉如书"南北汉魏"七言联

1942年秋,吴玉如在天津有名的永安饭店举办为期两周的书法展,展品三百余件,真行草隶诸体兼备,蝇头小楷与擘窠大字皆出彩,因而影响甚大,在荣宝斋等处的润格也水涨船高。1943年,吴玉如受聘于天津工商学院(后改为津沽大学),任国文系主任。1951年因与校方不谐,愤然辞职。自此以"迂叟"为号,靠家教和卖字为生,兼而为中华书局、商务印书馆等机构点校古籍文献。1958年参与《辞源》的修订工作,其间书写了《三体千字文》《魏书千字文》等通行范本,颇有影响。

"文革"中,吴玉如也未脱厄运。1967年被抄家,上万卷藏书及碑帖化为乌有,其中还有不少珍稀的孤本善本。他悲愤地以是年"丁未"二字冠首作一联:"丁叔末,肝胆轮囷,不逐波流成俯仰;未殂谢,心田活泼,庸因老困便颓唐。"乱世之苦与不甘沉沦的情状表露无遗。这期间没有收入来源,生活极为窘迫,但他依然高风亮节,不计酬劳地为喜爱文艺的人士传授传统知识和书艺。多年辛勤哺育,培养出众多文史学者和成熟书法家,如文史专家卞慧新、文物鉴定家刘光启和1958年版《辞源》修订主编之一刘叶秋,以及欧阳中石、李鹤年、严六符、黄寿昌、单体乾、杨鲁安、陈骧龙、张洪千、陈连羲、陈云君、尹连城、韩嘉祥等知名书法家,堪称名副其实的一代教育家。

晚年的吴玉如生活尤其艰难,后在老友章士钊及周恩来总理的直接关注下,他被聘为天津市图书馆顾问、天津文史馆馆员,有了固定工资才算安定。改革开放后,他迎来了新生活,曾欣然写下对联:"幽竹尽怀太古致,春山咸似少年人。"为促进中日书法交流,他拖着

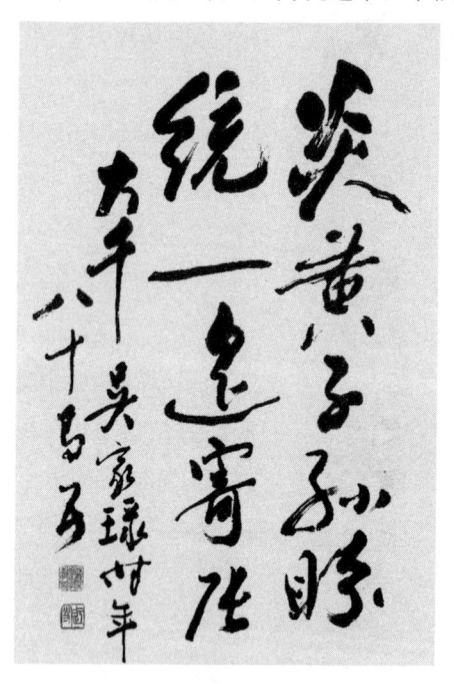

吴玉如书"炎黄子孙盼统一"

病躯,为来访的日本书法参访团讲解《书谱》,且做书法示范,并毅然表示:"决不能让日本人取笑我中华无人。"1982年4月,张大千寿辰之际,吴玉如欣然写下"炎黄子孙盼统一　遥寄张大千"几个大字,刊载于《人民日报》突出位置。是年8月8日,一代书法大家吴玉如

与世长辞。

汲古开新逸翩翩

吴玉如具有中国传统文人的精神风貌,虽学识渊深、才艺高迈,却淡泊名利、本色为人,饶有硕儒大隐之风,始终秉持着"二王"法钵和旷达神韵。他虽然诸体皆娴熟,但还是以行草书最为擅长、最有艺术高度。他长期浸淫于"二王"的风雅气度,深得王珣《伯远帖》三昧和孙过庭《书谱序》的灵动妙谛,兼之熔冶唐宋诸家的笔墨意趣,故而他的诸多行草书看似不经意,却从容潇洒、俊逸驰荡、风神自远,字里行间颇有晋人秀妍温润、不激不厉的古风。中年以后,他的书艺日臻精妙,为了增强浑厚老辣的底蕴,他对唐代李邕峻利遒劲的碑版行书多有研摩,远汲北朝碑刻的朴茂自然精诣,为其秀逸翩翩的晋人书风平添了淳厚高古的艺术格调。尤其书写大字,更见苍劲浑然的气魄。如其20世纪60年

吴玉如书韩愈《与鄂州柳中丞书》手卷(部分)

代书写的唐代散文家韩愈的名篇《与鄂州柳中丞书》即是精品佳作。此时正值吴玉如"人书俱老"的时候，长卷创作尤见功力，此作气定神闲、俊逸冲淡，自由出入晋唐诸家，既有"二王"书札的潇洒风致，也不乏王珣《伯远帖》的古淡跌宕韵味，虽属率意的遣兴之作，却笔墨精到、翰逸神飞，如行云流水般自然灵动，堪称其后期代表作之一。

《迂叟自书诗稿》是吴玉如大字行书杰作，诗书并佳，大有"从心所欲不逾矩"的妙处。其中《书愤》所言："剩水残山一局棋，世间甚处武陵溪。同为华夏分吴越，难答滕公事楚齐。我自死心安朽腐，谁能系念到黔黎。家居洪浸今何日，涉想尧年未可稽。"浓浓的家国情怀跃然纸上，书作则直抒胸臆，气势纵横，笔墨跳宕，于正倚、疏密、枯润的迥然变化中具有突出的艺术冲击力，达到了内容与形式的相得益彰。又如《摊书》一诗："摊书过午夜，临屋睡无哗。冷雨秋为骨，灰心静是家。灯前孤影瘦，世上百忧奢。我独何人也，老穷遂欲遮。"这是70年代的作品，书写一位文化老人在清寒孤灯下寂寞读书的情景，时代的苍凉感和情感的纠结无奈溢于言表，整幅书法则苍劲俭素，线条繁复缠绕一如其时心绪，有王铎、傅山笔墨恣肆的某些况味，大体摆脱了原有法度的拘束，心性自然流泻，达到了从容写意、心手相契的艺术境界。

吴玉如的篆、隶书取法《散氏盘》《张迁碑》《琅邪刻石》等秦汉古碑，又下探清朝碑派书家邓琰、郑簠、赵之谦、杨沂孙等，并结合自身书风，大胆取舍固有法度，以"顺应自然之理，注重天然之趣"为旨归，因而苍老遒劲取代了凝敛隽永，笔随意到承接了精雕细琢，使得晚年的书法达到了老而弥坚、炉火纯青的境界。

吴玉如一生潜心古典文史艺术，对古文意蕴、对书法美学、对技法与道艺，可谓心领神会、如数家珍。他认为中国的汉字，由占卜甲骨到金文石刻,由小篆演化为隶书楷书,再繁衍出行草书,有其历史的成因和天然的轨辙,南帖北碑、"二王"汉魏的分野与特色也需统筹兼济,而不能泾渭分明地对立起来,否则是自缚手脚,难成全璧。他主张从篆书金文中汲取简朴古意,从隶书中吸纳开张气势,从晋唐行楷中把握法度与神韵,同时又不拘于古人成法,别有新创,成就一片天机。他特别强调"神韵"在书法艺术中的核心地位,认为书法的灵魂就"摄于神韵,足于神韵则腠理皆活,所谓栩栩然生。否则,泥塑木雕纵极之精巧,对之终索然矣"。指出"作字虽小道,其中亦有至理。临古人碑帖,先须细心玩读,而后临之。临必一笔不苟,一点一画之间,细入毫厘,不可轻易放过。……专心一艺,非朝扪夕得,必如种植,不时除草,每日灌溉,始望有获。涵养之功,不能有别路也。久而久之,乃可造自然而明神韵矣";强调"作书无论为隶、为楷、为行或草,必先笔笔不苟……持之久远,然后可进而言神韵。初步潦草,终身无臻化之境";并有诗评价清代馆阁体,"书法到馆阁,神韵如电扫,奄奄无生气,整饬拙栲栳"。可见其对书法精气神的重视。

吴玉如不仅一生推崇神韵,而且始终身体力行,对"二王"等历代书家精华的悉心研求,使其腕底生风,笔墨俊逸,晋唐之风、汉魏之格寓于秀韵朴茂之中,卓然名家,示范书林,赢得了广泛赞誉。不仅民国时期即有"南沈北吴"之说,而且后来迭有诸多名家高评。如著名收藏家、诗人张伯驹称道他是"晋唐之风,当代巨擘",书法家、佛学家赵朴初认为"玉如先生书,龙腾虎卧,意态不可方拟",书法家启功推崇他为"三百年来无此大手笔,董其昌后第二人",画家李苦禅强调"玉如公书文绝佳,真是千年不朽之文物,当重之宝之"。同时,他还受到人文学界众多大家的青睐,如教育家林宰平,作家叶圣陶、俞平伯,古典诗词专家顾随,语言学家高名凯,以及文艺家邓散木、许姬传、寿石工、马万里等,都与其进行诗书交流,也是终身至交,为现代学坛艺苑留下了诸多佳话。

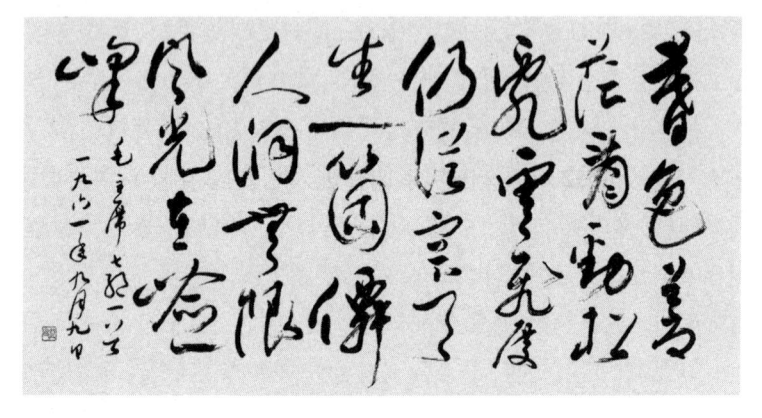

吴玉如书毛主席诗词一首

承钵尤富书卷气

俗话说,"老子英雄儿好汉"。作为吴玉如的长子,吴小如不仅学识渊博,书法也卓然名家。他1922年9月生于哈尔滨,原名吴同宝,号莎斋,后以小如行世。因出身于书香世家,幼承庭训,他少年时代即能诗善书。父教之功,显而易见。吴小如记忆犹新的是:"儿时习小楷,先君坚不许临《灵飞经》。盖病其纤软肤廓,一旦染其习气,终身不可救药。"晚年曾深情地回忆:"记得我十岁左右,父亲早起上班,我早晨上小学,每天同在盥洗间内一面洗漱,一面由父亲口授唐诗绝句一首,集腋成裘,至今有不少诗还能背得出来。"1932年,他随父迁居北平,先在汇文小学读书,后转入育英小学,1935年升入育英中学,次年秋转入天津南开中学。由于抗战开始,他辗转进入工商学院,并先后在达文中学、志达中学、圣功女中等校任教。1945

年抗战胜利,他先后进入燕京大学、清华大学、北京大学学习,曾受到一众名教授如陈寅恪、朱自清、俞平伯、废名、游国恩、章士钊、梁漱溟、魏建功等青睐,名作家沈从文还将自己主编的《华北日报》文学副刊交付他负责,可见其才艺与认真都得到了充分认可。

吴小如1949年从北大毕业后曾在天津工商学院、津沽大学、燕京大学任教,1952年因全国院系调整进入北大,在中文系主讲中国文学史,旁及中国小说史、戏曲史、诗歌史及古典诗词、散文等课程。这样大跨度地授课,可谓绝无仅有,正如其学生沈玉成教授所形容:"从《诗经》一直到梁启超,全部贯通讲授。"而且他讲课丰富生动,备受学生欢迎。80年代后,在周一良、邓广铭的推荐下,吴小如进入历史系工作。教学之余,勤于著述,享誉学林。编著有《先秦文学史参考资料》《两汉文学史参考资料》《中国文史工具资料举要》《古文精读举隅》《中国文化史纲要》《古典小说漫稿》《京剧老生流派综说》《吴小如戏曲文录》《今昔文存》《读书拊掌录》《心影萍踪》《莎斋笔记》等数十种。这些精深专著和文史随笔,多有独到之处,不仅为周祖谟、吴组缃、林庚等前辈学者普遍称道,哥伦比亚大学资深教授夏志清还主张"凡教中文的老师应该人手一册",启功赞许《吴小如戏曲文录》"与王国维《宋元戏曲史》同具凿破鸿蒙之力",为"真千秋之作",作家邵燕祥更强调他"是我们那一代治古典文学的顶尖学者"。

吴小如学养深湛、兴趣广泛,北大名教授和文史学者的身份之外,还是戏曲专家和京剧票友(业界甚至称赞他是"文武昆乱不挡"的全才),从而掩盖了他的另一个显赫名头,即功深艺湛的书法家。作为一代书法大家吴玉如的公子,他幼年即锤炼了扎实的童子功。父亲的言传身教、家庭的艺术氛围、交游的良好圈子,都为他的书艺进益提供了优越条件。加之自己有兴趣且用功勤,以至"坚持日日临帖,七十年临帖不辍,虚心师古。遍临所能寓目的历代碑帖四五百种之多,有的碑帖,甚至临写几十遍上百遍",为其奠定了坚实的传统书道基础。尤其是"二王"诸帖、唐代各家,悉心取法范式与特色,遂使其充分熏染晋唐风韵,笔墨儒雅,意趣天成,并饶有一种清正温润的书卷气,成为文教界和艺术界的佼佼者。文艺大家俞平伯在《吴小如写赠本遥夜归思引跋》中曾高度评价他的书法"点翰轻妙,意惬骞腾,致足赏也",著名学者白化文多年倾服吴小如的学问,但就书法成就而论,认为其"实为一流大家"。

作为一位腹笥丰厚的学者和才气洋溢的艺术家,吴小如的书法富有学养、灵气,同时又饶有传统的范式,是受过严格的训练、将学识与技巧恰好融合的书法艺术,因而显得风韵儒雅、意趣天成,对当今浮躁的书坛有着彰明较著的烛照意义。尤其突出的,是他的书法雅正、端庄、清逸,体现了晋唐以来中华书艺的美学旨趣。半个多世纪以来,吴小如的书法作品

吴小如临王羲之《得示帖》

吴小如书李白诗
《听蜀僧濬弹琴》

无论是幅式创作,还是手札、题跋、题签等,无不端雅清纯、自呈风致,犹如一种古典文化的微风悠然吹来,令人心旷神怡、流连忘返。如2019年出版的《莎斋日课:吴小如临帖十种》,受到了文化界和艺术界的高度赞誉。此套丛帖共收录吴小如从1978年到2009年临习的楷书、行书、草书作品十件,即定武《兰亭序》《集王羲之书圣教序》《元略墓志》《张黑女墓志》《姬夫人墓志》《枯树赋》《伊阙佛龛碑》《嵇叔夜与山巨源绝交书》《麓山寺碑》《朱子感兴诗》等,是他三十年来临帖学书的代表性作品,从中可以窥见他对古典碑帖临习的苦心孤诣与驾轻就熟之处,也从字里行间展现了他的智慧体悟与独到巧运。

同时,吴小如的书法又饶有温润的书卷气,这是他得天独厚的文化世家熏染与数十年倾情学术、著述等身的条件使然,也是他长期贡献文教事业、心系人文艺术的必然结果。当然,也与他淡泊名利、寄情高雅的襟怀与心性有关。尽管成名甚早、经历不俗、成果也丰硕,但吴小如的工作环境与人生际遇并不顺畅,这囿于他刚正不阿的个性和仗义执言的精神,不仅不愿趋炎附势,而且有"学术警察"的美誉。好在他又有忍辱负重和甘于寂寞的一面,将一腔热血与全副身心投入学术文化、书法艺术

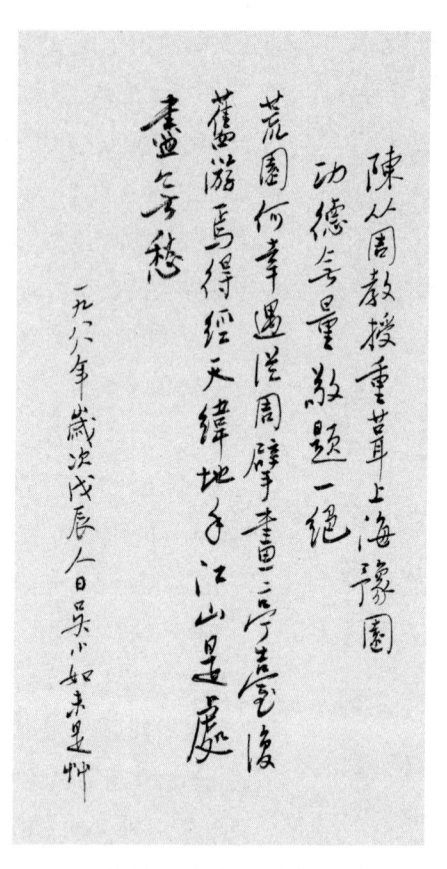

吴小如致陈从周诗札

与戏曲研究之中,遂有儒者的雅风、侠者的肝胆和艺者的纯粹。其作品中那种浓浓的书卷气由此而自然流溢,不仅极为可贵,也书如其人,令人钦服。

艺理多方滋后生

吴小如在书法理论上的探索有深度,在艺术实践上的感悟极精到，尤其是对经典碑帖的赏析和名家造诣的评品甚是精彩，不少体现在书画题跋和诗词唱和上。他强调："学书法而不精研碑帖，不下苦功，妄图走捷径一蹴而成名，无怪乎书道陵夷，见讥于通人矣。"曾在《题所临魏碑》以诗明理："重写六朝碑，幡然顿憬悟。菁华蕴于中，法门启无数。先君重元略，世罕知

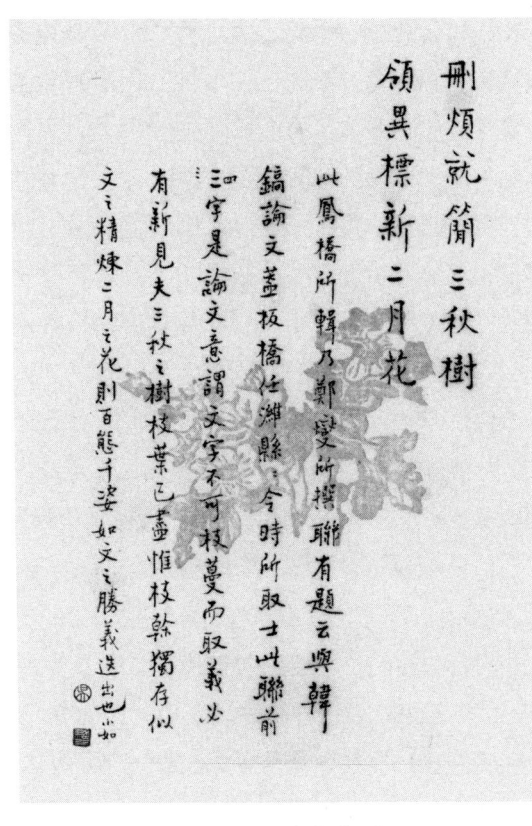

吴小如录书斋联

其故。二王作础石，魏隋随以驭。一旦牖天衷，宛若神相助。临古不乖时，变化悉有据。纵横任驰骋，点画皆合度。时贤妄逞臆，自诩开新路。下笔令人惭，翻讥我顽固。书道陵夷久，途穷兼日暮。"既有学书要津，又有切时感慨。对于临帖的深浅与形神问题，他也有切己体察。如在《临明文徵明书〈赤壁赋〉书法卷跋》中写道："临摹古人书，有三不可：浑不似古人，一不可也；无临摹者己之风貌，二不可也；所临摹之书，不能去粗取精，并古人之病痛亦一一仿而肖之，三不可也。已之所书，不能无病，以己书之病益以古人之病而不自

知,反以为己书已超越古人,于是书道绝矣。"他回顾"二十以前即嗜文徵明书。六七十年来,所临摹衡山手迹二三十种",因而有此感叹。他对于汉隶和唐楷中秀雅一路书风的评骘,也颇有见地。如在《跋〈曹全碑〉》中认为:"《曹全碑》在汉隶中以仄媚胜,或以谓失之浮滑,未始无因。然已与敦煌《流沙坠简》相近矣。清人赵㧑叔书颇有此碑笔意,从而可悟由隶变楷之脉络,初不宜以其去古稍远非之。"在《跋影印本褚书〈伊阙佛龛碑〉》中分析褚遂良碑帖风格差异,直言"以《雁塔圣教序》最有名,《孟法师碑》次之。《雁塔》笔势飘逸,《孟法师碑》矜严端饬,示人以璞。然褚用笔韶秀而不俗媚,至魏栖梧书《善才寺碑》,则稍趋俗媚矣。韶秀与俗媚之别:韶秀者有风骨,锋棱自见;俗媚者则多肥软之笔,故《善才寺碑》易学。《伊阙》刻于崖壁,笔雄健而朴拙,反不易学,然学褚者倘不从此入手,一味趋于靡软,殆终不免于俗媚之讥耳"。在《跋〈艺苑掇英〉本影印〈灵飞经〉墨迹残叶》中揭出钟书与写经分殊端倪:"世传《灵飞经》为钟绍京笔。顷从《艺苑掇英》中得见此经残本墨迹,知为唐人写经之精品,与钟固无涉也。然苍劲内蕴,非初学者所易入,纵得形似,亦未见其工。仆今已年逾七十,偶事摹写,反得其趣,而工拙则非所计矣。"识其版本源流有别,鉴其风格迥异原委,诚是灼见。

吴小如一直谨记父亲玉如公的告诫,"要学写字应先学做人""写字必先读书""宁可不会写字,也不要做一个俗不可耐的写字匠"。在回忆自己的学书历程时,他曾深切感到:"当年我学习写毛笔字,根据父师辈的教导,首先要求的不是写字,而是文化素养,即要求写字的人多读书阅世,写出字来能脱俗,有书卷气,然后从横平竖直入手,讲究基本功,必须临帖,不许胡来。"(《已老莫谈艺》)结合学写《兰亭序》的体会,他认为:"仆摹兰亭传世诸本已不知凡几通,虽略有悟,终是未窥堂奥。所幸能从中渐知学书之正轨,知羲、

吴小如书"学无止境"

献用笔其精神气骨皆在点画之外。仆书所以不及古人,不独功力不到禀赋不慧,其要害犹在学养不至,读书不多。故古人作字首重书卷气,然后天才与功力副之,庶几有望于追踪前贤;一存名利之心,便难进步。"(《跋〈兰亭序〉临本》)因而,在《论书》诗中他特别突出了读书及"书外功夫"的重要性:"作字必循法,法弃失仪型。荒诞非创新,妄想岂性灵?书法贵有道,首重识见明。识从读书来,立身宜德馨。字无书卷气,墨猪兼蚓行。胸中气浩然,点画自峥嵘。习字虽薄艺,犹期持以恒。一涉利名场,惟务盗虚声。不独欺古人,罪在欺后生。愿具平常心,寡过一身轻。掷笔归浩叹,老去恨无成。"进一步强调了"人老字未工,患在不读书",纠正之道,就在眼前:"闻道争朝夕,就死犹前趋。不讳质鲁钝,不期敦薄夫。习字贵精勤,手眼宁负吾。努力惜余年,慰情聊胜无。"可谓切中肯綮,金针度人。同时,吴小如认为书法作为中华传统艺术瑰宝,虽有其神秘而高雅的特质,也并不需过度神化盲从,而应有一种悠然悦对的心态,即"愿具平常心,寡过一身轻",从而"岁晚从吾好,聊成秉烛功"。尤其不应功利心过重、为名为利而写字,正所谓"一涉利名场,惟务盗虚声。不独欺古人,罪在欺后生",确乎语重心长,功在千秋。

作者单位:安徽教育出版社

吴小如和马连良

肖复兴

吴小如先生是我极尊敬的一位学者,近读小如先生的学生谷曙光收集、编注的五卷本的《吴小如戏曲文集全编》(山东文艺出版社,2020年12月版),其中囊括了小如先生关于中国戏曲的全部论述,感触颇深。对中国戏曲的论述,特别是近代百年戏曲史,小如先生和其他学者不尽相同,更多站在亲历者和实践者的角度展开,富于感性,多有实例,细节纷呈,而不仅仅是借助文本的回顾与钩沉。从历史背景到名戏名家,台上与台下兼顾、戏曲与人生互文,小如先生直抒胸臆,既有真知灼见,又不隔靴搔痒,像我这样的一般读者,读这些文章不觉艰深,没有隔膜,百年戏曲发展的起伏跌宕,如水中游鱼扑面而来,鲜活淋漓。

对京剧名宿,小如先生非常熟悉,书中所涉人物众多,如今很难找到这样熟知舞台和演员、既懂戏又能评戏的人了(关键是现在的演员演不了那么多的戏,我们也看不到那么多的戏)。其中论及马连良先生的文字,特别引起我的兴趣。马连良先生是小如先生最喜爱的老生之一,从十岁起,小如先生就看马连良的戏,一直看到20世纪60年代中期;从早年的成名之作《定军山》,到中年别出机杼的《捉放曹》,再到晚年扮配角的《杜鹃山》,二人一路相伴,情意贯穿戏内戏外。马连良百年诞辰时,上海一机构要出版一套光碟和磁带,小如先生自20世纪30年代便开始购买各类京剧唱片,收藏数以千计,他责无旁贷倾囊相助,展现了对马连良的真情实感。

因为小如先生的父亲吴玉如先生曾被马连良聘为家庭教师,所以小如先生和马连良相熟,他所论及的马连良,便不会如旁人那般浮于表面。在《吴小如戏曲文集全编》中,有多篇写马连良的文章,最早一篇为1942年所作《马年说"马"》,最后一篇为2010年《在京剧大师马连良艺术百年座谈会上的讲话》,这也是《吴小如戏曲文集全编》收录的最后一篇文章。近七十年的时间跨度,串联了马连良艺术实践的轨迹,也见证了小如先生对马连良艺术与人生感知的心路历程,我还真没见过其他人对马连良有如此不离不弃、真心实意的追踪描摹与取心析骨的评价研究。

小如先生说:"武生行有杨小楼,旦行有梅兰芳,老生行除余叔岩外,马连良一人而已。"这样的评价,不可谓不高。小如先生认为马连良"挑帘红"是在1929年和1930年,此前人们听老生,只听谭派和余派。论及马连良成功的原因,我读小如先生的论述后,归纳为如下几点:

一、底子打得好。马连良始学谭派,也学刘鸿升,如《辕门斩子》;后又拜孙菊仙,在《三娘教子》中融进孙派的风格。他从艺坚持博采众长,为此转益多师。

二、二次坐科,刻苦深造,好学精进。二次坐科期间,马连良求学于萧长华诸师,特别注意学习"边边沿沿的那些戏,比如说'八大拿'的施公怎么演,哪些戏里不相干的角色,二路也好,三路也好,只要是老生的角色,只要这个戏是以前不熟的,凡是老生能动的戏,甚至有武生应工的戏,马先生即学。他这种好学、不拘一格的精神,实在是非同一般"。

三、扬长避短。马连良年轻时嗓子不行,他便学余叔岩(小如先生特别强调余派对马连良的影响)演做工戏、白口戏,在表演上下足功夫。他还演过靠把老生戏,如《定军山》《阳平关》,发挥自己的特长,从唱腔到身段再到念白,形成一套独有的表演程式。

四、力图创新。小如先生以《斩龙袍》为例,马连良饰演的苗顺尽管只是配角,但他加了一段垛板,听起来新鲜又有韵味,"在传统的框架里面他总想找点新东西来充实"。小如先生还详细分析了马连良的唱念功夫,总结出三个特点:念白京字多,演员接近真实,观众听得明白,容易感受;唱念鼻音重,形成个人艺术特色;气口抑扬顿挫,有助于演员表达感情,引起观众共鸣。

五、秉承传统。在处理新与旧的关系上,小如先生认为"'新'和'旧'不一定同优劣、美丑、善恶、是非、粗精这一组组相对性的概念完全成正比,即新的未必一定就优美,旧的一定就丑劣。马本身在艺术上也并非一味在锐意求新","马不像一般人想象的那样,以为凡是'新'的就是'好'的"。小如先生又举例,就传统装扮而言,《假金牌》和《三娘教子》的装束打扮乃至扮相,都是"按照传统旧戏班的惯例";就传统台词而言,《王佐断臂》中的念白"他乡遇故知"的"他"字,余叔岩改念现代汉语的 tā,而马连良念作中古音的"拖"——"王佐是南宋王朝湖广潭州人,读一个中古音不更显出他具有的乡土特色吗?"

六、台风好,艺术严谨。20世纪60年代,小如先生在长安大戏院看马连良的《南天门》,这是一出描写冬天的戏,讲一个老头是怎么冻死的。当时正值三伏天,戏院内没有空调,非常热,但一出戏演下来,马连良竟然没出汗,"演到最后,剧中人把衣服脱了,冻得直哆嗦,我在台下看,觉得脊梁背上都有点儿怕冷的感觉了"。小如先生接着写看另外一场演出的情景,也是在长安大戏院,也是三伏天,一位青年演员演《痴梦》里的朱买臣,他一边哆嗦着叫好冷啊,一边不住地冒汗、抹汗。对比之中,自有褒贬,这是小如先生的风格。即便对马连良推崇有加,小如先生也毫不留情地指出马连良的不足,这是他最为人称道的地方。他不止一次说马连良"腔贫味俗打扮太新颖"。1943年他写《从马连良说到谭富英》,又一次指出马连良的缺点在于"纤巧",而失之"浑厚","连良其病在俗"。对其"俗",他举例:"如《十老安刘》《春秋笔》中之流水,几乎一句三闪板,两字一换气,真有些贫中透俗。"这"板子"打得稳、准、狠,不做高蹈虚空或水过地皮湿的批评。

同时,他也指出马连良的表演"有时嫌太小巧,太妩媚,太潇洒,反而过犹不及"。比如《借东风》里马连良演的鲁肃抄起水袖子下场的动作,不符合鲁肃的性格。他还批评马连良因为"松懈太不负责,很好的一出戏,来上两个噱头之类的讨厌动作,精彩全失。《盗卷》《打严案》都犯这个毛病"。对《断臂》里"摔得不忠实"、《火牛镇》里"摔得拖泥带水",他一针见血地说:"不负责一件事是不容恕的,原因就是偷懒。"这样尖锐的批评,是诤友之言,如今很难见到了。

马派刚刚兴起时,有人对马派持否定态度,刻意将马连良和周信芳、雷喜福放在一起比较,以此贬斥马连良。小如先生站出来,说人们所做的比较,并非一点道理没有,"但他(马连良)能做得格外俏,格外媚,格外灵活,这是他的特长处"。一连三个"格外",说得在情、在理、在实。

当然,小如先生也将马连良和周信芳、雷喜福做了一番比较,但他说得真实客观、有理有据,并非完全站在马连良一边。他觉得马连良的《清风亭》《四进士》等戏,"终须让喜福一头";《打严嵩》《审头》等戏,"也是抵不过周信芳的";但是《战樊城》《打登州》诸戏,"连良虽非十全十美,以自己的眼光看,周、雷是不及的"。小如先生总结这三家时,用极简洁的一两个字概括其艺术特点——马连良:巧、熟、柔;周信芳:老、辣、狠;雷喜福:遒劲、地道、清楚。概括得准确而精妙。

对马连良一生经历的重要事件和节点,小如先生都有所论及。1941年5月在天津中国戏院演出《八大锤》时,马连良将王佐的断臂弄反了,引得现场观众的一片倒好声。对这场众目睽睽之下的演出事故,小如先生没有回避,对马连良的失误进行了批评,但他也看到事后马连良的自省——马连良说作为演员"不能只爱听彩声,不爱听倒'通'声(指倒彩声)","不能因为唱砸了一次,就记恨观众一辈子;相反,演员自己倒应该记一辈子,永以为戒"。小如先生本以为马连良不会再演出《八大锤》了,但马连良不仅在京、沪两地多次演出此戏,还专门跑到天津去演出,小如先生感慨道:"这种败不馁的精神实在令人无比钦佩。"

关于世人格外称道的马连良的"三白"——护领白、水袖白、鞋底白,小如先生说:"那都是外在的。"他以《假金牌》的蓝官衣和《三娘教子》的老斗衣为例,说这都是普通的衣服,并没有特别的讲究,"所以,不在于那些行头,而在于艺术,在于演员本身的艺术修养,达到那个境界,演出来就好"。

只可惜天不假年,马连良过世得太早,对马派艺术的研究与传承,似乎远不如梅派、程派、谭派那样热乎。所以小如先生近七十年来追踪马派艺术所写的文字,对今天热爱马派艺术并有意继承、发展马派艺术的人来说,无疑是一笔宝贵的财富。

作者单位:《人民文学》杂志社

论吴小如戏曲著述的注释工作

徐辰

20世纪30年代起,吴小如先生开始发表剧评;20世纪80年代后,其戏曲类著述陆续结集出版,如《台下人语》(中国戏剧出版社1982年版)、《京剧老生流派综说》(中华书局1986年版)、《吴小如戏曲文录》(北京大学出版社1995年版)等,《吴小如戏曲文集全编》(山东文艺出版社2020年版)出版,俨然集大成矣,除极少数篇章外(如《一年来聆剧综纪》仅收上篇)[1],辑佚、标点、校勘近收全功。

清儒阮元说:"学术盛衰,当于百年前后论升降焉。"依笔者愚见,在现有文献积累的基础上,进行深度整理(如注释、评析、题解等),是进一步发挥吴小如戏曲著述应有价值的必由之路。本文仅从精注一点出发,谈其现状、必要性及具体途径。

---

[1] 吴小如著,谷曙光编注《吴小如戏曲文集全编》(第一册),山东文艺出版社2020年版,第326页。(本文所引吴小如原文均出自该书,不再另行出注。)

一、吴小如戏曲著述注释的现状

在这方面,谷曙光编注《吴小如戏曲文集全编》做出了很好的开拓,全书五册,共 382 条注释,大致可分为四类:

(一)介绍型注释

这类注释的重点在于介绍文章版本、来源等基本信息,引导读者。

如《京剧老生流派综说·自序》中提及文末有"附编",此处下有注:

> 光按,《京剧老生流派综说》1986 年由中华书局出版,另附录了五篇文章。后中华书局出精装本,已将附录删除。此次的处理是,依据附录文章的性质,另行归类,收入相应专题。特此说明。

这一注释,不但解释了《自序》中提及"附编",而正文无"附编"的问题,而且介绍了该书的版本递变过程。

(二)补充型注释

这类注释侧重对吴小如文章中的知识性或史实性内容进行疏通,予以补充说明。

如《三岔口》一诗注:

> 《三岔口》旧本,店主刘利华(琉璃滑之谐音)本非善类,其初衷原想害死焦赞。今本粉饰润色,人为地取消了你死我活的矛盾,刘反成救人的侠义之士矣。

原诗注中，吴小如讽刺了《三岔口》改编后黑店主成为义士的"怪现象"，但若非戏迷或有一定京剧史知识的人，对此诗易摸不到头脑。因此，谷曙光的注释补充了《三岔口》旧本内容的知识点，既提纲挈领，又引导读者理解诗意，增广见闻。

再如《"世"字科的文武花脸》中，吴小如指出袁世海从未演过其师郝寿臣的个人本戏《桃花村》，此处指袁世海之短，而且读者易误以为此处是吴小如之错（因袁世海确曾与杜近芳搬演过《桃花村》），因此谷注连举四条证据，指出：

> 故袁世海所演绝非郝之个人本戏，演法亦异。

既讲清了事实，也避免了读者对吴小如文字的误解。

（三）评论型注释

《全编》成集与吴小如撰文，有一定的时间距离，文中涉及的很多人物、事件都在发展变化之中，谷注择其要者，予以评论。

如《赵永伟后生可畏》文末注：

> 光按，曾几何时，"后生可畏"的赵永伟已步入中年，新世纪后先是远走东瀛，后又倦鸟知返，回国执教。赵脱离舞台是京剧式微的时代大背景使然。吴先生文中最忧虑的结局还是变成了现实。悲夫！

吴小如对赵永伟寄予厚望，但赵永伟脱离舞台，却是吴撰文时所未及见也不忍见的。类似的注释全书有多处（如谷注评价邓敏、刘子蔚等），既令人不胜唏嘘，也是有价值的当代京剧史料。

（四）纠谬型注释

囿于资料、时代、记忆、见地等诸多因素，吴小如的戏曲著述当中，也存在少许纰漏，但读者未必能察觉，反而易被误导。因此，谷注根据实际情况，予以说明。

如《说马派》提及20世纪30年代末，马连良《王佐断臂》的演出事故。谷注曰：

> 光按，此次严重事故发生在1941年5月31日。吴先生误记。

这条注释不仅弥补修正了吴小如的疏失，而且知识性较强，有益于普通读者。

以上四类注释，并非完全独立，而是相互关联，甚至彼此融合（很多注释兼具补充、纠谬及评论之功），共同构成了《吴小如戏曲文集全编》的注释内容，令读者有读一书而通览众书之效。

但整体来看，《吴小如戏曲文集全编》的重点在于收集、编排、校勘，而非注释。注释第一册有16条，第二册69条，第三册196条，第四册95条，第五册46条，整体分布相对不均匀。尤其是对吴小如早期剧评的注释，颇显不足，这些文章中的很多人物、事件、剧目，以及观点等等，对戏迷、学者，以及戏曲从艺者来说，无异于一座宝库，但颇为难解，其中应予以注释、钩沉的内容甚多，当予以重视，在条件具备的情况下对吴小如戏曲著述进行深度、全面地注释。

二、注释吴小如戏曲著述的必要性

（一）还原史实

吴小如戏曲著述跨八十余载，涉及大量戏曲尤其是京剧的人物、剧目，以及各类掌故、逸闻等。很多内容，在彼时或属寻常，而今日已成为珍贵的戏曲史料。但岁月悬隔，很多戏迷乃至专业人士也难以全解，诚为憾事。在这方面，谷曙光已做出表率，谨举二例：

> 1934年秋余叔岩在开明戏院为湖北赈灾义演《打棍出箱》。（《买票看戏》）

> 传闻此片（1956年程砚秋《荒山泪》）拷贝已坏，不能上映，实太可惜。（《侯喜瑞晚年二三事》）

谷注指出，前者实为1935年10月21日事；后者并未损坏，后得以流传。二注不但弥补修正了吴先生之不足、错误，还有效还原事实，可供读者参考。

但整体来看，吴小如所学甚宏，经历颇多，见闻又博，其著述中涉及的更多内容还属于待开发的富矿，尤其是其新中国成立之前的剧评有二百余篇，涉及内容极广，且可供参考的其他资料甚少，难以注解，亟待有心人提要钩玄。

（二）艺人参考

吴小如虽是票友，但其所见、所闻、所学多有专业人士不及处，更兼文史功底深厚，对剧本、唱念做打，乃至于舞台审美能下考据之功，颇多独到之见，足供今日演出参考。

如《也谈〈二进宫〉的唱词》提到,《二进宫》中的杨波有"臣不学那姓周灭纣姜吕望,臣不学管仲相齐邦,臣不学三国中诸葛丞相,臣要学隐居山林的张子房"四句唱词;再如《赵云耍大刀》中提及,尚和玉在《长坂坡》"大战"一场加耍大刀。此两种演出模式,今日已绝迹于舞台,倘若能详解源流,在注释中一一指明,不但可飨读者,更足供演员参考。

另外,如《金少山〈二进宫〉观后记》:

(言慧珠)身上似穿得太多,未免臃肿。

所谓"臃肿",实为过去旦角穿帔多着胖袄之故。这虽与当下舞台演出不合,但也足从审美角度启发演员。如加以注释,对演员表演、戏迷审美均有帮助。

(三)判断公案

"吴先生好批评别人"[1],这一点为学术界、戏曲界所公认。其笔下不留情,往往涉及诸多公案,但一则人无完人,吴小如先生有不客观处,甚至也有少数错误;二则世事变迁,时人未必客观,而后人却可见全豹。

如《答徐城北同志》中,吴先生就承认自己"态度不够冷静,不够心平气和",酿成笔墨官司。但纵观该篇及《耳食祛妄》,以及徐城北相关文章,则可知虽二人有意气之争,但起因多在于客观事实之不清。时过境迁,倘若有整理者加以公允判断,不但可增长读者的戏曲知识,还可还吴、徐二公之争执的本来面貌。

---

[1] 柴俊为《吴小如先生的正派》,"绝版赏析"公众号,2024 年 08 月 24 日。

再如《宁希元著〈元刊杂剧三十种新校〉题记》补记中提及：

> 不料后来另有一部徐校本，大约校者与出版社有点交情，竟弃原有承诺于不顾，退宁校本而出版了徐校本。

这里的"徐校本"指中华书局 1980 年出版的扬州师范学院徐沁君先生的《新校元刊杂剧三十种》。如今，吴、徐两位当事人虽谢世，但此事距今不远，尚可考证，于学术史、出版史、戏曲史均有裨益。

另外，吴小如早期戏评文章，涉及很多名家的艺术、生活等方面，也成为梨园行公案。

以上种种，倘若能加以廓清，对事实、当事人本身，甚至戏曲艺术、学术研究，都是有益的。

（四）拓展知识

吴小如素有"通人"美誉，兼及"小学（指传统文字、训诂之学）、文学、史学、戏曲、笺注学、诗词创作、散文、碑帖书法等多个领域，可谓四冲八达、贯通淹博，具雅人之深致"[1]。这种"贯通淹博"也反映在其戏曲著述中，尽管吴小如文字通达易懂，但对很多知识点一笔带过，读者好奇而未必能解，需以注释梳理。

如《传统京剧结尾质疑》中提及：

> 这个故事（《天雷报》）流传已久，清代学者焦循在其著作中便曾著录。

---

[1] 谷曙光《永夜月同孤——吴小如先生百年诞辰的"通人"之思》，《澎湃新闻·上海书评》2022 年 11 月 25 日。

此处,吴小如并未说明焦循在何著作中以何种形式著录《天雷报》故事,倘若能出注"著作,指焦循《剧说》,内有'今村中演剧,有《清风亭认子》'句",则既能解开读者疑惑,又从学术史层面梳理了该剧的源流变迁。

再如,《好戏不一定列"大轴"》提及:

> 压轴,则指倒数第二的戏码。

其实,吴小如此说未必全面,如二人转等艺术形式中,"压轴"也可指最后一出戏。因此,可依《现代汉语词典》(第7版)出注:

> 压轴:除此意外,也可指一场演出排在最后的较精彩的节目。

再如,1989年《濒于失传的两套锏法》中提到,叶盛长《秦琼卖马》中有一套罕见锏法,传于王立军,但未公演;刘曾复《打登州》中也有一套不同寻常的锏法,传于欧阳中石,后欧阳中石中风。吴小如称这两套锏法"濒于失传"。如今近四十年,这两套锏法是否仍处于"濒于失传"的状态?若能出注说明这两套锏法的去向,则锦上添花甚多。

(五)提炼思想

吴小如戏曲著述中有许多弥足珍贵的论点,尤其是其晚年著述中,颇多论点不仅有戏曲、美学层面的价值,更贯穿着痛心疾首、恨铁不成钢的浓厚情感,如:

> 用看似笨拙丑陋的外观来表现妩媚动人的心灵美和可爱

的艺术形象。(《侯益隆·侯玉山·侯永奎》)

一切化妆、唱法均按老路,就算是保守倒退吗?(《回忆陶显庭》)

尽量不要使先人的艺术失传,能学会多少就学多少。(《宋德珠在天津》)

以上三种,涉及戏曲美学、理论等层面的探讨,对照今日京剧的发展,可谓振聋发聩。如能以舞台之事实及曲学理论注出,当有益于时下。

再有,吴小如对一些演员、剧目的评价,从早年到晚年,呈现出变化发展的状态,也需通过注释予以勾勒。如1939—1941年,吴小如评价袁世海的霸王"将成废物"(《关于〈霸王别姬〉》)、"可惜学得郝寿臣不少毛病"(《京菊国今日琐闻》);在创作于20世纪末的《鸟瞰富连成》中,吴小如一面认为富连成"世"字科仅袁世海可成"一家之言",一面认为袁派"即使有人认同,意义也不大";而至2005年,吴小如态度进一步变化,指出虽然袁世海得郝寿臣真传"不过百分之二三",但"老海已成古人,郝派殆成绝响"。在这一段描述中,吴小如对袁世海的艺术还是不大满意的,但从早年的完全不满意,到晚年的虽不满意但认为袁堪称一时翘楚,甚至认为袁世海的故去标志着郝派艺术成为"绝响"。吴小如这种跨越数十年对同一演员、剧目的评价以及艺术观点的发展变化,是走近吴小如个人思想、探寻京剧艺术发展变化的绝佳材料,但过于零碎、分散,需以注释提纲挈领,引导读者,避免断章取义。

三、注释吴小如戏曲著述的途径

（一）以注释为重点，题解、评析搭配

注释的特征是"随文释义"，但在一些特定情况下，注释并不能够全面覆盖需释之义，因此又有题解、批注、评析等多种模式，与注释相互补充，共同完成对原文的阐释工作。

具体到吴小如的戏曲著述中，需要阐释的重点以各种零散的戏曲史、传统文史知识以及各类掌故为主。因此，更适合采用注释的模式。

但是，在不同篇章中，应合理应用题解、评析等模式。尤其在其早期著述中，很多文章通篇观点和当下之理解相距较远，以知识性为主的注释并不能满足需要，需要以题解、评析等篇幅相对较长的内容引领读者，如：《吊李鸣举》，讥讽李万春为"鹤群之鸡"；《毛世来与奚啸伯》，云奚啸伯"早晚累死为止"；《马年谈"马"》，指责马连良"自廿三年以后又特别的不规矩"……以上种种，和各位艺术家身后的地位、艺术评价相去甚远，倘若不了解吴小如文字的创作背景、个人态度，难免断章取义。因此，宜以短篇题解和评析，对具体文章的创作背景、吴小如观点的一生流变，以及艺术家的毕生成就进行疏通和宏观把握，引导读者。

（二）一人主笔，多专家把关

注释前人著述，最忌成于众手，因个人水平、观点有差异，而且注释原则往往也会矛盾，况且各负责一部分文字，对他人注释不够了解，难免有"后注前不注""前后同注""观点不一"等情况出现。

吴小如的戏曲著述有以下几个特点：

1.贯通案头、场上。如可在文章中谈戏曲艺术及其剧目、声腔之

流变,也可谈具体的舞台上的唱念做打;

2.既有易考之史实,也有难考之逸闻、掌故,如各名角儿之演出,大多有旧戏单或报纸、笔记可考,而关于名人之品德、私事、言谈等,则难以考证真伪;

3.打通艺术与文史的界限。如文中以就京剧而谈京剧居多,但也有大量内容涉及元明清戏曲发展流变,甚至引用《左传》《孟子》等文献;

4.多有个人亲身经历。如吴小如多篇文章谈及王金璐,这是建立在吴小如观看王金璐毕生演出,且台下与王金璐交往甚密的基础上的,文字中有颇多他人不知之事及浓厚的个人情感。

以上四点就对注释者提出了较高的要求,既要博通经史、熟知戏曲史,又要对近代以来的戏曲尤其是京剧的演员、逸闻、掌故有着全面而深入的了解,甚至有登台表演之能,若曾与吴小如有旧交最佳。唯如此,才能够打通各学科之间的壁垒,以通才注"通人"之著。

但以一人主笔,难免有错讹、疏漏,因此,最好能在定稿后,有一两名专家从戏曲、文史等专业出发,对内容予以审读,而在出版前能另有专家从出版编校角度予以审读,才能达到最佳效果。

(三)订讹传信为主,艺术评价为辅

述而不作,历来被视为注释古籍的基本原则。① 这一点同样应体现在对吴小如的戏曲著述的注释工作中。

首先,重订讹传信。吴小如的戏曲著述中有大量史实性和知识性内容亟待疏通,尤其是随着时间流逝,吴小如笔下涉及的当事人逐渐离世,很多内容已渐渐不可考,因此,订讹传信工作尤其要以其

---

① 孟繁之、曹泳兰《古籍注释中的几个问题》,《古籍整理研究学刊》,2007年第1期,第19—24页。

早年著述为突破口(晚年著述所涉内容,当事人多健在,或为当下读者所熟知,或谷曙光已出注)。如:《黑角题名录(下)》提及的"俞步兰弄得不知下落"其事,《金少山〈二进宫〉观后记》提及的"周一腿"其人,《亦谈〈乾坤斗法〉》提及的《乾坤斗法》其剧……这三者,或足以引读者兴味,或可丰富知识储备,或有益于戏曲史研究,但今日多数读者并不了解。

再比如,《在京剧大师马连良艺术百年座谈会上的讲话》中,吴小如提到马连良二次坐科,主要是学"边边沿沿"的戏。对此类评价,倘若能引用相关文献予以说明最好,不仅能增广戏迷见闻,还足供演员参考。此类案例,贯穿吴小如毕生戏曲著述中,因此,应将注释重点放在订讹传信之上。

其次,轻艺术评价。"一千个读者心中有一千个哈姆雷特",每人之喜好、阅历、见地、性格不同,对艺术的评价往往大相径庭。吴小如本人对一些艺人的褒贬,也往往与今人迥异。况且吴小如笔下涉及一些人、事,有为他人讳的必要,不必一一注出评价,只对其发生背景、前因后果予以说明即可。如《少若漫笔(古愚谈〈淤泥河〉)》一篇,本为吴小如、古愚笔墨官司,注者不必对二人之争予以主观评判,而应侧重于对古愚文章的介绍,与吴文两相对照,这样读者才能对事实了然于心。

结语

曲终人逝,岁月悬隔,吴小如的戏曲著述,于当时多为随笔,于今则为珍贵的戏曲文献,于爱好者、从艺者、研究者均有裨益。2000年,吴小如读《富连成三十年史》,曾痛心疾首呼吁"而难得的文献资料就更应该'善待'"。以个人愚见,以注释(含旁批、题解、评析等方式)疏通吴小如的戏曲著述,让读者更好地了解其中史实、观点、态度,更好地走近吴小如,走近戏曲史,走近舞台演出,便是"善待"戏曲文献的途径之一。

另外,限于个人水平,本文只是泛泛而谈,颇多不足之处,对如精注吴小如戏曲著述涉及的校勘、出版、传播等问题,拟后续继续深入文献、观摩演出,再度探讨。

作者单位:南京出版社

漫说吴小如书学之"通"

杨简茹

吴小如是精通文学、文献、小学各个领域的通才,然而他却谦逊地自称只是个"教书匠"。在无数学者文人的纪念文章中,我们可以勾勒出一个在课堂上神采飞扬的讲者形象:他声音洪亮,略有戏腔(莫言语),板书漂亮,这自然得益于他的书法功底。作为一位文史专家,吴小如并不以自己是书法家自居,他始终将书法作为一个文人的必修课,注重读书的滋养与基本功的训练。吴小如的书学思想出自通才之学,体现出一位继承旧学传统、衔接新式教育的学者的自然与游刃有余,他擅于用现代学术的眼光将杂学重新进行整合,显露出他驾驭多门学科并融会贯通的能力。对于今天的书法实践和书法研究者来说,这种通达的能力恰恰是缺位的。因此,本文拟从跨学科的视野来讨论吴小如书学思想理路的生成,及其书学经历在今天的书学体系格局中具有怎样的启示意义。

首先,作为一名戏曲研究专家,吴小如的书法研究,体现出不同艺术门类之"通"。

在给卢永璘译的《中国书法理论史》写的题记中吴小如这样讲

道:"说到书法,我是个假内行。先父玉如公是本世纪内有数的书法家,我从小耳濡目染,照理应该略窥门径。但我缺乏过硬的'幼功',更未能持之以恒,在实践方面缺少应有的基本训练。四十岁之后,才作为业余爱好者重新临帖。因此对书法理论也似懂非懂。"①所谓的"耳濡目染"是吴小如学习的一个主要途径。正如他从小喜欢听戏、唱戏,直到后来研究戏,但他只将京剧与书法当作业余的两个嗜好——"一耽京剧,二好临池",他将京剧艺术与书法艺术相比拟,这更像一种学科史的视野,体现在他会通过不同学科的比较来讨论艺术现象中的种种问题。

吴小如形容杨小楼如"天神","其文可拟石鼓秦篆,肃穆庄严;其武直如怀素狂草,目不暇接,而章法井然"。形容王凤卿"俨然汉隶";形容谭鑫培"古朴敦厚,大巧若拙,在钟繇右军之间";形容余叔岩"上攀大令,下接欧虞,骨峻神清,精美绝伦"。他将马连良与褚遂良相比拟:"犹褚书初得之二王,晚乃别成一家,而众亦追随成风也。然马之成派,深具根柢,能先寝聩谭余,再图与时俱进。故能终始立于不败之地。"②从这些比拟中可以看出吴小如非常善于将其所学所爱融会贯通,并从中总结出演变历程和一般规律。

他还巧妙地将学戏与临帖进行比较:"每学一出你不会的戏,每临一种你不熟悉的字体,实际上等于你在学习一种新事物,从而使你的艺术水平自然得到提高。及至水到渠成,学养功深,新的意境自然会从胸襟肺腑中流出,习字则得心而应手,唱戏则从心所欲而不逾矩。所谓'新',并不是从无到有生硬地'创'出来的,而是温故而知新地顺

---

① 吴小如《中国书法理论史》题记,见中田勇次郎著、卢永璘译《中国书法理论史》,天津古籍出版社1987年版,第2页。
② 吴小如《褚遂良与马连良》,见吴芝麟主编《背影是天蓝的》,文汇出版社2008年版,第154页。

乎自然形成的,正如东坡所云,'常行于所当行,而止于所不得不止',所积愈厚,所采愈博,则所造诣便能自出机杼,独辟蹊径。今人为演员而不求师学艺,学书法而不精研碑帖,不下苦功,不动脑筋,妄图走捷径一蹴而成名。无怪乎戏曲式微,书道陵夷,见讥于通人矣。"[1]这种将不同艺术门类/学科之间的打通理解提示了我们:今天作为某个"学科"的艺术,往往可能正是传统文人生活方式的呈现。

这种"通"是建立在一个人的知识结构的全面,以及阅读量充沛广博基础上的。吴小如的父亲吴玉如曾告诫他:"宁可不会写字,也不要做一个俗不可耐的写字匠!"这样的观点想必会对吴小如产生潜移默化的影响,对阅读的重视不仅体现在书法的学习上,也体现在他学贯古今中西的学术格局中。

其次,吴小如书学思想的生发,还建立在古今中西汇通的基础上。

吴小如一方面接受了父辈口传心授的传统教育,一方面在西学东渐的背景下接受了新式教育。他研究古代文学,从上古一直关注到当代。作为文史学家,吴小如于20世纪50年代参与出版的《先秦文学史参考资料》《两汉文学史参考资料》,以及与吴同宾共同编订、80年代初出版的《中国文史工具资料书举要》,奠定了其文史专家的地位。吴小如还涉猎现代文学批评,20世纪30年代末至40年代,青年时代的吴小如发表了大量戏评、书评,他对张爱玲作品的评论直至今日还为张爱玲研究者援引。近年来出版的《书廊信步》《今昔文存》《心影萍踪》等收录了他评钱锺书、沈从文、冯至、张爱玲、老舍等人的文章,阅读视野开阔,观察敏锐。吴小如自述是有过"作家

---

[1] 刘凤桥《千古才情一脉亲》,见刘凤桥、程立主编《吴小如纪念文集》,安徽文艺出版社2021年版,第781页。

梦"的,这些新文学的作家作品自然成为他关注的对象。

吴小如在高中快毕业时,开始接触一些西方诗人的英文作品,"从莎士比亚的十四行诗到三四十年代红极一时的艾里约特",早年跟随俞平伯先生学习时,"劝我抽空也读点英文原作"。① 吴小如最初的梦想是当作家,"后来知难而退,改钻故纸堆。一度也试图搞翻译,无奈外文过不了关,解放后又多年不动,就更不敢问津了。不过想当作家和想搞翻译却使我养成爱杂览的习惯,因为当时并不懂得生活才是创作的源泉,而是迷信'读书破万卷,下笔如有神'的"②。他尝试翻译英美作家的散文、小说、文艺理论是40年代的事情。1947年10月6日天津《民国日报·文艺》第97期就发表了他以"少若"为笔名翻译的《负重的兽》,当时他把作者毛姆译作"茂姆"。③20世纪50年代初,吴小如和高明凯合译了茨威格的《巴尔扎克传》,是新文艺出版社推出的第一部译著,为巴尔扎克在国内的传播提供了铺垫,也为日后国内的巴尔扎克研究做了准备。

吴小如对现代文学批评以及翻译的实践,在进入燕京大学做助教后渐渐转向学术研究的道路。但是他终生保持着从经验的积累中寻求一条明确的"批评者"的道路,"不哗众取宠,不看风使舵",无论治学还是教学,都是于平实中蕴含真知。

最后,吴小如书学研究所体现出的,还有学科内部之"通"。

吴小如曾言平生读书治学,是从"述而不作"开始的。后来逐渐进入"以述为作"阶段,最后进入"述中有作",道出他"多读书"背后的经验。他研究中国古典文学,既包括诗词、小说、散文、戏曲等中

---

① 吴小如《俞平伯诗全编·序》,浙江文艺出版社1992年版,第1页。
② 吴小如《漫谈我的所谓"做学问"和写文章》,见肖东发、杨承运编《北大学者谈读书》,北京图书馆出版社2000年版,第184页。
③ 陈子善《我与莎斋主人的过从》,见《传记文学》2021年第10期。

国古典文学的核心,也包括文字、音韵、训诂、考据等与古典文学相关联的各个方面。他在数十年的教书生涯中也极力提倡学科内部的"通"——通史的掌握:"我主张一名教文学史的教员必须坚持做到两点:一是必须会教通史,即从神话传说应当一直讲到梁启超、鲁迅,而且无论对诗赋词曲、散文、小说、戏曲乃至古代文论都有发言权;却不宜像铁路警察,'各管一段'。二是应具备国学的基本功,即对于传统的文字声韵训诂之学必须具有一定的知识,不能使'语''文'分家,事实上也是分不了家的。"①

掌握通史,是要求从事文史专业的人要做到本专业内的通达,而对于从事书法、绘画艺术的人,他则建议"不但要临摹,而且要博览;不但要亲自动手,而且要大开眼界。读书、做学问理亦相同"②。反之,从事文史研究的人也要通达书法的相关知识。他写的《应当识一点草字》一文,其实针对的读者并非书法专业的人,而是针对从事文史哲专业的青年学者。吴小如曾帮助有关同志辨认过孔另境和茅盾往来信札中的草书,以及鲁迅、周作人手稿中的草书,甚至善本古小说中的草书,这些经历让他意识到学习草书的重要性:"广大中青年朋友即使不练字也要识一点草书,这对工作大有好处。尤其在整理前人手稿或阅读影印古书时,能辨识草书就更为有利。否则是不免要误事的。"③

虽然吴小如这样言传身教之时并未站在今天所谓的打破学科壁垒的高调立场,但是他早年对青年学者的谆谆教诲其实早已对学

---

① 吴小如《教学生涯五十年》,见《中华活页文选》2017年第2期。
② 吴小如《读书要点、面、线结合》,见黄德灿主编《送给教师的读书指南》,华中科技大学出版社2019年版,第472页。
③ 吴小如《应当识一点草字》,见刘凤桥编《吴小如书法选》,天津古籍出版社2011年版,第274页。

科化专业化导致的后果给予了警示。1994年,首都师范大学设立我国第一个书法博士点,吴小如也成为博士生考试和咨询委员会的专家成员之一,这是书法作为一个学科开始为学界所接纳的重要标志。2021年末,国务院学位委员会发布的新版《博士、硕士学位授予和人才培养学科专业目录(征求意见稿)》中,"书法与美术"成为与"艺术学"一级学科并列的专业学位,引发学界诸多讨论,这也与吴小如所主张的通才之学渐行渐远。在专业划分如此细致的学科体制下,已经很难再出现吴小如这样的通才学者了。

吴小如不是科班意义上的书法家和书法研究者,也必须承认,他的书法研究属于一种自发而非自觉的形态,体现为感悟、随笔而缺乏系统的理论体系,但是他的书学思想对广大书法爱好者以及从事书法研究的人有启迪与明智的意义。他的学书经历虽然在当今时代很难复制,也不可能替代现有的教育模式,却是一种有益的补充和需要加强的方向。文、史、哲、艺的通达不仅是弘扬民族文化的必经之路,这种"功在字外"的朴素道理也是今日书学领域重提吴小如的关键所在。当然,在学科分类与学科建设的现代化进程中,书法愈来愈成为独立的学科门类,已经与中国古代的书论、书评等传统学术方法拉开了明显的距离,此时仅仅有吴小如的经验也是远远不够的。如何在继承吴小如思想遗产的同时建设适应于当代学术体制的书法学科,也仍是一个未竟的议题。

作者单位:广州美术学院

读《吴小如录书斋联语》

袁津琥

　　小如先生是学术界少有的"十项全能型"学者,无论是对古代文学、现当代文学,还是传统小学、戏剧、翻译等,他都有精湛的研究,借用戏剧中的一句行话,可谓"文武昆乱不挡"。小如先生又为名书法家之子,俞平伯先生八十寿诞时,即预言"将来挂你的字的人,会越来越多"(见《吴小如录书斋联语》,3页。下文所标页码均指该书,不一一另注,后同)。小如先生于楹联更有深研,不仅曾担任中国楹联学会顾问,还录制有楹联专题讲座。但稍感遗憾的是,小如先生著述虽丰,于此两领域,却未曾撰有专书。2010年,天津古籍出版社出版了《吴小

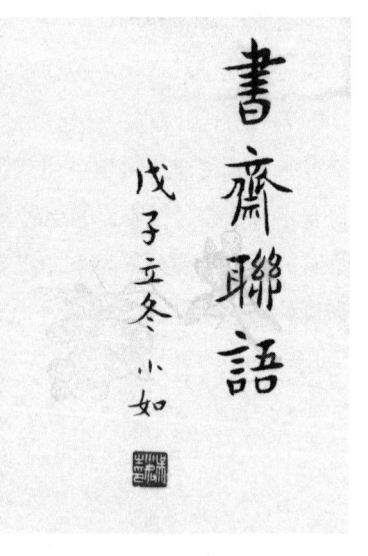

吴小如题"书斋联语"

如录书斋联语》一书,书中收录了小如先生晚年手书书斋联语二百副,每副联语后,小如先生复缀以短语,衡文论艺,往往直凑单微。周退密先生云:"词后品题要言不烦,悉中肯綮,短语隽永,实为妙品。"的系知言。这在一定程度上弥补了小如先生生前于书法、楹联两方面未有专书论述的不足。

《吴小如录书斋联语》的价值是多方面的,举其大者,约有数端。

一、赏联

小如先生是当代楹联名家,生前曾多次担任全国性楹联大赛评委,那么在小如先生眼里,什么样的对联,才是一副好的对联?我们又应当如何去欣赏一副对联?小如先生文章中似乎对此罕有论述。本书联后的评语,则难得地可以使我们全面、具体而微地了解小如先生的楹联观,同时启发读者学会如何欣赏、评判古诗文之优劣高下,又不独楹联也。

欣处即欣留客住,晚来非晚借灯明

评:"上联原作'欣处可欣',(先父)……易'可欣'为'即欣',先师(指俞平伯)以为改笔更佳。"(1页)

诗记杏花春雨夜,辞传香草美人心

评:"上句极有内涵,……(下句)兼存比兴,尤自然浑成。"(6页)

茶香入座午阴静,花气侵帘春昼长

评:"此联下句套用'花气袭人知骤暖'句意。曹雪芹以诗名婢,而汪则改为'侵帘',亦避熟就生耳。"(9页)

赤壁游成前后赋,横渠道载东西铭

评:"其对仗之工,则以'赤壁'对'横渠'最巧。"(24页)

久别名山凭梦到,缓寻芳草得归迟

评:"上联'梦'字可作动词用,属对甚工。"(27页)

夕阳山色横危槛,夜雨河声上小楼

评:"此联上句着色而属静态,下联状声属动态,对仗极工而造语无华,诚佳构也。"(29页)

山抹微云无墨画,竹敲秋雨有声诗

评:"上句用秦少游词而以无墨画状之,极妙!下句化用六一词。'有声诗'亦佳,不独对仗之工也。"(32页)

窃攀屈宋宜方驾,颇学阴何苦用心

评:"上句见《戏为六绝句》之五,下句见《解闷》之七,皆少陵自

300

言学诗之甘苦,而对仗亦工巧,佳构也。"(34页)

旧学商量加邃密,新知培养转深沉

评:"'旧学新知'在晦翁心目中,本指古今而言,至马氏(指马君武)用其语,则'旧'与'新'遂成中与西学矣。"(41页)

书当快意读易尽,老不求名语益真

评:"此联佳处全在真情流露,了无矫饰,读之胸次为豁然开朗。"(46页)

妙质不为平世得,高怀犹有故人知

评:"上荆公,下后山,皆孤傲语。然悬诸书斋,乃见主人精神气象,俗客不宜用也。"(47页)

山围故国城空在,春到江南花自开

评:"上下皆东坡诗。刘梦得诗'山围故国周遭在,潮打空城寂寞回',东坡缩二句为一句。而集句者匹以下联,则刘原作凄凉境界竟一变而为繁缛景象。"(49页)

一水护田将绿绕,长风吹月送诗来

评:"上联为荆公《题湖阴先生壁》第三句,然警策在下句'两山

排闼送青来'。今易下联为陈简斋句,其惊人处在夜景,'送诗来'则易景为情矣。"(50页)

文生于情有春气,兴之所至无古人

评:"佳处在浑然天成,无矫揉造作处。或疑'生'不能与'之'对,不知'之'亦作动词用。"(54页)

新光明定得初月,画本依微来晚烟

评:"以'初月'状心地澄明,以'晚烟'体绘笔蕴藉,诗趣盎然。"(55页)

向来忧喜皆陈迹,如此江山是胜迹

评:"此联都无忧戚语,悬诸斋壁自可赏心悦目。"(62页)

多谢彩笺贻雅贶,且将浊酒寄清欢

评:"其上句,实隽语而有锋棱,故'浊酒''清欢'云云,乃见其百无聊赖之状。"(63页)

泉声幽咽钟声老,草色苍茫柳色深

评:"此联警策全在末字,正宋诗特色。"(67页)

一树绿能遮两岸,点尘红不到深山

评:"'红'、'绿'本极俗,而此联竟化腐朽为神奇。"(98页)

逢人觅诗句,留客听山泉

评:"此集元好问与王维诗为联。似户外联,然细味之仍是书斋联。盖上句之人即下句之客,客至而坐听山泉自然有诗矣。"(108页)

高松来好月,野竹上青霄

评:"警策在上联,而下句对仗亦工。"(111页)

江山澄气象,冰雪净聪明

评:"上言宇宙澄明,下言心地朗洁。联语既具大气魄,内涵亦高尚其志,不愧高作。"(114页)

上客能论道,虚怀只爱才

评:"此联虽可悬于书斋,而着眼点在主人所交往之客,高者可与论道,年辈晚者应持爱才态度。总之,此联以好客为主题。"(121页)

学业醇儒富,文章大雅存

评:"此联上句见杜甫诗,下句见韩愈诗,皆善颂善祷之谀词,以之自喻,未免狂傲;以之赠人或其人真硕儒耆宿,则未必坦然受之,居之不疑。或其人本非名士,赠之无异讽刺。故联虽佳而未必可用。"(126页)

春秋多佳日,山水有清音

评:"此联习见,然属对自然工整,洵佳作。……以晋人句对晋人句,甚得体。"(144页)

共知心如水,安见我非鱼

评:"联语上言其清,下言其适。"(148页)

不矜威益重,无求品自高

评:"此本赵朴初先生自撰联。下句作'无私功自高'。仆诵之而微感不足,盖'功自高'者,犹有居功之意,故妄改之。"(150页)

海为龙世界,云是鹤家乡

评:"此联宜赠布衣,如赠权贵,则近谀矣。"(151页)

潮平两岸阔,江上数峰青

评:"'平''上'二字属对甚巧,不独为方位词,且为两声调名也。"(152页)

居高声自远,江清月近人

评:"上句为比兴,下句乃景语,佳处在脱俗。"(154页)

色即是空空即是色,忧中有乐乐中有忧

评:"下句有祸福相倚伏意,亦阅世深者之言也。"(167页)

前辈典型秀才风味,华嵩品格河海文章

评:"以秀才字入联,终病俗。又此联本句为对,上句欠工。"(168页)

秋月春花当前佳句,法书名画宿世良朋

评:"下联'法''名'二字,皆先秦诸子十家九流之一,故与'春''秋'二字相对,殊工巧。"(169页)

尽交天下贤豪长者,常作江山烟月主人

评:"出语自然,不卑不亢,属八言佳作;且不用四四格,故流走可诵。"(170页)

绿绮凤凰梧桐庭院,青春鹦鹉杨柳楼台

评:"此联色泽极美,隽语可人。"(173 页)

身无半亩心忧古人,读破万卷神交古人

评:"出语不凡,于文字见胸襟。"(176 页)

气蕴风云身负日月,牢笼天地弹压山川

评:"本句为对,故上联为主谓格,而以'气'与'身'为主语;下联为动宾格,主语省略。'弹压'二字本古语,非俗言。此联甚宏伟有气象,却无矫饰矜夸之意,殊可诵。"(177 页)

守独悟同别微见显,辞高居下置易就难

评:"此联极工,每二字各为对,然后上下联复相对,甚具匠心,且立意尤高。在晚清楹联中足称拔萃。"(179 页)

雨入花心自成甘苦,水归器内各现方圆

评:"略病纤巧。……下联则略嫌造作耳。"(189 页)

放眼读书以养其气,开襟饮酒用全吾真

评:"下联稍弱,似不相称。"(190 页)

除了对具体的联语的评述外,小如先生在文中也常常提及他对楹联总体写作的一些看法。比如小如先生认为使用流水对的对联,即或联语中个别字句对仗欠工,亦不妨从宽(25页、161页)。有些唐宋名家名句,无须集句。如杜甫的一些律句(60页),如"万壑有声含晚籁,数峰无语立斜阳""桃李春风一杯酒,江湖夜雨十年灯"之类,与其"分拆觅对,反不如照录原诗警策"(37页、76页、83页),"联语下句应振起始为当行"(49页),"凡联语宜虚实相生"(104页)。对联佳作须用习见语,而立意不俗(105页),要"极寻常而最自然",通俗易解(155页),"集句联固应求工,但亦不可太冷僻"(145页),"题祠宇联最忌善颂善祷"(194页)。

小如先生有时甚至不惜联系自己的创作实践,自道其中甘苦,不啻现身说法,示人金针。如"莫嫌荦确坡头路,且傍江山好处吟",评:"此莎斋自集句。……或讥'好'字对仗不工,实则'好'指璧环与孔等距,亦名词也。"(18页)"山月不知心里事,梅花闲伴老来身",评:"此莎斋集唐宋词句。上联为温庭筠句,下联为姜夔句,集成未以示人。盖先有下联取以自喻,上联则勉强凑泊耳。"(19页)"欲上青天揽明月,偶寻流水到崔嵬",评:"此莎斋集太白、东坡句,而下联以避复擅改一字,易'上'为'到'。"(81页)"诸友误称吟笔长,老夫聊发少年狂",评:"近读余越园集宋诗得赵师秀句,即此上联,当时立脱口而诵东坡《江城子》首句,遂匹为下联,自以为甚工巧,不知识者以为如何?"(85页)"妙手不为平时用,狂言但许故人知",评:"此联上句为宋人诗,……下联乃杜撰。自谓尚有个性,虽不必悬于书斋,要见书生本色。"(86页)"无情未必真豪杰,能忍方为大丈夫",评:"此莎斋近作。上联用鲁迅先生句,下联则读书所感,语虽近俚,然不失其真。"(88页)"平生功名须晚节,人生华实萃中年",评:"此莎斋自集句。下联为拙诗,上联取陈后山句对之。先君尝写以赐存,下句'萃'作'粹',并告以'粹'实胜'萃'。"(91页)"博闻宜反约,倦鸟自知还",评:"上下句若不相属,然实近年心境如此。……窃以为,己之有悟,乃在一'宜'与一'自'字。"

犹记1997年,仆尝浼人乞小如先生书传为郑板桥所撰"室雅何须大,花香不在多"一联,为小如先生所拒,小如先生另撰"读书破万卷,登高赋新诗"一联相赠,然未明其所以。今书中收有郑联,小如先生评:"相传此郑板桥自撰书斋联,以流传太广遂病其俗,其实,初撰时本佳作,不得以其习见便鄙弃之。"(143页)始恍然大悟前此为小如先生所拒之原因。窃谓郑联浅白直露,少蕴藉,固难称高作;但若挂于"谈笑少鸿儒,往来多白丁"之蜗居,似亦难言不妥,对联毕竟是写给他人看的,若受众不理解、不明白,岂非近乎孤芳自赏,何以达到启迪、教化大众的作用?且当今文化衰颓,昔时家喻户晓近乎俗滥之联,现在知者亦不多矣,对联贵得所宜,不必尽取高古典重者,小如先生今评是也。

二、衡文

小如先生之所以能对楹联品评深微,独具只解,得益于其对中国文学通贯的研究,盖小如先生"沉潜秀异,甫逾冠年,于诗文有深赏"(见俞平伯《吴小如写赠本遥夜闺思引跋》)。早在20世纪50年代,小如先生即曾为北京广播电台撰写古诗文鉴赏稿件,赢得了听众的喜爱,是国内最早致力于古诗文的推广和普及的学者之一。本书收录的对联中,集李白、杜甫、欧阳修、苏轼等诗文名家诗句之联对颇多,小如先生因而常常附带对其人诗文加以品评,这些品评,凝聚了小如先生积年的研究体会,殊可珍视。如:"仆于荆公诗有深嗜,盖如郑板桥所谓领异标新往往出奇制胜也。"(27页)"此联上句(指梅尧臣'拟攀飞云抱明月')似太白,下句(指梅尧臣'独上危亭俯落晖')似少陵。"(48页)"石湖平生眼界开阔,故造语亦每从大处着笔,此下句便有万千气象(指'千里烟波万叠山'句)。"(57页)"上句孔平仲诗清新而已(指'风物澄明新雨后'),下句欧公诗虽常语,然楼台自是富贵气象,接以夕阳,便有不胜感慨在其中矣(指'楼台高下夕阳中')。"(58页)陈与义诗中的部分律句,"气象宏伟,笔力雄恣,初非有意属对而自具矩矱"(59页)。"子翚身值两宋之交,本理学家,然诗甚可观。"(61页)"出语气魄雄伟,荆公本色。"(65页)"乍见似甚新颖(指'诗人思无邪'句),而取意甚正,东坡诗警策处每如此。"(101页)

三、论书

小如先生父亲玉如公为当代书法大家,小如先生少聆庭训,早亲临池,于书法之道,功亦匪浅。书中于近当代书法家评骘之处,颇复不少。如:"于氏(右任)于晚近书家中,独具奇格,非其他以写碑名世所及也。自包世臣、康有为昌言碑学,作《艺舟双楫》《广艺舟双楫》,世乃轻南帖而重碑版,实近偏颇之论。先君作字,人咸谓得自'二王'。其实先君于金石碑版皆用力极勤,徒以帖法作字,鲜克大成也。"(8页)"启元白先生尝言:'四王之画,梦楼之字,雅而近俗,实清代文化之典型。'"(22页)"先君尝言,自完白以后,篆书始易画为实,前此皆不免以笔描形耳,有清作篆隶者颇不乏人。先君及门诸贤唯李鹤年先生得邓氏法乳,且能以二王法入隶书。"(42页)"(赵之谦)其楷书得篆隶之功,益以北碑,尤见性情。"(44页)

四、存掌故

小如先生博极群书,自少及老,所从交游,皆一时俊杰,故书中可资掌故之处极多。如:"忆四十五年前,仆谒夏瞿禅、王季思二先生于北京饭店,以拙词呈教,两公皆深许之,且勖励有加。尤盛推'傥将情采'句(指'傥将情采壮山河')。"(26页)"(周一良先生)晚年抑郁多病,而与仆过从密迩。以病不能出门,双手皆难执笔,故屡诵此二句(指吴伟业'不好诣人贪客过,惯迟作答爱书来')。"(28页)"同门王维贤兄为子恺先生东床。"(31页)"李越缦与赵(之谦)同乡里,竟毁之不遗余力,殊不能服人。而鲁迅则于赵无微词。"(44页)"仆尝辑《人境庐辑外诗》。已付印,而早绝版。而其中尚附有仆所作《人境庐诗校勘记》,此书倘不重印,则《校勘记》亦将流失。又尝详校《日本杂事诗》,甚用心力,而当时中日邦交未复,无人为付梓,十年浩劫中,只字无存。"(45页)"昔朱孟实先生尝语仆:'年事渐高,喜读梅(尧臣)诗,以其古淡冲和也。'"(48页)"仆1932年初到京华,出门随时可见(指'传家有道惟存厚,处世无奇但率真'一联),后亦见有悬于书斋者。"(93页)"与守常先生同罹难者,有高仁山先生,名宝寿,南开校友,与先君同学,高有残帖一册,'文革'后幸发还,今尚存于寒斋。"(115页)"夏(丏尊)有女孙名弘福,在北大曾听仆授课,1964年又同到湖北四清。"(130页)"(钱君匋)人甚狷介冲和,惟其夫人颇吝于财。"(132页)"五十年前,尝与包于轨先生游,先生为方地山弟子,工于楹联,故与仆为忘年交。……'文革'浩劫中,先生与聂绀弩同系狱,或云瘐死,或云自杀。"(140页)"(廖静文)曾在北大中文系肄业,徐逝世后,廖衣着极朴素,一身黑衣,仆在教室屡见之。"(147页)"仆闻诸先生曾孙严诚者,诚为先师严孟群

先生哲嗣,而孟群师则几道先生之侄孙也。孟群师1985年病逝,遗著今年始有望付梓。"(180页)

仆观小如先生书中联语后落款多题"戊子",可知本书联语,当书于2008年前后,时小如先生已86岁矣,故书中间有一时失察及未明示出处者。如"莫嫌荦确山石路,且傍江山好处吟"联,小如先生谓"下联已忘出处"(18页)。琥按:下句见黄庭坚《宋懋宗寄夔州五十诗三首》其一。"草草杯盘供笑语,昏昏灯火话平生"联,小如先生谓:"此丰子恺先生自撰联。"(31页)琥按:联语为王安石《示长安君》颔联。"一川木叶明秋序,漫天风雨下西楼"联,小如先生谓"下句为仆所熟诵,一时未及检其出处"(75页)。琥按:见许浑《谢亭送客》。"天有风云终可期,交无早晚在相知"联,小如先生谓"下句用宋人诗"(79页)。琥按:下句见黄庭坚《答李康文》。"妙手不为平时用,狂言但许故人知"联,小如先生谓"此联上句为宋人诗,一时忘其出处"(86页)。琥按:句见陈师道《何郎中出示黄公草书四首》其四。

书中亦间有牢骚语。如"今日世风丕变,人多城府,处世每用机心,求朗抱如月者,大不易,而文风尤江河日下,安得有高文以激颓波也"(113页)。"清代方面大员者,多饱学之士,(毕)沅其一也。他如阮元,官至督抚而著作等身。晚清曾国藩、张之洞,皆于学术有大建树。近五六十年来,竟以不学为荣。新世纪伊始,又重虚衔而不问实学,皆非治国强本之道。夫复何言!"(137页)"今人倘在位,未必有大志,而一心求富贵权势。"(139页)然识者当知:此正如老本色也!

作者单位:四川绵阳师范学院

针孔藏须弥　喷薄淳气洽
——吴小如书法摭议
张青阳

吴小如先生(1922—2014)是当代著名学者、教育家、书法家、诗人,他的父亲是 20 世纪帖学代表书家之一、曾与沈尹默并称"南沈北吴"的吴玉如先生。吴小如幼时受到良好的传统文化教育,及长,先后问业于沈从文、废名、俞平伯诸先生。1945 至 1947 年间,吴小如先后考入燕京大学、清华大学、北京大学,受教于陈寅恪、钱锺书、顾随、朱自清等。

吴小如在古典文学研究领域卓有建树,被视为乾嘉之学的鲁殿灵光,任教北京大学数十载,当代古典文学界知名学者、中坚力量多有出于其门下者。吴小如自言戏曲与书法为"平生两大爱好",在戏曲评论界,他与刘曾复、朱家溍并称为"三驾马车",著述宏富,曾得启功"凿破鸿蒙"之誉。而另一大"爱好"——吴小如的书法艺术,却不为世人所知。探究、梳理吴小如书法渊源、风格和书学思想,对于研究近代至当代书学转化,以及当代学人的文化观具有重要的作用和意义。

吴小如书法以行草书、楷书为主,承袭家学,精研覃思。

吴小如十五岁始临习《书谱》，后着力于"二王"、米芾、赵孟頫、文徵明等。其行草书积数十年辛苦经营，融汇诸多帖学经典元素，形成典雅韶秀的风格。如《录陶公饮酒诗之十五》，通篇结字以纵势为主，结体随笔势向下流转而生成，圆通合度，自然宛畅，包含了诸多对比与变化。如起首"贫居乏"三字或牵丝映带，或避就组合，形成了紧密的字组；其下"人工"二字字距拉开，"工"字为孙过庭经典字形，三笔各自分开，形成了与前三字的疏密对比。"抱深"二字，"抱"的提手与"包"部靠紧，左右向外部展开；"深"字则借左部三点水的弧度，与右部简洁的构形造成外紧内松、中部留白，上下二字形成开合对比。多处小空间的精妙处理给人留下深刻的印象，如"木"字横与撇、捺各据上下两端，拉开中部空间，在观感上增强了与上下字的呼应；"余"字下部左移，形成右部留白；"宅"字短撇、短横靠紧，造成中部收缩，放大上下空间。其他如"有""翔""鸟""寂""月"等字的空间安排，无不凑泊通透。

吴小如书《录陶公饮酒之十五》

吴小如的行书、行草书往往于经典面貌及清雅气息之下蕴藏着空间与节奏的变化，施擒纵于从容之间，纳夷险于冲和之境。"二王"一系帖学以不激不厉、风规自远为尚，吴小如行草庶乎近焉。

相对于行书，吴小如楷书取得的艺术成就则更高。

树立个人风格。吴小如学书自《崔敬邕墓志》《九成宫》开蒙，后倾力于邓石如楷书,并广泛临习魏碑、唐楷。吴小如在《跋邓石如楷书复制件》中写道:"世人赏邓完白书,皆誉其篆、隶二体远迈古人,而仆独喜其楷书。"邓石如是清代碑学的广大教化主,开创了以隶笔入篆、富有表现力的清篆,其隶书亦有"清隶第一"之誉。邓氏楷书坚卓方整、朴健清奇,是碑派楷书开宗之权舆,只是为其隶篆的辉煌所掩。吴小如自述"仆尝朝夕临摹邓楷书者数年,迄今犹得其横平竖直、点画匀整之功,甚可念也"。其楷书铺毫行笔,墨色饱满充实,点画边廓清晰,而且起止处没有颜、柳一类楷书明显的提按动作,用碑学"万毫齐力""始艮终乾"之法,点画、结字、气息皆胎息邓石如。

吴小如并不拘囿于邓楷,而是"就邓书上溯南北碑",同时对晋唐楷书也广泛汲取,其中对褚遂良楷书取法尤多,曾言"吾素喜登善楷书,习之有年"。吴小如在邓石如楷书与魏碑的基础上,融入褚遂良楷书空灵韶秀的特点。如其《张先〈青门引〉》,点画净匀坚卓,有邓书遗韵,结体修长,"酒""角"等字各点画之间多不连接,以空间位置和笔势呼应而建立关联,显然是受到褚体楷书的影响。吴小如楷书以邓氏楷书为基底与津梁,熔魏碑与唐楷为一炉,形成了雅洁俊逸的个人风格。

具有多种面貌。上述以邓石如为基、融合褚体的风格,是吴小如楷书的代表形态。同时,吴小如楷书

吴小如书《张先青门引》

具有丰富的艺术面貌,如直取北碑、用笔斩截的《杜甫〈咏怀古迹之三〉》《杜甫〈秋兴之五〉》,还有方整端丽的《苏轼〈定风波〉》《苏轼〈江城子〉》,另有《长歌行》等作品,结体松活、点画清灵,继钟、王小楷遗韵。一位书家同一书体的作品具有多种面貌,此种情况书法史上并不鲜见,如"二王"父子的行草书几乎一帖一貌。另如以小楷精能著称者,其不同作品风貌亦有差异,赵孟𫖯的《汉汲黯传》与《道德经》、文徵明的《离骚经》与《琴赋》即是。吴小如评析父亲吴玉如的书法达到了"既不千篇一律又不各自为政的融会贯通的高远境界",这是吴小如对父亲书法的深刻体悟,

吴小如书《苏轼定风波》

也自然成为其自身艺术探索的目的。吴小如楷书的诸多面貌统一于同一审美基调与创作风格之中,皆具雅洁俊逸之美,故丰富的面貌是吴小如在楷书艺术上卓然成家的注脚。

吴小如书《杜甫咏怀古迹之三》

吴小如书法的渊源与特点

一、融碑入帖

清代中后期,金石研究风气盛行,碑学书法兴起,并在理论和实践上多有创获,一度占据书坛主位。百年之后,书家们重新审视帖学与碑学的关系,碑帖融合渐成风尚。吴小如生于20世纪20年代,是碑学高潮回落、帖学隐然重兴的时代。吴小如最具代表性的楷书以邓石如书法和魏碑为基,其临习功课既包含"二王"、孙过庭、赵孟頫等书家的帖学经典之作,也包括邓石如、赵之谦之作,以及大量汉隶、魏碑,等等。吴小如在《临〈元嵩志〉跋》中写道:"摹北碑十余种,然后知唐碑所从出。"并认为"自帖学大盛而不知熔为一而化之",导致"书道陵夷"。吴小如视北碑与唐楷为承继关系,具有融碑入帖的书学思想。吴小如在书法修习中保持相对独立,但并不疏离于时代发展,他的书法立足于清代后期至民国时期书法发展的特定状态与阶段性成果,其书法风格是民国书风向当代书风转化过程中具有代表性的风格之一。

二、承袭家学

家学对吴小如书法的影响主要体现在三个方面:

1.在书学思想上。吴玉如在教授之初即强调"学写字应该先学做人""写字必先读书",切忌成为"俗不可耐的写字匠"。在吴小如思想中建立了书法与品格、与传统文化间的直接关联。待吴小如成年后,吴玉如为他详解"熔南帖北碑于一炉""相通相承而不相反相悖"的书学思想,这些成为吴小如书法艺术发展与书学观构建的渊薮。

2.在功课安排上。吴小如回忆说:"先父只教临孙过庭的《书谱》，不令写怀素《自序》；只教写'二王'墨迹和《兰亭》《圣教》，不许写阁帖；只教写李北海，不许写赵松雪；只教写文徵明，不许写祝枝山。"直至吴小如弱冠后，父亲才允许他打破各种临习禁忌。吴小如以《崔敬邕墓志》开蒙，后来自行临习邓石如楷书，父亲并没有反对。而《崔敬邕墓志》本是邓石如楷书的主要取法对象之一，这种系统化、规范化的教学安排是传统家庭文化教育特色与吴玉如艺术践履的结合，于提高效率、避免弯路作用显著。当然，对学习者审美风格的塑造，也具有明确的指向性。

3.在技巧和风格上。吴小如曾长期随侍吴玉如左右，既得父亲指陈枢要，又耳濡目染，其书法在审美取向、书写技巧和风格特征上皆承吴玉如衣钵。吴小如楷书形成了自己的风格，但以构成范式和审美取向分析，仍可列入吴玉如开创的总体风格之内，吴小如实现了对吴玉如书法的延承、发展。

三、学人书法

吴小如书法被认为是当代学人书法的代表，其书法的性质归属，显然不能仅从创作主体的身份进行判断，而应基于其书法存在的状态进行多视角考察。

一、书为"余事"的态度。吴小如以书法为爱好，从不自称"书法家"，这与当今艺术职业化的普遍趋势相左，更接近传统书道的养成方式和古代书家的生存状态。所谓"余事"，指不以书法为立身之途，非指吝惜投入时间和精力。相反，吴小如临习碑帖竟至400余种，内有多种临习数十过，其勤奋为专职书法者难以企及。吴小如不参加书法专业组织及其相关活动，其创作多由兴会。

二、作品内容。吴小如工诗，每有吟咏，便援笔挥洒。吴小如书写古代诗文联语时，常在题跋中加以评鉴，这些评鉴往往是古典文学研究的真知灼见。创作者书写自己的文辞，其体悟、感受及对自身情感、状态的激发,与书写他人之文迥然有别。书法史上名垂千古之作,往往内容与书迹同出一人之手。吴小如书作辞翰双绝,为当今书坛所罕见。

三、书法上的交游酬应。吴小如书法享誉学林,对其个人学业、命运亦产生较大影响。吴小如记述拜师俞平伯的情况:"手写夫子五言长古《遥夜归思引》献以为贽,蒙公奖掖,许侍门墙,忝列弟子之列。"四十余年后,吴小如遵照俞平伯遗嘱,为俞平伯夫妇墓书写碑文,师生缘分始终皆系于翰墨。书法是吴小如与张伯驹、周汝昌、启功等诸多文化名人交游的媒介之一。2001年清华大学成立九十周年,七十九岁的吴小如代表北京大学赠贺联:"水木清晖,荷馨永播;九旬华诞,棣萼同欢。"

吴小如书学观及意义

吴小如没有留下书学专著,他的书学思想散见于题跋和相关文章中。

吴小如认为书法修习首重读书,当今书法"最常见的一大缺陷是写出字来没有'书卷气'","作为书法家,只管写字不读书是社会通病"。他的诗作中有"习艺等习字,首重书卷气""益以诗书力乃振"等语。针对自己的书法,自谦自警:"人老字未工,患在不读书""仆书所以不及古人,不独功力不到,禀赋不慧,其要害犹在学养不至,读书不多。故古人作字首重书卷气"。

吴小如对书法学习与创作多有论述,其强调,"作字必循法""变化悉有据""先正而后奇"。在《学戏与写字》一文中,吴小如说:"现代社会有一种普遍风尚,即无论唱戏与写字,都力主创新,而不大重视下苦功学习和抢救继承。我则认为,我国的艺术遗产之丰厚广博,称得上民族瑰宝的简直多得无与伦比,要想创新,首先还须以抢救、继承为主。每学一出你不会的戏,每临一种你不熟悉的字体,实际上等于你在学习一件新事物,从而使你的艺术水平自然得到提高。及至水到渠成,学养功深,新的意境自会从胸襟肺腑中流出,习字则得手而应心,唱戏则从心所欲而不逾矩。所谓'新',不是从无到有生硬地'创'出来的,而是温故而知新地顺乎自然形成的,……所积愈厚,所采愈博,则所造诣便能自出机杼,独辟蹊径。"

吴小如通过《读书与写字》《书法与绘画》《学戏与写字》等文章,阐述了书法修习中厚积薄发、互通互鉴的必要性以及文学、文字与书法的紧密联系。

对一个人书法及书学观的诠解与评价显然不能离开时代背景。近代中国在军事、政治上陷入颓势,本土文化也受到外来文化的强势冲击,中华学人面临两个历史任务:一方面推进变革,学习、汲取外来文化的先进部分;另一方面传习国学,固本培基,在必须应对的压力与变化中保持文化底色。笔者以为,吴玉如、吴小如父子两代学人在这样的文化背景下,对于书卷气的强调、对于帖学洇雅审美的执着追求,并非盲目复古,实为寓道于书,即对于吴氏父子来讲,书法不仅是其学问、人格与性情之外化,更为重要的是通过书法艺术中的某种持守,来保存及光大本土文化的核心精神,强化文化辨识度,以期历劫不磨。

以展现文化性格、文化形象为艺术旨归,必然以对文化根本性质与健康生态的辨识、维护与延续为要务。王国维评价沈曾植:"使后之学术变而不失其正鹄者,其必由先生之道矣。"(《沈乙庵先生七十寿序》)推及书法,吴氏父子之所守者,则乃中华文艺之"正鹄"。具体言之,一则,保存、擦亮文化底色,以传统典籍与经典碑帖来培育、匡正艺术成长,必欲使流布之经络出自心源正脉,保证根本元素与构造思维的文化特性不变;二则,修葺、恢复乃至卫戍建立于文化基底之上、曾经生成无数优秀文艺成果的特有的文化机制。因累积丰盈深厚,中国文艺强调对传统的沉潜、广纳,中国文艺具有整体性与共生性,不同门类并无绝对畛界限域,故传统文化机体存续生息维系于陶冶蒙养、积学会通。

当代的文化断层与过度专业化倾向,对原有的文化发展机制造成了破坏,吴小如正是准确体察到这种破坏及其带来的危机,故而不仅强调保持文化底色,更致力于维护文化机制,以恢复完整文化生态。吴小如在《漫谈我的所谓"做学问"和写文章》中谈到俞平伯与游国恩的治学:"始终是从原始材料出发,经过独立思考,在具体问题上时出新见和胜解。俞老所走的正是他曾祖曲园先生所开创的一条治学途径。游老治学的方法和途径,照我个人的体会是:首先尽量述而不作,其次以述为作,最后水到渠成,创为新解,而这些新解却是在祖述前人的深厚基础上开花结果的。"

吴小如自陈,俞、游两位先生在学术上对其影响至深,故以上学术研究思维亦是吴小如学以致用的夫子自道。对照、考量吴小如的学术观与书学观,不难发现,二者"同条共贯",基于同一种文化观。吴小如以其学术、艺术论述及实践,疏浚传统文艺生成轨辙,贯彻、阐释传统文化修习真谛与法门。换言之,吴小如的书学、书艺是其文化观的一种笃行与投射。

笔者以为,以学人书法论,吴小如的书法艺术具有代表性与典范价值,而吴小如先生的书学观及其践行,更宜从文化史视角加以观照、叙述,这也是吴小如书法尤需进一步挖掘、研究的重要性及价值所在。

作者单位:《中华书画家》杂志社

吴小如的戏曲艺术实践与戏曲艺术研究

赵佳丽 李宁

吴小如先生在戏曲研究领域，特别是京剧研究方面，有着显著的成就和深远的影响。吴小如先生是一位学者，也是一名热爱京剧的票友，对京剧艺术有着深厚的感情和独到的理解。吴小如先生的研究工作不仅限于文字，他还积极参与戏曲评论与文化传播活动，如在《绝版赏析》栏目中对京剧的评析，以及对经典剧目如《锁麟囊》的改编本进行的点评，显示了他作为学者的严谨态度与对传统艺术的深切关怀。吴小如先生的戏曲研究生涯，得益于其亲身经历的非凡的戏曲时代。身处京剧史上的"黄金时代"，吴小如先生亲眼见证了杨小楼的武生霸业、梅兰芳的旦行巅峰、余叔岩老生艺术的炉火纯青，更有幸亲临现场，观赏了众多梨园名角的精彩演绎。这些珍贵的观剧体验，为他日后的学术研究奠定了坚实的基础。吴小如先生曾受教于多位京剧大师，汲取了不同流派的艺术精髓，实现了从观赏者到学戏者的身份跨越，这种由内而外的深度理解，使他对京剧老生行当的把握尤为精准，无论是历史脉络的梳理、流派特征的辨析，还是艺术家风格的评述，皆能信手拈来，尽显大家风范。

一、戏曲艺术实践者

吴小如先生，本名吴同宝，1922 年 9 月 8 日出生于一个文化底蕴深厚的世家。他自幼在浓郁的文化氛围中成长，三岁起，因母亲忙于家务，他便与一台留声机和一堆百代唱片为伴。这些唱片中记录的京剧唱段，成为他最初的艺术启蒙，不经意间点燃了他对京剧的浓厚兴趣。自五岁起，吴小如先生便随同家人频繁出入剧场，目睹了众多京剧名角的精彩演出，甚至在南京外祖父家中，初次聆听了著名武生盖叫天的演唱，这些经历逐渐在他心中播下了对京剧艺术的热爱的种子。随后，随着家庭搬迁至天津、北京，吴小如先生更频繁地亲临京剧表演现场，近距离感受了京剧艺术的魅力，这一时期的生活环境与经历，为他日后的戏曲研究生涯埋下了伏笔。

吴小如先生对京剧艺术的热爱与投入，是他学术研究的基石与灵感的源泉。他不仅是一位学养深厚的学者，更是一位资深的戏迷与戏曲实践者。吴小如先生保持着每周观看京剧的习惯，一生中观戏超过一千五百场，这在戏曲研究领域堪称罕见。他对京剧的痴迷不仅限于观赏，还亲自投身实践，学唱了四五十出戏。这不仅加深了他对京剧艺术的理解，也使得他的研究更具实践基础。在求学过程中，吴小如先生有幸得遇韩慎先、王庚生、安寿颐、贯大元、张伯驹等伶票两界的泰斗，他们的亲自指点无疑为吴小如先生的学术研究提供了宝贵的第一手资料，带给他深层次的艺术感悟。吴小如先生的艺术生涯与中国京剧的黄金时代紧密相连，这一时期京剧艺术达到了前所未有的繁荣，名家辈出，群星璀璨。吴小如先生亲眼见证了梅兰芳、余叔岩、杨小楼三位大师的艺术巅峰。这三位被后世尊为"京剧三大贤"，他们的表演艺术各具特色，分别代表了旦角、老生、武生的最高成就,对京剧艺术的发展产生了深远影响。梅兰芳的"梅派"艺术的温婉细腻、余叔岩的"余派"唱腔的醇厚苍劲、杨小楼的"杨派"武功的矫健豪迈,共同构建了京剧的辉煌时代。"四大名旦"中的尚小云、程砚秋、荀慧生,以及"四大须生"中的马连良、谭富英、奚啸伯、杨宝森等,他们与梅、余、杨三人共同构成了京剧的灿烂星空,每一位都是各自行当中的佼佼者,技艺高超,风格鲜明。此外,众多优秀的龙套演员、乐队伴奏人员,乃至编剧、导演等幕后工作者,共同支撑起了京剧这棵艺术大树,使得整个京剧艺术生态呈现出前所未有的生机与活力。这一时期,京剧在剧本创作、表演技艺、音乐伴奏、舞台美术等方面均有显著提升,标志着京剧艺术进入了全面发展的鼎盛时期,对后世的京剧传承与创新产生了深远影响。吴小如先生身处这样一个京剧艺术的全盛时代,其个人的学术研究与艺术实践也因此受益匪浅,为后人留下了宝贵的艺术财富与研究资料。

  吴小如先生在学术领域享有盛誉,在普及戏曲文化、提高公众艺术修养方面亦做出了卓越贡献。吴小如先生对戏曲艺术的贡献,还体现在他对戏曲文化的传播与教育上。在北京大学任教期间,他开设的戏曲课程深受学生欢迎。他通过课堂教学与剧场实践相结合的方式,激发了无数青年学子对传统戏曲的兴趣与热爱。吴小如先生在教学中,也将其广博的戏曲知识与深厚的文学修养相结合,不仅在文学课堂上引用程砚秋的唱腔诠释古典诗词,还在实践中帮助学生深入理解戏曲艺术,如协助钮骠考证《活捉三郎》的典故,以及审核《佳期》剧本的修改,这些都反映出他将戏曲评论与古典文学研究融会贯通的学术风格。特别是在参与中央电视台知名节目《绝版赏析》的过程中,吴小如先生凭借深厚的学术底蕴与平易近人的讲解风格,将戏曲这一传统艺术形式以更加贴近大众的方式呈现给广大电视观众。中央电视台的《绝版赏析》节目自设立以来,便以高规格的文化定位和高远的艺术追求,成为弘扬中华优秀传统文化的前沿阵地。该节目以"挖掘经典,传承文明"为核心宗旨,精心挑选并展播了一系列在中国乃至世界范围内具有深远影响力的文艺作品,从京剧、昆曲、越剧等传统戏曲,到古典音乐、民族舞蹈等多样艺术形式,以其独特视角和丰富内容,为观众呈现了一场场视觉与听觉的双重盛宴。节目中不仅播放经典作品的完整演出,还通过访谈、解说等形式,邀请了诸多知名艺术家、学者参与,如京剧大师梅葆玖、著名戏曲理论家郭汉城等,他们从专业角度对作品的艺术特色、历史背景及文化价值进行深入剖析,为观众搭建了一座通往传统文化深处的桥梁。在《绝版赏析》节目中,吴小如先生对经典剧目进行细致入微的解析,如对《霸王别姬》《空城计》等脍炙人口的京剧选段进行深度赏析,挖掘其中的历史背景、文化意蕴及艺术特色,还时常穿插介绍戏曲行当、表演程式等基础知识,使得即便是戏曲艺术的门外汉也能感受到其魅力所在。通过这些公共讲座与广泛传播的媒体节目,吴小如先生成功地搭建起一座连接学术殿堂与普通民众的桥梁,有效提升了社会公众对戏曲艺术的认知度与尊重。他强调戏曲作为中华民族瑰宝的文化价值,提倡在现代社会背景下继承与创新并重,呼吁社会各界关注和支持传统戏曲的保护与传承。吴小如先生的这些努力,促进了戏曲文化的普及与活化,也对推动非物质文化遗产的保护工作产生了深远的影响,展现了学者在学术研究之外,积极参与公共文化建设的社会责任感与担当精神。

此外,吴小如先生与奚啸伯、叶盛兰、王金璐、裘盛戎等京剧大师的深厚交情,不仅为他的研究工作打开了更多视角,也让他从艺术交流中汲取了丰富的营养。这些积累与实践,最终凝结成为近百万字的戏曲研究成果,包括《台下人语》《吴小如戏曲文录》《吴小如戏曲随笔集补编》等一系列著作。这些作品不仅展现了吴小如先生深厚的学术功底，更以其独特的艺术见解和丰富的第一手资料，成为京剧研究领域的重要文献。在戏曲评论领域，吴小如先生的名字与朱家溍、刘曾复等名家并列，显示了他在这一领域的卓越地位与广泛影响。他的评论兼顾艺术性与学术性，既深入浅出地分析京剧艺术的美学特征，又不避讳存在的问题，展现出一位学者的严谨态度和对京剧艺术的深厚情感。这些成就，无疑是对吴小如先生毕生致力于京剧艺术研究与推广的最好注解。

二、戏曲唱片收藏家

吴小如先生毕生精心收藏的975张京剧老唱片最终入藏上海市文化艺术档案馆，这一事件无疑是对我国戏曲文化遗产保护与传承的重大贡献。这批珍贵的音响资料，见证了吴小如先生对中国京剧艺术的深厚情感与执着追求，也成了连接过去与未来的重要桥梁，对京剧艺术的历史研究、表演艺术的传承复现，以及音乐学、戏剧学等多个学科领域而言，都是无价之宝。这批唱片跨越了半个世纪，每一枚都承载着丰富的历史文化信息。它们不仅是声音的记录，更是京剧发展历程的实物见证，涵盖了从清末民初到新中国成立后的多个时期，包括了许多已故京剧大师的录音，如梅兰芳、程砚秋、马连良等人的珍贵演唱，这些录音对研究京剧流派的发展演变、演唱风格的变迁，以及演出剧目的历史沿革具有无可比拟的重要性。吴小如先生凭借其深厚的学术素养和敏锐的艺术鉴赏力，对这批藏品进行了系统的整理与甄别，使之成为一份系统、全面的京剧音响档案，其学术意义与文化价值不言而喻。

作为一位学贯中西的知名学者及深谙京剧精髓的行家里手，吴小如先生凭借其卓越的学术视野与敏锐的艺术鉴赏能力,精心挑选并保存了这批唱片。不同于普通私人收藏,这批唱片不仅是声音的记录,也是吴小如先生学术研究的实物支撑,每一张唱片都可能蕴含着对京剧艺术发展脉络的独特见解和深度剖析,其学术价值远超一般意义上的收藏品。更为重要的是,这批藏品的规模与系统性令人瞩目。975张唱片几乎是一部微型的京剧音乐发展编年史,它覆盖了自20世纪初至吴小如先生收藏时期,由上海百代、胜利、高亭、歌林等多个著名唱片公司发行的京剧唱片。这些唱片囊括了150位京剧表演艺术大师的精彩演绎,涉及410出经典剧目,而且横跨了京剧从形成至成熟的不同发展阶段,其中包括了谭鑫培开创的谭派、梅兰芳的梅派、余叔岩的余派、周信芳的麒派以及杨小楼的武生艺术等南北各大流派的代表作。这些唱片如同一面面历史的镜子,生动映射出京剧在不同历史时期的艺术风格变迁与舞台表现特点,为研究京剧艺术的流变提供了极为丰富且直观的听觉资料,是不可多得的活态京剧史教材。

吴小如先生所珍藏的975张京剧唱片,构成了一个跨越世纪的文化遗产宝库,这批藏品以其庞大的数量引人注目,更因其中包含的诸多稀世珍品而显得弥足珍贵。尤为值得关注的是那些清末民初的唱片,它们见证了京剧录音技术的初创与早期发展,成为连接近代与现代京剧艺术的宝贵桥梁。其中,一张片号为105135-105932的唱片,发行于1907年,由高亭公司制作,是那个时代罕见的录音实例。这张唱片收录了著名须生王凤卿在《捉放曹》中的精湛表演,其艺术价值不言而喻。王凤卿作为京剧大师王瑶卿之弟,在舞台上成就显著,还曾引领梅兰芳走向更广阔的天地,而他本人的录音作品极为稀缺,这张唱片的存世无疑填补了京剧史上的一个重要空白。吴小如先生在《吴小如戏曲随笔续集》中详细记载了这张唱片不易的得来过程,这些记载反映了这批藏品背后深厚的文化积淀与个人情感。另一张编号909的百代公司12英寸唱片,发行于清末民初,是当时社会风尚的象征,更是唱片技术进步的重要标志,其尺寸与制作工艺的革新,预示着音乐传播方式进入了一个崭新时代。蓓开公司于1909年发行的片号20955-56唱片,收录许处唱的《选元戎》与《上天台》,同样因其存世量稀少而显得异常珍贵,是研究早期京剧表演艺术与录音技术不可或缺的实物资料。

在吴小如先生的珍贵藏品中,23张半谭鑫培的唱片尤为引人注目,它们见证了京剧艺术史上一位巨匠的风采,也是研究京剧发展不可或缺的珍贵资料。谭鑫培作为京剧艺术的标志性人物,在中国京剧史上占据着举足轻重的地位。他继承并发扬了程长庚、余三胜、张二奎等前辈的艺术精华,将京剧的表演与演唱推向了一个崭新的高度,开创了以个人风格为标志的谭派艺术,对后世影响深远,众多老生流派皆受其启发,谭鑫培因此被誉为"伶界大王",有"无腔不学谭"的美誉。唱片中,最为人称道的便是谭鑫培在百代公司录制的唱片。根据史料记载,谭鑫培生前在该公司共录制了7张半唱片,实际包含15面,覆盖了9个不同的剧目。这一系列录音的制作过程充满了趣味。1907年,谭鑫培首次尝试录音,当时他并不了解灌制唱片可以获得报酬,纯以好奇心态参与,录制了《洪羊洞》和《卖马》等片段,仅获得了价值50两银子的鸦片作为酬劳,对此谭鑫培甚至感到受宠若惊。而到了1912年,谭鑫培再次录制了包括《战太平》《托兆碰碑》《捉放曹》等在内的更多经典剧目,这一次的录音由何斌奎司鼓、谭嘉瑞操琴,进一步丰富了谭鑫培的录音遗产。这些作品后来被誉为"大师遗韵,菊坛经典",对后世京剧表演艺术的研究与传承产生了深远影响。吴小如先生收藏的这23张半唱片,数量可观,为研究谭派艺术乃至整个京剧发展史提供了极其珍贵的音频资料。

吴小如先生本人亦是京剧表演艺术的实践者,他的收藏基于学者的客观研究,更融入了艺术家的情感与理解。这批唱片的入藏,是对吴小如先生一生心血与热情的致敬,也为未来的学者、艺术家及广大京剧爱好者提供了珍贵的学习资料与灵感来源,对促进京剧艺术的国际交流、提升中华传统文化的全球影响力具有深远影响。此举无疑是对吴小如先生致力于京剧艺术传承与发展事业的最好纪念,同时也为中国乃至世界的文化遗产保护工作树立了典范。

三、戏曲艺术学术研究

吴小如先生与戏曲艺术的不解之缘,深深植根于其成长的家庭环境与早年经历之中。自幼浸润在浓厚的戏曲氛围里,家庭成员对京剧的热爱与痴迷,为他日后在戏曲领域的深耕细作奠定了坚实的基础。吴小如祖父吴彝年、外祖父傅文锦等长辈自身是京剧的热情追随者,更在日常生活中潜移默化地引导着吴小如先生及其弟弟吴同宾,使他们从小就与京剧结下了不解之缘。频繁的剧院观剧,让他们直观地感受了京剧的魅力,更激发了其内心深处对这门传统艺术的热爱与向往。吴小如先生对京剧的热爱逐渐转化为学术研究的热情。家中收藏的丰富的京剧老唱片,成了他童年时期最宝贵的财富。这些唱片让他有机会接触到谭鑫培、刘鸿昇、龚云甫、路三宝、朱素云等诸多京剧大师的艺术精华,更为他日后的戏曲研究提供了宝贵的一手资料。随着时间的推移,吴小如先生对唱片的收藏与研究逐渐超越了简单的爱好范畴,他运用比较研究的方法,系统性地探索了京剧唱片的版本差异,进行目录整理与文本校勘,从而开辟了京剧唱片研究的新领域。《京剧唱片知见录》等文章的发表,标志着吴小如先生将京剧唱片的收藏与研究提升到了一个全新的学术层面,他详细记录了唱片的版本信息,更通过对这些历史资料的深入分析,揭示了京剧艺术流变的历史脉络,为后世的戏曲研究者提供了重要的参考依据,极大地推动了戏曲艺术研究的深入发展。

《京剧老生流派综说》作为吴小如先生的学术力作,展示了作者极高的艺术造诣与深厚的学术功底,也为京剧研究领域贡献了一份不可多得的学术财富。全书以近代京剧艺术的变革与发展为背景,从"伶界大王"谭鑫培创立的谭派入手,逐步展开对余叔岩的余派、言菊朋的言派、高庆奎的高派、马连良的马派、周信芳(麒麟童)的麒派等老生流派的深入剖析,以及对其他众多老生艺术家表演风格的综合论述。吴小如先生以其独特的学术视角,细致描绘了各流派的艺术特色与传承脉络,更在书中融入了对京剧演出史的深入思考,提出了诸多新颖且富有洞见的观点,极大地丰富了京剧艺术的研究维度。本书的十篇综说,每一篇都是对京剧老生艺术流派的精辟总结,涉及流派创始人的人生经历、艺术创新,还深入探讨了他们在唱念做打各方面对京剧表演艺术的贡献,以及流派间的相互影响与交融。通过对这些流派形成背景的考察,吴小如先生为我们揭示了京剧老生艺术随时代变迁而发展的内在逻辑,为京剧史研究提供了宝贵的实证材料与理论支持。书后附加的《看昆曲演出断想》等五篇文章,则进一步展示了吴小如先生宽广的学术视野与跨领域的艺术修养。这些文章从昆曲的表演艺术出发,对戏曲艺术的共通性与差异性进行了深入的比较研究,为读者理解中国戏曲艺术的整体风貌提供了新的视角。

吴小如先生的《京剧老生流派综说》无疑是其戏曲研究生涯中的扛鼎之作,这部著作以其独特视角与深刻洞察,在京剧研究领域树立了里程碑。启功先生给予此书高度评价,将其赞誉为"千秋之作",并进一步提出了"内行不能为,学者不屑为,亦不能为"的观点,深刻揭示了该书在学术与艺术双重维度上的独特地位。启功先生的"三不能为"之说,精准概括了《京剧老生流派综说》的学术价值与难度,也指出了传统戏曲研究领域面临的挑战。"内行不能为"指的是在戏曲界内部,虽然演员及名家们精通表演技艺,但他们往往受限于文字表达能力,难以将表演经验与艺术感悟转化为严谨而深入的学术论述。"学者不屑为"则揭示了学术界的一种偏见,即部分学者可能认为对京剧流派的微观研究不够宏大,不符合所谓"大学问"标准,因此不愿涉足。"亦不能为"强调了即使具备学术研究能力,若无扎实的京剧基础和艺术审美能力,也无法准确把握京剧老生艺术的精髓,完成此类研究。这三点,共同构成了《京剧老生流派综说》成为"绝学"的外部条件。

在吴小如先生的笔下,京剧老生的世界被赋予了鲜活的生命力。他的文章,既是对京剧艺术的深情礼赞,也是对老生艺术精微之处的深刻剖析。通过细致入微的描述与鞭辟入里的评论,吴小如先生将复杂的艺术理论与深邃的文化思考巧妙融合,使读者即便未曾涉足戏台,也能通过其文字感受到京剧老生艺术的魅力所在。正如著名京剧表演艺术家贯大元之子贯涌所评价的那样,吴小如先生达到了"行外人说行里话"的境界,这是对他深厚学术功底的认可,也是对他文字感染力的高度赞誉。吴小如先生的文字为京剧研究领域树立了标杆,更成为连接传统与现代、艺术与学术的重要桥梁,引领着更多后来者深入探索这一博大精深的艺术宝库。何满子先生将《京剧老生流派综说》称为"绝学",与启功先生的观点形成了呼应,两者都深刻认识到吴小如先生在这项研究中所展现的跨界能力——既拥有深厚的学术素养,又具备对京剧艺术深刻的理解与实践认知,这种跨学科的整合能力在当时乃至当今都是极其罕见的。《京剧老生流派综说》填补了京剧老生流派研究的空白,也为中国戏曲理论研究提供了新的方法论和视角,证明了在戏曲艺术研究中,学术与实践结合的重要性。

在《京剧老生流派综说》这部学术著作中,吴小如先生的《说谭派》与《说言派》两篇文章,撰写于20世纪60年代,彼时他已展现出深厚的学术功底与独到的艺术见解。这两篇文章通过对谭派与言派艺术特点的细腻剖析,为读者勾勒出这两个京剧老生流派的发展脉络与艺术风貌,成为研究京剧艺术不可或缺的重要文献。然而,正当吴小如先生欲将笔触延伸至余派时,他遇到了一个学术观点上的分歧点。他坚持认为余叔岩是继程长庚、谭鑫培之后,京剧老生行当中不可忽视的第三个重要里程碑,这一观点与当时戏剧界泰斗田汉所倡导的周信芳继谭鑫培之后成为老生艺术新标杆的看法有所冲突。出于对学术争鸣的尊重与审慎,吴小如先生决定暂且搁置《说余派》的写作计划,这是对学术严谨性的坚持,也体现了其作为学者的谦逊与包容。1979年起,吴小如先生重新拾起中断的笔,历时三年,以更加开阔的视野与更加深入的研究,完成了《说余派》及其他多篇重要篇章,包括《说高派》《说马派》《说麒派》《说"末"》(后更名为《综说之综说》),以及对《说言派》与《说余派》的补充论述。这一系列文章,弥补了先前因观点分歧而留下的空白,更系统地构建了京剧老生流派的综合论述框架。吴小如先生通过广泛搜集史料,结合自己深厚的学识与艺术感悟,对各流派进行了全面而深入的探讨,丰富了京剧研究的内容,也为后世学者提供了宝贵的研究资料与方法论指导,进一步巩固了《京剧老生流派综说》在戏曲研究领域的经典地位。这一系列文章的撰写与出版,充分展现了吴小如先生对京剧艺术的深厚情感与不懈追求,以及其在学术争议面前的坚持与自我超越。

《京剧老生流派综说》作为吴小如先生戏曲研究的扛鼎之作,其学术地位与影响力非同凡响。此书以严谨的学术态度和深厚的戏曲底蕴,系统地梳理了京剧老生行当中的多个流派,从谭鑫培的开创性贡献到余叔岩、马连良等人的艺术继承与发展,再到各流派之间的相互影响与独创特色,吴小如先生以其独到的视角和精细的分析,为读者描绘了一幅生动的京剧老生艺术发展史画卷。该书详细探讨了各流派的演唱技巧、表演风格,还深入挖掘了流派形成的社会文化背景,以及艺术家个人经历对其艺术风格塑造的作用,这种宏观与微观相结合的研究方法,为京剧史乃至中国戏曲史的研究提供了新的思路与方法。《京剧老生流派综说》自1986年首次由中华书局出版后,其学术价值和艺术魅力便得到了广泛的认同。尽管初版仅印制了2000册,但市场反响热烈,迅速售罄。出版社在18年后即2004年首次再版,增印至5000册。这种现象在学术出版领域颇为罕见,表明该书填补了京剧老生流派研究的空白,更以其深刻的理论分析和丰富的史料,赢得了学界与爱好者的持续关注。2007年该书的再次加印8000册,以及其后持续的需求,进一步验证了《京剧老生流派综说》作为京剧研究领域常青树的地位。它是一部学术著作,更是连接历史与现代、理论与实践的桥梁,对推动京剧艺术的传承与发展,提升公众对传统艺术的认知与欣赏水平,发挥了不可估量的作用。

参考文献:

[1]项江涛《吴小如先生:"操千曲而后晓声"》,《中国社会科学报》2013年11月11日。

[2]谷曙光《老唱片研究的"照着讲"与"接着讲"——吴小如先

生的老唱片研究与戏曲唱片文献学的构建》,《戏曲艺术》2018年第1期。

[3]《吴小如先生毕生收藏京剧唱片完整入藏上海市文化艺术档案馆》,《上海戏剧》2015年第12期。

[4]吴小如《京剧老生流派综说》,中华书局1986年版。

[5]吴小如《吴小如戏曲文录》,北京大学出版社1995年版。

[6]刘凤桥、程立主编《吴小如纪念文集》,安徽文艺出版社2021年版。

[7]王小宁《听吴小如先生为美国学员讲戏曲》,《人民政协报》2006年4月3日。

[8]《听吴小如先生谈戏》,《中国典籍与文化》1998年第4期。

[9]吴小如著,谷曙光编注《吴小如戏曲文集全编》第一册,山东文艺出版社2020年版。

作者单位:山西吕梁学院

附录

《吴小如纪念文集》出版座谈会发言

程立　整理

主持人：各位先生、各位朋友，大家下午好！今天我们来参加《吴小如纪念文集》出版座谈会。

这套文集是由刘凤桥和程立两位先生主编，刚刚出版。2012年，吴先生90大寿的时候，我们出过一本《学者吴小如》，现在凤桥和程立重新编辑出版这套《吴小如纪念文集》，刚好是吴先生逝世7周年的时候，按虚岁算今年也是吴先生的百岁诞辰，选这个时间很好，内容也更加丰富。吴先生走了以后，又有很多的文章纪念他。据我了解，在我们北大中文系有很多有名的老先生去世了以后，社会各界写文章纪念的，最多的是写吴小如先生的，这很值得我们研究。吴先生为什么影响那么大，那么多人怀念他、纪念他？大家在文章里看到了，吴先生一生不是很顺，也是有坎坷的，最大的问题，他是一个模范教师，但是过去对这一点没有充分地肯定，总觉得吴先生还有别的缺点。我1957年入校，吴先生那时候是35岁，但是已

《吴小如纪念文集》出版座谈会现场

经列入"老先生"之列,学问做得好,课讲得好,作为教师来讲是一个合格的教师,是一个模范的教师。他课上得好,关心学生,热心地指导学生、奖励学生。这方面,作为一个老师来讲,是完美的。

陈复兴先生为此书写序,花了8个月。我想起当年亚东图书馆,出一本书叫《醒世姻缘传》,等胡适的序,版已经排好了,等了多少年?等了五六年。很遗憾,陈复兴先生今天要检查身体不能来。下面就请程立先生介绍一下这套文集编辑出版的情况。

程立(溧阳市供电公司):尊敬的各位老师、各位前辈,非常感谢大家能来参加今天这个座谈会。首先自我介绍,我是程立,来自江苏一个美丽的小城市——溧阳。平时喜欢京剧、昆曲、书法,正是因为这些爱好,才有幸和吴先生结下了一点小小的缘分。

下面我向各位简单汇报一下这本文集编辑出版的情况。两年前,我和凤桥老师聊天,谈到我们是不是可以为吴先生做点什么事。先生去世以后,在网络上、报刊上陆续出现很多怀念、研究的文章,我们能不能把这些文章搜集整理出来,做一本吴先生的纪念文集?

接下来我们花了大半年时间,做了文章的搜集整理工作。我们当时联系了安徽文艺出版社,一是因为吴先生祖籍安徽,再者这家出版社曾经出过一套《昆曲艺术大典》,皇皇巨著,149册,做得非常精致,可见业务水平很高。因此我们决定采取自筹资金的方法和文艺社合作。根据当时的文章数量也初步估算了费用。由于疫情的关系,出版进度受到影响,但我们通过网络进行交流,编辑工作一直在进行。到最后截稿时,累计整理了156篇文章,近80万字,从当初设想的一册书变成了上、下两册书。我们把所有的文章分成两大类,一类是缅怀纪念方面的,另一类是学术研究方面的。我们尽可能联系上书里边的作者,得到他们的授权允许,但是也非常遗憾,有一部分作者实在联系不上,还有的已经故去,因此我们今后会继续想办法,和他们的家属联系上,把样书送过去。由于这套书是自筹资金出版,因此就没有给作者开稿费,这也得到了大家的理解。我记得在和严家炎先生的夫人卢晓蓉老师沟通时,她说:"严先生很敬重吴小如先生,你们这样做,他很支持,请放心!"这些话让我们非常感动,这都体现了大家对吴先生的一份真挚感情。出版社领导对这套书也很重视,责任编辑、美术编辑花费了很多精力,面对我们一些"不合理"建议也尽量予以接受。后期我们在出版社、制版公司、印刷厂三家单位之间来回奔波,对整套书的装帧设计、文字排版、上机印刷、精装制作等多个环节不断地进行调整,以期达到最佳效果。用凤桥老师的话说就是"尽量不要留下遗憾"。今天,当这套精美的文集呈现在大家面前时,我们也算是交了一份比较完美的答卷。

再次感谢各位对文集的出版给予的大力支持!谢谢!

谷曙光(中国人民大学):各位老师、各位前辈下午好!很荣幸参加这个座谈会。其实很惭愧,刚才陈熙中老师说刘凤桥先生多年以来为吴先生做了很多事,记得前两次类似这样的活动我因为不在北京没能参加,很遗憾。前不久他告诉我有今天这样一个座谈会,我听了以后特别高兴,很可惜的是,我编的那套《吴小如戏曲文集全编》目前还在印刷当中,还没有面世,如果也出版了,今天能够放在这里那就更好了。我觉得吴先生是真正做到了"桃李不言,下自成蹊"。类似这样的纪念活动,通常都是在高校里,或者说是很官方化的师门组织的。但是我们纪念吴先生并不是这样,在社会上,他有一批追随者默默地在给他做一些事情。尤其是5月11日先生忌日的前后几天,网上已经出现了一批纪念他的文章,这不是偶然的。虽然先生已经去世7年,但大家还是对他自发地怀念。对于吴先生,我想到清代龚自珍的一句诗:"从来才大人,面目不专一。"我觉得这话用在吴先生身上特别合适。龚自珍讲这话在清代,那时包括晚清民国的大家名家,很多都是这种"才大""面目不专一",可是在当代,这已经是非常罕见了。近代以来西学东渐,大学分科和学术的研究趋势也越来越精细化。在这样的情况下,吴先生那么宽的学术范围,一方面是比较罕有,另一方面也是比较容易"吃亏"的,或者说在某种程度上是不太容易被认可的。中国传统学术向来是非常强调贯通性的,吴先生在学术的这种贯通上,差不多是最后一代人了。吴先生的"才大",当然表现在对文史、诗词、书法、戏曲等方面的研究上,我个人认为戏曲是先生成就最高的领域,或许有很多朋友不赞同这样的看法。我想到十几年前吴先生在给我们讲"杜诗"的时候,就谈到俞平伯先生当年在给他们讲"杜诗"的时候,第一首一定是要讲杜甫的《登兖州城楼》,这首诗应该是杜甫在比较年轻的时候写的,吴先生说这首诗未必有多么好、未必多么精彩绝伦,能赶上后来的《登高》《登岳阳楼》是不可能的。但它有独特的地方,它四平八稳、周周正正。这么年轻的人就居然写出了到中年才能写出来的这种作品。所以俞平伯先生认为杜甫比别人早熟了二三十年,刚出道就达到了别人中年的水平。我由此联想到,我觉得吴先生在戏曲方面也有点"早熟"的味道。从某种方面说他有点"早慧""早熟"。他3岁时就开始摆弄老唱片,十几岁就到北京来读书,课下跑到吉祥戏院看戏,十六七岁就跟着张醉丐老先生学着写剧评。差不多到了20岁,就是弱冠的年纪,当时的报刊上,已经说他是名剧评家了。当时很多人以为"少若"是一个老先生,结果一见到,发现那么年轻,20岁上下。到了新中国成立以后,像裘盛荣、李少春见到吴先生也都觉得他很年轻,那么早就写了文章了。举个例子,20世纪40年代,余叔岩去世以后,吴先生写了一组文章《谈小余的戏》。余叔岩是和梅兰芳、杨小楼齐名的"三大贤"之一,地位是相当高的,吴先生实际上是后辈,但是他居然就敢老气横秋地说"谈小余的戏",给人感觉他像个晚清遗老一样。吴先生在戏曲这方面是"早慧""早熟"的。目前,我们搜集到吴先生在新中国成立以前的剧评200多篇,反映了他剧评的面貌和成就。程砚秋最拿手的《锁麟囊》,1940年首演,吴先生可能1941年在天津看到这个戏,马上就写了剧评,我们今天来看这篇剧评,完全没有过时,一个20来岁的年轻人评价程砚秋的这部代表作,文笔之老道、评价之犀利、用词之到位,真是不愧于时人所称的"名剧评家",令人惊叹。当然也并不是说吴先生在其他领域成就不高。研究孟子也罢,研究杜诗也罢,前辈讲的人太多了,历史的星河已经灿若星云,但是就研究近现代的戏曲而言,吴先生应该算第二代人,也就是说在这个领域还算是开路人。讲到京剧流派、富连成、戏曲老唱片的研究,吴先生在这些领域应该都算是筚路蓝缕开启山林的,因此说他在戏曲研究方面成就高是有道理的。再有一点,在我看来,吴先生的影响很大。我觉得吴先生名气大有一点是因为他个性很鲜明,容易被人记住。吴先生有个性、有锋芒、很鲜活,并不是特别循规蹈矩的看不出锋芒的那种人。他在生前不止一次地说,"写我的众多文章中,沈玉成的这篇写得最好",最合他的心意,就是因为这篇文章没有瞎捧,而是有褒有贬,写出了鲜活、立体、丰满、可感的吴先生。因此我也有一点小小的感慨,今后我们给吴先生做事、写文章,我认为我们也要朝着吴先生讲的这方面去努力,也要实事求是,这样的话,吴先生在天之灵也会感到欣慰的。

扬之水(中国社会科学院):我跟吴先生通信的时间长,但是很晚才见面。天津百花文艺出版社出版的《〈读书〉十年》书信集就收了吴先生给我的信44封。那时候我已经开始做名物研究了,首先是做《诗经》的名物研究,每写一篇都寄给吴先生看,每次吴先生都来信详细提意见,很多鼓励之词,但有错误的地方他也毫不客气地直接说出来,给了我很多的教育。说表扬的话其实很容易,提出意见来就要认真看(文章)。有一次吴先生到郑州做讲座,我陪同出行。当时吴先生很忙,还要照顾夫人,要等一切都料理好了才能出门。我犯了一个很大的错误,我一般把时间卡得特别紧,结果后来把飞机给误了。我想吴先生肯定要对我大发雷霆,但是吴先生就说了一句"皇帝不急,急死太监",搞得我很狼狈,因此对这件事印象很深刻。为了帮助我做研究,吴先生还把他的藏书借给我,有的后来干脆就送给我了,对我帮助非常大。我早期喜欢给作者写信,看古人信里边"顿首",我没看出来是俩字,以为就是一个"顿"字,收到信的很多人都没和我讲,但是吴先生看了信,就告诉我应该是"顿首"。他只要发现问题就都是直接告诉我。我把这44封信包括其他老先生写给我的信全部捐给了上海图书馆,我觉得这样可以保存得更好,能让更多的人看到。我把这些信都收录到这套书里,也是我对吴先生的一个永远的纪念。

赵珩(文化学者):首先非常感谢主办方邀请我参加这个座谈会。刘凤桥先生也把书送给了我,这部书里文章的作者,我几乎一大半不熟悉不认识。这说明和吴先生有过联系或者关系的人非常多。吴先生应该是我的父执辈,我父亲和他也认识,但是不如我和吴先生那么熟。我和吴先生接触最多的时候是在1986年到1991年这几年。当时我负责一个刊物叫《燕都》,接触的老先生非常多。我曾经开了一个作者的名单,支持杂志的老先生阵容之豪华,今天来看不可想象,比如俞平伯、吴晓铃等先生。我从5岁开始接触昆曲、京剧,可以说是在戏园子里泡大的,因此和吴先生的交集多,共同话题也很多。我非常赞同刚才谷曙光先生说的,就是吴先生不是一个很专一的学院派,他和沈从文先生都不是那个时代的学院派。他们读的书是非常广博的。吴先生从哈尔滨到北京以后,接触的老先生非常多,包括俞平伯先生、张伯驹先生、朱家溍先生和刘曾复先生,还有很多戏曲行内人,像王金璐先生——他就非常崇拜小如先生。所以说吴先生很博学,虽然当时他的专著并不多,但他有很深的旧学、经学根底,有很深厚的传统文化基础。有人说吴先生到了晚年名气越来越大,其实我认为,吴先生走了以后,到今天他的影响应该更大,这两本书就是证明。吴先生的这个"热闹",不仅仅在一个圈子里,是在很多圈子里。我看这书的内容,涉及非常广泛,这跟我们很多大学教授、研究员去世以后的纪念文集是不一样的,这也启发了我们,今天这一代的文化人,在知识领域,应该像吴先生一样,尽量涉猎宽泛一点。这也是我对吴先生的一点认识。

韩嘉祥(天津师范大学):刚才听了诸位的发言,我也有几点想要说说。感谢两位主编的付出,的确不容易,干了两年多吧,前前后后。我也做过编辑,个中辛苦我是深有体会。这套书前两天才拿到,我几乎看了一宿。大多数文章都是我以前读过的,这次汇集得很全面,也很丰富。我在吴先生生前和去世以后也写过好几篇文章,今天我想谈一些我自己的感受。我认为吴小如先生首先是一个被严重低估的学者和书法家。如果从做学问这个角度,一辈子通过努力,可能会达到吴先生的高度;但是从书法这个角度,要想达到他的水平,我看就不容易了。他的书法看着平淡,那是灿烂至极终归平淡。"阳光七色终归于白",不是一般人能达到的。我向吴玉如先生也学习多年,我知道吴小如先生要比他父亲勤奋得多、用功得多。他从早上5点多就开始写字。我想做学问可能会做到吴先生的份上,但是从书法这个角度,就不大可能达到他的水平了。这是我对吴小如书法的认识。我希望,还要进一步挖掘吴先生的资料,去研究他这个人。比如他很幽默。有一本书,《中国历代诗歌选》里关于先秦和两汉的诗歌的注释,就是吴小如先生主持编写的。以前我有40盘吴小如讲诗词的录音带,这也可以挖掘整理。还有20世纪50年代中央人民广播电台的《阅读和欣赏》,第一讲就是他的。希望以后多出一些研究吴小如先生的著作。

刘宁(中国社会科学院):刚才几位老师的发言我特别受教。"公之斯文若元气,先时已入人肝脾。"吴先生去世这么长时间了,但是他的影响越来越大。我从上大学开始就受教于先生,当年我硕士论文答辩的时候,吴先生就受邀来担任我的答辩主席,我觉得非常荣幸,也非常难忘。我毕业之后也跟先生学了很多,因此今天也是百感交集。我就说一个体会。先生曾经把孟子的一段话反复跟我讲,他说"学问要成熟,要熟""五谷不熟,则不如荑稗"。先生的学问涉及了很多领域,这些都不是浮光掠影、浅尝辄止,而是在这些领域里面都达到了很高的成就。刚才谷曙光老师说先生早年写出来的东西就已经非常出色。钱锺书先生也是这样的,我们看钱先生早年的著作,极其的有才华,极其的出色。我现在经常想,一个人早年就已经这么出色了,那么在他后来几十年追求学问的道路上,是什么东西什么追求支撑着他向前走?吴先生所说的"熟"是一个什么样的标准？这些都给我们很大的启发。当年我上大学的时候，丁石孙校长说，根据他的观察，真正能够做学问的人往往不是最聪明的人，往往是在聪明上稍微差一点的那个人。为什么呢？因为聪明的人一上来总感觉什么都会了，什么都做得很好，不需要去努力，恰恰是好像稍微笨一点的人，总是感觉需要不断地去努力。我就在想，像吴先生、像钱锺书先生这样，一上来就是绝顶的聪明、绝顶的有才华，一上来就能够把学问做得这么好的人，是什么力量支撑着他们往前走？当年我和谷老师跟着吴先生学杜诗的时候，他在家里随手就从架子上抽出他读的书，然后指着这个书上的眉批跟我们讲，这句诗他50年代是什么讲法，后来又是什么讲法，那就是说从20世纪50年代到2009年，50多年了，他其实是在不断思考一个问题，真的是经历了半个世纪。这样的涵养、思考、锤炼，我觉得就是把整个的生命投入进去。杜甫的一首诗读50年是什么感觉？这不是现代学术教的东西，而是传统的学术、学问。为什么吴先生讲的很多话能在社会上产生那么大的影响？他琢磨出来的这个道理，贯通在诗歌里边，也贯通在戏曲里边、书法里边，他能贯通很多领域。他把真正内在的一些东西，脱离了外在的学科的表象贯通起来了。特别是他对京剧的理解，我觉得跟他对学术史的理解、文学史的理解，很多都是相通的，好比参天大树长出来了以后分叉了，但它们根部是在一起的。所以这种学问就是中国的学问。吴先生的学问绝对不会随时间而去。

陈徒手（北京青年报社）：今天看到这套书，感到非常难得。此前我编过一本书，引用了吴先生的话，当时吴小如先生好像不太满意，他通过邵燕祥先生跟我联系。邵先生给我发了好几次邮件，希望我跟吴先生好好聊聊。邵先生介绍我去和吴先生见面聊天，那次机会特别难得。我们主要聊了"文革"时期北大中文系的一些事情，那次聊天令我特别难忘。我想以后有机会,结合吴先生的口述,写篇新的文章向大家请教,谢谢大家。

王勉(北京青年报社):我来这里主要是学习的。上次来参加座谈会,会后的报道是我整理采写的。这次是张一帆老师和我联系的。能够来参加座谈会,我特别荣幸,也非常开心。听了在座各位老师的发言,我非常受鼓舞。就说这些,谢谢大家。

唐吟方(学者):我跟吴小如先生只有很少的交往,主要都是向他请教、约稿。我在编辑《收藏家》杂志的时候,特别想请小如先生写一篇关于他父亲吴玉如先生的文章,当时他在上海,答应了这件事。我认为像这种儿子和父亲都工书法的情况是非常难得的,所以很希望他写一篇这样的文章,但是后来他回北京以后,拖了几年,他说他实在写不了,这件事就不了了之了。刘先生和程先生编的这套纪念集非常好。我有一个建议,下一步还可以把小如先生的书信集编出来,能够更完整地展现他的性格和他的学问。

萧跃华(北京日报社):是凤桥带我认识了小如先生。看到这套书,我就想起鲁迅先生的一句话:"一个人如果还有友情,那么,收存亡友的遗文真如捏着一团火,常要觉得寝食不安,给它企图流布的。"凤桥、程立先生做的这个事,是生者对亡者的一种纪念。从我和吴先生的交往中,我感到吴先生有原则,有些人介绍、有些人他不介绍。我当时在负责两个系列,他一看到名单,就说他发现有个人人品不行,他不推荐,实际上有许多老师都推荐这个人,但是他不给我推荐。吴先生是讲原则、讲感情的人,写与不写、见与不见、说与不说,都有他的分寸。有幸的是,我给吴小如先生出过一本自书诗,这是我自己为小如先生做的事。

张一帆(中国人民大学):纪念文集的编纂我关注了全过程,在这个过程中认识了程立先生,此间我们也有过很多交流。关于小如先生各个方面的成就、经历，我们已经知道了很多。我想在这里回顾一下跟吴老交往的某些细节。我们都说，人走茶凉。吴小如先生在世的时候，包括他自己和别人都觉得，他不是那么"热闹"。还有很多前辈，在世的时候很热闹，等到去世以后，热度就逐年递减。在吴小如先生去世后的这7年当中，以刘凤桥先生为代表的小如先生的崇拜者和追随者，一直都在做相关的工作。包括曙光老师最近对我们最大的一个帮助，是要出戏曲文集的全编。我在小如先生去世以后不久，应一家媒体的要求，写了一篇纪念文章，但是因为档期、版式的原因，当时没有在媒体上发表。过了一年，我在《北京青年报》副刊看到了启功先生去世10周年的纪念文章，同时看到了报纸上印有投稿邮箱地址，就把这篇文章发过去了。很多投稿最后都石沉大海了，但是很意外的，这次不到一个星期，对方就给了回复。我以往也有投稿成功的经验，但是一般来讲，投稿成功的话，编辑会说您能不能再压缩一下，原本的文字量太大。但是这次编辑的回复很奇怪，他说的是，您能不能再扩充一点，因为我们北青报副刊是发整版的。这个编辑就是在座的王勉老师，我也是在那个时候认识了王勉老师。这篇纪念文章是在小如先生去世差不多1周年的时候发表的，也就是现在收在文集里的这一篇。在这篇文章里，我主要回顾了很多在小如先生身边，一直都勤勤恳恳、默默无闻地帮助吴老做了很多工作的人。今天我们在座的很多位都在其中，谷曙光老师、韩嘉祥老师、刘宁老师包括陈斐兄，他们都在先生生前就为他做了很多工作，是差可慰藉老人家晚年的丧子之痛、丧女之痛和丧妻之痛的。后来，天津古籍出版社出版了小如先生的演讲录。我受陈斐兄的启发，他传授给我一个很重要的生活经验，我原来以为自己出了书，应该多送一点给别人。陈斐兄的习惯是，他看到别人写的、很好的书，会自己买了以后广泛地送人。所以《吴小如演讲录》出版以后,我自己确实买了很多本来送人,当然也是有选择的,不是见人就送。就在半年前,有一个朋友从美国回来,他是外交系统的子弟,他问到我关于传统文化的内容,说他自己有兴趣了解,问我有什么书推荐。我马上就送给他一本吴小如先生的演讲录,他过了两天就给我回消息说,太好了。我理解这个"太好了"是什么意思,就是这样的大专家,在谈到这么重点的、高深的学问时,能够让一个起点并不高的人迅速理解。吴先生写文章也好、写字也好,是把读者放在朋友这样一个平等的地位,而不像现在很多学者,写文章是为了教育大家,是要让大家觉得他的文章很高深、看不懂,他要拉开和普通读者的距离。小如先生不是这样。写字也是一样的。我也曾经问过吴老,我说您平时性格这么疾恶如仇,为什么您的字里边一点这种火气都没有?我说有的书法家平时对人很谦和,但是在字上表现得很张狂。吴老的回答是,对待学术、对待艺术,必须非常认真,不在学术和书法上显示自我。按照我的理解就是,他把读他文章、学习他书法,当作是与和自己特别平等的人之间的一种交流,所以吴先生去世这么多年,他的文章著作仍然不断地在"收割"读者。最后我想说,虽然老人家去世了,但是因为我们大多数吴老的崇拜者以前都是和他单线联系的,很多都是在追悼会上第一次见面的,所以可能我们每个人得到了吴老不同的指点,这些内容可以再汇集一下。前两年,吴先生去世以后,我碰到孟刚先生,那是我们第一次比较长时间地聊天。他讲了一件事,说吴老告诉他磨墨要用凉白开,就从那个时候开始,我试用凉白开,果然和自来水不一样。所以诸位还可以把各自所得拿出来跟大家分享一下,互通有无。我在纪念文章里面最后说到,有很多人感叹这样的学者以后不会再有了,尤其是这样说真话的学者以后不会再有了。这句话我接受上有点困难,我想,我们要不断对后人去传说、标举和弘扬吴先生在学术上、为人上的精神。比如说我的孩子,虽然他从来没有见过吴先生,但是我要在他面前不断地刷这位太师公的存在感,那么小如先生就等于没有去世,这就是我要说的。

胡松涛(武警陕西总队):这几天我一直读这部纪念文集,这150多篇文章我认为总体质量是很高的。除了文采、学术水平以外,我在书里看到更多的是真情,很受感动。特别是凤桥有两篇文章,名字是《也说吴小如名气不大》《再说吴小如名气不大》。我看了以后总在思考这个问题,吴先生的名气的确不大,因为他是作而不晒。现在我们很多人在微信里都是"自宣部",每个人都在晒自己,给自己做宣传。我想,吴先生的自我宣传做得不够,学问大,名气不大;俗名气不大,雅名气大。而他去世以后,我感觉他的名气越来越大,到书店去经常看到他的书,其实这更值得骄傲。现在很多人,有的靠自己的职位,有的靠大师去吹捧,有的靠傍名人,可能名气大了一点,但吴先生不是,他全部靠自己的学问。这部纪念文集收的150多篇文章,作者来自各行各业,而且大家都把吴先生的作品读进去了,这很了不得。我感觉这是一个"吴小如的传播现象"。很多人去世了,随着时间的流逝,他的名声往往就越来越淡了,而吴先生不是这样,这件事给了我一个很大的启发。

我写了一篇读后感,也附于此:

《吴小如纪念文集》,刘凤桥、程立主编,安徽文艺出版社2021年5月版,收入回忆和怀念吴小如先生的文章150多篇。

吴小如是位文史诗书皆精,文武昆乱不挡的大家。在众声喧哗、熙熙攘攘的时代,他埋首学术,一派士人风骨。孔子是"述而不作",吴先生说,他平生读书治学,是从述而不作开始的。后来……述中有作。他是"述中有作","作而不晒",坚持低调,不自夸,不卖弄,不包装,不炒作。《礼记》曰"君子不自大其事,不自尚其功",用来评价他,再合适不过了。

记得凤桥曾写过两篇文章说"吴小如名气不大"的问题。吴先生是名气不大学问大,俗名气不大雅名气大,活着时名气不那么大,驾鹤西去后名声比生前大。他的书不是畅销书,是常销书。这就是老子说的,"以其终不自为大,故能成其大"(《道德经》)。他的学问,不"自宣"而广为传播,具有随风而长、无风自长、不断生长的品质。这从他身后,学术观点流传、声名日盛可见一斑。

这部文集收录的文章,大多是对吴先生的追思之作,学术与深情并流,看得出,作者对吴小如先生是真读了,真爱了。所以,用这样的文章纪念吴先生,是真的纪念,是一种传承与弘扬。

陈斐(中国艺术研究院):今天非常荣幸参加这个会,我的心情很激动,现在的心情和我第一次知道吴先生去世的时候基本上是一样的。他去世的时候,我是去参加了告别仪式的。今天来参加这个会,我就想起了吴先生写过一首诗,他写的是:"紫华菊苑等轻尘,一代名家剩几人。我忆开天都幻梦,红氍毹上孰回春。"特别是经历了这五六年以后,我也有了孩子,我非常赞同,也深切体会到张一帆兄讲的这些话。今天大家都谈到,吴先生的学问是非常精深的,他的为人、为学都是让人高山仰止的。今天,我们全社会都非常重视传统,但是吴先生为什么成了我们这个时代的一个另类,为什么我们今天开这个会也显得有一点另类? 这可能是我们需要思考的一个问题。我们怎么样才能够把吴先生的学问,以及他为人、为学的精神更好地弘扬、传承下去,不但让它们在我们这一代发挥影响,而且能够传到我们的下一代？我前两天去参加了一个国际儒联的会，我发言的一个主题就是，相对于优秀的传统文化来说，我们已经成了"局中门外汉"。我们中国的传统学问是讲究为人、为学合二为一的，但是在今天，这样的特质已经变得非常稀缺了，这是我非常关注的一个话题。我觉得我在吴先生的身上，就是通过细读他的一些论著，我是获益匪浅的。就他的做人来说，他一方面能够做到坚持自己做学问、做人的底线，另外，他又虚怀若谷，以一个开放的心态去欣赏意料之外的美，能够不断去学习，这一点是非常重要的。我觉得吴先生有多副面孔，前面大家也已经谈到了。我也要带学生，也在从事学术研究，最让我关切的就是，作为学者的吴先生和作为教师的吴先生，怎么样处理好学者和教师这两种身份之间的关系？怎么样对待向自己求教的学生？怎么样处理师生关系？这可能都是我需要面对和思考的问题。我们今天编了这么厚厚的两册书，就可以看出我们大家都在向吴先生请益、求教，大家都获益匪浅，从不同角度、不同方面获益了。吴先生可以说是有教无类的，这本书的作者里面各种职业的人都有，我记得我在参加他追悼会的时候，坐了一位女士的车，这位女士是向他学习书法的，她是一名图书馆管理员。由此看来，吴先生可以说是真正做到了有教无类。再就做学问来说，吴先生做学问的态度，在今天真是非常稀缺的。吴先生说，没有自己的一得之见，绝不轻易落笔。吴先生写的东西都是干货，但是今天我们大家看一看，在信息爆炸的时代，有些曝光率很高的学者发表了很多篇文章，获得了各种各样的荣誉，现实生活中往往是一些长袖善舞的人得到了各种各样的好处，但是这些人，是中华民族的脊梁，是中国传统文化的传承者吗？不是的。真正的传承者是吴先生这样的人。我在生活中经常遇到这样的情况，有些人给我送来了自己的专著之后，我第一个反应是，他的这些文章如果向学术期刊投稿,会引起编辑的注意吗?他有哪些创新?研究的生命就是创新,如果没有创新就不叫研究了,但是我们看到大量的东西是没有创新的。当然,这又涉及一个非常重要的话题,我们应该怎样营造一个比较好的学术文化生态,乃至于一个好的社会生态,可以让吴先生这样的人不要那么寂寞、清贫?这样才能够让我们的优秀传统文化得到更好的发扬。另外,吴先生是怎么样处理好科研和教学之间的关系的?作为学者的吴先生和作为教师的吴先生,是怎么做到二者协调统一的?我记得我曾经专门写过一篇文章,用了一个标题,是一句学生说的话,"我们永远的老师"。一个老师、一个学者,如果让自己的学生说是"我们永远的老师",这是不容易的。他是怎么样处理师生关系的,可以让这个学生觉得是他永远的、一辈子的老师?我是做学术研究的,我对这个行当也比较了解,在现实生活中,在我们的考评制度里面,往往是那些做着所谓科研工作的、对教学不那么重视的人,得到了各种各样的好处。但是在我看来,一个老师如果课上不好,他的学问可以投机取巧,写一些很巧妙的题目,完成一两篇论文,但它们缺乏了一种水深林茂之气,他的学问永远不可能做大。因为学问和他的为人肯定是要联系在一起的,这不仅仅是知识层面的东西,更是一种修养。这也是我平时阅读别人的论述时的一些感悟。我就谈这么多,谢谢大家。

朱航满(解放军总医院):各位老师,我是在医院里面从事机关工作的,研究生是在解放军艺术学院文学系读的。我不是研究古典文学的,主要是研究现当代文学。之前读的吴先生作品并不多,只知道吴先生的大名,也没跟吴先生接触过。一点点小的缘分是,吴先生去世之前,我在南京有一个任杂志主编的朋友,他有一次来北京说要带我去见一下吴先生,但因为种种原因最终我没有见到,我的朋友却成了最后一位拜访吴先生的人。他们见面的第二天,我就在《光明日报》上看到消息,说吴先生去世了,我当时特别震惊。就在这个时候,北京有一个杂志社和我约稿,说能不能写你今年印象很深的一件事,我就把这件事写了下来投给这个杂志,很快就刊登出来了,然后编辑又给我打电话,说他们领导很重视、很关注吴先生。我想表达的是,很多人其实是在默默关注吴先生的,并不是我这文章写得有多好,而是很多人对真正有学问的人是很尊重的。这篇文章没有收在文集里,但是后来还获奖了。过了一段时间,我去人大的文学院,正好去拜访一下文学院的孙郁先生,孙先生就告诉我,他说他看过我那篇写吴老的文章,文章写得不错,他推荐我一本书,这本书叫《吴小如讲杜诗》,他认为写得非常好。当时我还没看过,回去之后我就把这本书买来看了一下,果然是非常好,我这没有经过古典文学研究训练的人,没有什么功底,看了以后都感到非常顺畅,很舒服。看了以后我也很受启发,我又写了一篇文章,收到了这本书里。我当时投给北京一个报社,文章很快就发表了,而且占了很大的篇幅,他们的编辑也给我打了电话,说他们总编辑非常关注我、关注这本书,但当时这本书并没有在重要媒体上做过很多宣传。这两件很小的事情让我发现,其实这个社会虽然有浮躁的一面,但还有一些人是真正在关注文化、关注学术的。我认为,这个时代的学术、文化是不会坠亡的,这是我最大的感受,谢谢。

王鹏(收藏家):我喜欢文人墨迹,小如先生的书法在现代书法里面是非常精彩的,在书法界的影响也很大。但因为是学者,他不注重宣传,所以在一般的收藏圈子里面并不被特别看重。所以在今后的宣传当中,我觉得还要更多地去推广。我特别感动的是,每次来北京跟凤桥交流,他经常会提到吴先生,可惜先生在世的时候没有引荐我和凤桥认识,这对我来说是一个很大的遗憾。

孟繁之(北京大学):几位师长和朋友的发言,均令我深有感怀。

过去周景良先生健在时,曾好几次说,一个人逝去 5 年后,若还有人记得他,愿意为他做一点事情,那他生前为人处世、行为大端必有可观,有为人所取处。今年是吴小如先生逝世 7 周年,也是他老人家冥寿百龄,我们今日聚在八一美术馆,借《吴小如纪念文集》的出版举行座谈会,纪念吴先生一生为人、为学,怀念和追忆吴先生的高古遗风、精深学养和为人品格,此在当下高等院校、科研单位日益体制化、固化、功利化的局面下,尤显特别意义,亦多令人感慨!在此我要先向编辑、推动《吴小如纪念文集》出版并组织此次座谈会的刘凤桥、程立两位先生,致以最高敬意!

刚才陈熙中先生谈到,吴先生是他所知北大中文系的前辈先生中,逝后大家写纪念文章最多、作者涉及面最广的一位。这让我想起周一良先生逝世前 21 天——2001 年 10 月 2 日写给二妹周与良教授的一封信来。此信收入赵和平先生主编的《周一良全集》中。一良先生在此信中说:"与良:昨日老九来,知你生病事,颇以为忧。夜不能寐,考虑了很多。现将我所想的写给你。一、病既来之则安之。咱们都是七八十岁的人了,反正按大夫的指示办事,自然规律不可违反。想通这些也就无所谓了。你如能回国就医也许更好一些,何妨把明传带回来。二、我回想你当初如果选择×××、×××而不是查,根本不回国或回国较晚,这四五十年的情况当然大不一样。也许有人替你后悔,但是我想你的决定绝非轻易做出。几十年来,你与穆旦同辛苦、共患难,酸甜苦辣不知尝了多少。对穆旦而言你是很大的安慰,对你而言也无愧于心。所以你们两人地下相逢,一定彼此感到 deserve each other。我写《钻石婚杂忆》时,就时常想到我与邓懿两人有什么彼此对不起的地方。如果两人彼此都坦然,那就死而无怨了。三、我进一步想到,人死之后,都不会立刻被人忘记。但是后人记住你多久,就大不一样。像我这种历史学家,也许三五十年以内还会有人想到,过此就无人问津了。自认科学家如爱因斯坦等,他们的发明创造可以在更长的时间内为他们的后学所记忆,为人们所称道。只有文学家以及他们的作品才能够千百年为人传诵,可谓真正的不朽。穆旦的诗,已被广大群众目为20世纪中国诗坛的重要成就,虽然我不懂新诗,但我相信这个评价是中肯的。你,作为这样诗人的妻子,坚定不移地嫁给他,可以说与之同生死、共患难几十年,是很令人敬佩的,所以你也没有什么遗憾了。我常常幻想,多少年以后,'泰山情侣'的墓前,未必有人流连,而诗人穆旦的墓前,千百年后还会有人徘徊不忍离去。想到这些,你会觉得区区生病何足道哉。不一一。即祝痊安。一良,时八十八岁零十个月。"(赵和平主编《周一良全集》第四编《自传与杂记》第十册,高等教育出版社,2016年,219—220页)写此信后21天,一良先生即与世长辞了。该函可能是一良先生生前最后一封信,他于此函中谈及人一生在各自职业努力对后世的影响,谈及学术文章和文学作品各自的流传现象及不朽问题,让人感慨。吴小如先生毕生从事文史研究,但所涉面广,于古典文学、古典文献、戏曲评论、俗文学、书法艺术、诗歌创作、人文教育(非仅仅限于北大教职的"传道授业",尤其是面向大众的传统文史常识教育),甚至文学理论、西方名典译介,皆做出过傲人的成绩,被称为"多面统一的大家""乾嘉学派的最后守望者""治古典文学的顶尖学者""中文系的万金油";而且因为先生于学术"标格千仞,崖岸万里",被誉为"学术警察",影响至大。最近五六年,我个人的研究兴趣,及北大文研院交给我的一项任务,即是梳理现代学科以来,特别是20世纪50年代以来的学术史、思想史,尤其是与北大人文诸科密切相关的学科发展史。刚才谷曙光兄谈及吴先生对戏曲研究的贡献,以及他负责整理的《吴小如戏曲文集全编》出版的进展,现在我们以学术史、学科史的眼光回头看,吴先生对戏曲研究特别是京剧史的研究,可谓贡献非凡,就如同李零先生对于方术史的研究一般,都是以现代学术眼光,将过去主流学界目为"不登大雅之堂"的掌故逸闻、旁末杂学,以一种现代的、宏观的战略眼光组织、整合、统贯起来,建立起一个完整的体系,开疆拓境,为未来进一步的研究树立典范,导夫先路。

吴先生一生对学术专著的标准,标的甚高,有自己高且严的要求(熟悉吴先生的,当都会知道此点),不轻易为之,且加以政治任务、单位需要及后辈请益,他毕生的贡献,主要见于他不时刊于报章,之后再汇编成集的零碎小文章,及为众多年轻后辈审阅稿件的意见(我个人也深受其赐)。吴先生因这些小文章,生前深吃其亏,此点,过去严家炎、段宝林等先生写纪念吴先生的文章,都曾有所提及,此处不赘。周一良先生20世纪90年代初自美国回国,接受中国文化书院访谈,谈及往事,述及吴小如先生时,因访问的女记者不知吴先生其人,曾有一个专门强调云:"还有一个叫吴小如,常常在晚报上写文章,评戏的吴小如。"(《周一良全集》第四编《自传与杂记》,第七册,189页)可见吴先生在当时,截至20世纪90年代初时于前辈的印象及外界对他的隔膜。但我们现在回头去看,结合我们每个人的所见所闻及刚才陈熙中先生、赵珩先生等所谈到的,随着时间推移、文化迁演、观念变化,加以互联网、自媒体等的推动,吴先生在传统知识"传信""订讹"方面所做的努力,比如他对《诗经》的研究(尽管只有3篇),对于《水浒传》"三寸丁谷树皮"的考订,等等,几乎篇篇出彩,学术贡献外,其无论于民族文化的传播,还是于传统文史常识的普及,均意义非凡。其意义恐怕要远远超过很多人长篇累牍、洋洋万言的所谓"学术专著"。这是大家有目共睹的一个事实,也是我们未来再谈传统"常识"的一个前提与基点。

吴小如先生生前在北京大学的工作,前半在中文系,后半在历史学系。现在回头去看,他在中文系的贡献、影响,恐怕要远远超过在历史学系的。而吴先生自己对中文系的感情,也要深于历史学系。他曾和我谈过他在纪念吴组缃先生诞辰100周年纪念会时,对中文系工作的建言、直言,及对当时系里某领导的白眼,等等。走笔至此,这里也要交代一件史实,承陈均兄转述孙玉石先生所告,吴先生的教授职称评审(我们都知他为此受尽委屈,曾一度想调离北大),是1980年在北大中文系破格报评,教育部逾年——吴先生移席历史学系后——方审核下来的。此点过去为大家所不知(少数知情人除外),我这里特作此补充。即以吴先生在两个系学术贡献而论,无论是刚才几位师长谈及的《先秦文学史参考资料》《两汉文学史参考资料》《魏晋南北朝文学史参考资料》(《唐宋文学史参考资料》早已完成,但限于各种原因,一直未能出版),还是吴先生所参与的林庚、冯沅君主编的《中国历代诗歌选》,均是吴先生在中文系时完成的,以现在学术眼光看,俱为所在学科发展及后来的相关研究,奠定基础(尤其是吴先生于传统小学方面的贡献)。北大历史学系网站,吴先生健在时,其"专业特长及近期研究方向"一栏,填写的是"整理一生之著述"。而金克木先生当时对吴先生的戏语,此不幸言中。此是就学术贡献、学术影响层面而论,另从人才培养方面而言,吴先生无论课堂授课、课外授业,均见其个人魅力、节操、风骨,此点超越院系,超越北京大学,但老实说,还是以北大中文系出身的人受教、受影响为多。从五五级毕业的程毅中、沈玉成、白化文诸先生,五六级毕业的倪其心等先生,到五五级入学的费振刚、杨天石、孙钦善、陈丹晨等先生,再到五七级的陈熙中等先生,七七级的张鸣、葛兆光、葛晓音等先生,再到之后的杨铸、刘宁、檀作文、沈莹莹,等等,均可见吴先生影响之在。当然也还包括北大之外的一代又一代,如谷曙光、孟刚、张一帆、陈斐等等,均可见吴先生影响所至,影响了一代又一代曾经亲近过他的人。未曾与他晤面,受其影响者,也当不在少数,为《吴小如纪念文集》作序的陈复兴先生,可谓代表。

吴小如先生生前从不是什么学科带头人、学界领袖,他完全凭个人学养、风骨、魅力,影响一代又一代的知识人,有教无类。他知我和周一良先生、周景良先生亲近,加以当年芦荻托为问候,曾和我详细谈过同周氏兄弟的交往、"梁效"经历和《枯树赋》注释前后诸旧事。刚才陈徒手老师说,曾对吴先生就"文革"一段做过系统访谈,我很期待徒手老师的访谈能早点整理出来,也希望、期待更多对吴先生了解的人,能就所知所闻,写相应文章,做相应口述,谈谈大家心目中的吴小如。此点非仅关乎吴先生个人研究,背后深关乎学术史、思想史,那一代知识人经历大时代的大历史。此方面刘凤桥先生已做了不少工作,但未做的还很多,任重而道远,期待诸同道能一起勉力,厥奏其功。

附:座谈会翌日,栗森阳、张雅雯合写并刊于"尔雅国学"公众号的《〈吴小如纪念文集〉出版座谈会在京举行》新闻报道,内中所言:"吴小如先生所继承的传统士人以天下家国为己任的责任感和使命感,使他时时关注着时代的风云变迁、国家的兴衰治乱和人民的冷暖疾苦,作品历尽沧桑而愈见深邃、洞悉世事而愈见旷达,表现了饱经风雨的知识分子的人生感悟,展示了一位当代文人刚正不阿的节操和风骨。"此在我,心有戚戚焉。

温加(学者):我这个发言有两个内容,第一个是代表我们长春师范学院《昭明文选》研究所陈延嘉教授。他写了书面发言稿,陈延嘉教授跟吴小如先生有过很多、很长时间的学术交流和探讨。下面我就把陈先生的稿子读一下。

陈延嘉(书面发言,温加转述):鲁迅先生说,伟大是要人懂的。吴小如先生是位大写的人,伟大的学者和诗人。而我"懂"吴先生经历了大半生的时间。刘凤桥、程立二位先生苦心孤诣编辑出版《吴小如纪念文集》,使我更深入地认识了吴先生。感谢他们的劳作!此书出版,于文化界是一件盛事;召开座谈会,更是锦上添花。我因年老,不能当面向与会者请教,甚感遗憾。

温加先生于17日送来《吴小如纪念文集》,我赶紧拜读,以致打破了午睡、晚上不读书的生活习惯,目力不佳,看得慢,才看三分之一多一点,还要继续读。仅从读过之文看,使我进一步认识了吴先生的"精气神",所以,我还要感谢各位作者的妙文!

古人有三不朽之说。吴先生的道德修养,义薄云天;教书育人,桃李天下;文章学术,独树一帜,可谓三不朽矣!

就道德言,先生是泰山,在拜物充斥之际,可谓"一览众山小"。罗文华先生提出一事,可为铁证。吴先生夫人久病卧床几十年,先生悉心服侍;夫人没有医保,一家六口,全靠先生一人维持。其拮据之况,可以想象。有人知情,又仰慕先生墨宝,说一定要给润笔费。先生说:"我这不成卖字了吗! 我看还是算了吧。人家什么时候到家来,我送他一幅就是了。"这是怎样的境界! 罗先生说:"子曰:'君子固穷,小人穷斯滥矣。'我在吴小如身上,看到了什么是君子。"吴先生至驾鹤西归,仍居于70平方米的陋室。刘禹锡有《陋室铭》,刘之"陋",乃谦词,与吴之陋,盖不可同年而语。不过,"谈笑有鸿儒,往来无白丁",是千年前后之神接,可钦可敬也!

就教学和文章言,先生的教学很是"叫座",窗外多人"窃听",使学生受益终身,皆成栋梁;先生的文章亦生动活泼,发千年之蒙,创获亦多。为什么? 齐裕焜先生道出其中的原委:"考据的欣赏"。钱锺书先生说,某些以文学为职业的人,偏偏是个文盲,唯考据是务,不知文章之美为何物。而吴先生相反,他说:"近来我听平伯师讲课时乃悟到考据究竟是重要的。盖如考据得不到家,欣赏的路也就容易阻梗,考据得愈精,欣赏时始愈知古人遣词设意工巧之难。"考据是手段,欣赏才是目的。齐先生引刘西渭先生语曰:"盖必'欣赏的考据'才不致使人头痛,亦唯有'考据的欣赏'才能是真正刻画入微的欣赏,如《读词偶得》所收的效果然。"先生早年有续成高步瀛《文选李注义疏》之宏愿,因时间不够未动笔。我认为,"义疏"乃烦琐考据之标本(对此有争论)。因此,先生续成之愿未果,时间不允许是原因之一;"考据的欣赏""欣赏的考据",乃先生未动笔的另一个原因。

我曾以普希金的诗形容钱锺书先生,今又以移评吴先生:

> 我为自己建立了一座非人工的纪念碑,
> 在通向那儿的路上,
> 青草不再生长。
> 它昂起那颗不屈的头颅,
> 高耸在亚历山大的纪念石柱之上。

(此诗凭我60多年前读戈宝权译《普希金诗集》的记忆,手头无书,可能不准确,请谅解)

上文是急就章,不值一哂,敬请与会者指正。

温加:这是陈延嘉教授临时写的一段文字,然后又通过图片发给凤桥先生,凤桥先生又把它逐字打出来。接下来第二个内容,我就说一说我这次能参加会议的原因。2012年,凤桥先生和我们吉林省美术馆韩庚军先生一起,为吴先生在吉林省办了第一个书法展——"学者吴小如"书法展,我当时是到场了。说句心里话,我确实在文史方面知道得比较少,对于吴小如先生原来了解不多,第一次在那会上通过书法认识了吴小如先生,当时先生没有到场。然后我在一幅作品里边发现了一点跟我们吉林相关的信息,就写了一篇文章发表了。凤桥兄看到了,呈给吴老,吴老还给了一定的好评。这次也收录到纪念文集里面。后来这么多年我陆陆续续地也对先生有了一点关注,由文史到书法,包括到戏曲,感觉吴先生是博大精深的,应该说是穷我一生,也未必能把他读透。这是在那次书法展之后,我持续不断地关注吴老,然后研究吴老的一个原因。刚才曙光先生说了,吴老在书法、古诗词点评、古诗词研究上确实也是高峰,但实际上他在戏剧研究上,可能更需要多一点关注。因为我们毕竟跟前一代的研究戏剧的很多人距离太远,对古典戏剧究竟是什么样子,可能概念越来越模糊。我是吉林长春的,受黑龙江青少年书法报社的委托,编辑了一个《落霞孤鹜》的版,收集的都是一些已故的老学者的专题。去年,给吴先生在书法报上做了一个专版,今天也带来给大家看一下。这是20世纪80年代就创立的《青少年书法报》,比较早的一个专业报纸。去年5月4号给吴先生做了一个整版。当时我跟凤桥先生也反复沟通了几次。吴小如先生在旧学上是很博识的,我们当下书法界的书家恰恰在这方面缺一些积淀,所以我就把吴先生的三部分做了组合。第一部分是吴小如先生对经典碑帖的题跋。吴小如先生的经典碑帖题跋,我想跟当下的题跋不太一样,开门见山,切中肯綮。我们现在题跋很盛,尤其是金石题跋,大都是大概在网上找一下子,这个东西长宽多少,什么时间出土的,等等,我感觉跟家电说明书差不多,谁都能做,也没什么意思。但是你看吴小如先生的题跋,就是真的对这些碑帖有感受,有话则长,无话则短,短的可能三五句话,长的可能都有几百上千字,是有真实感受的,所以我把题跋放在第一位,可以跟当下这些题跋做一个对照。第二部分是吴先生学诗琐忆。第三部分是吴先生议京剧艺术表演中的几条规律,就跟当下的这种比较花哨的截然相反,就是当时的戏剧表演,演员在前边是可以出尽风头的,可以把自己对戏剧的了解充分展示出来。我们现在就是因为声、光、电什么手段都可以用,反倒是有点夺了演员的表演的风采。另外我把吴先生的书法作品从题跋到临帖,到手札,都收集了一下,尽量在小空间内把吴先生与书学相关的东西展示出来。另外我再说一下对书的感受,这本书编得简洁大方,装帧复古,凤桥兄和程立老师做了很多工作,做得比较成功。

张新(《中华书画家》杂志社):感谢刘凤桥老师邀请我来参加这次座谈会。我刚刚成为吴小如先生的粉丝。这个缘起是中央文史馆发起的一项收集、整理馆员学术、艺术资料的活动。当时给我分配的任务是收集整理吴小如先生的资料,可以说我得到这个任务的时候啊,情绪不高,我有点担心。因为其他的同事分到的,可以说是在大众中更有名的艺术家、学者,资料收集要求的规格比较高、品类比较全,要求的数量也很大,所以我就怀疑,对吴先生我原来不了解,这个资料我能不能顺利收集到?在工作的过程中,我情绪变得越来越高,可以说是抑制不住地兴奋。在收集过程中自然而然地对吴先生有了那么一点点了解,我已经觉得获益匪浅。可以说吴先生的学术、艺术和品格对我产生了巨大的吸引力。以我作为鲜活的例子,可以看到,吴小如先生身后不会寂寞。在收集材料的过程中,刘凤桥老师给了我关键性的支持和帮助,我的工作可以说完成得很顺利。在文史馆这个层面,以后我会致力于推进吴小如先生的宣传。我在《中华书画家》杂志社工作,仅从书法的角度来谈一点我个人的想法。韩老师说吴小如先生不以书画专名,其实从王羲之开始,或者从更早一点的李斯开始,一直到吴小如先生,历史上所有的书法大家没有一位是以书法专名的。在大文化的视角下来判断吴小如先生书法的成就和归属,可能是一个值得长期思考的方向。从我个人来讲,决定要做两件事:第一,终身向吴小如先生学习;第二,为吴小如先生编写年谱。

李文龙(天津中医药大学):刚才陈老师讲,现在社会是不缺大师的,不缺名师的,我们真正缺的是对我们有教育意义的这种老师。我读吴小如先生的著作对我的本职工作也有很大的帮助,我想谈几个方面。第一个,吴老师有教无类。有教无类,做起来非常难。从《吴小如纪念文集》中大家也可以看到,各行各业的人,无论是治古典文学的,还是从事京剧的、书法的,都能从和吴老师的交往中获益匪浅。这体现的是吴老的学术的格局,做人的格局,治学的格局。第一点就是他自己对学生毫无保留的这种传授,要求自己也一定要有足够扎实的学识。第二点是治学深厚。现在有些老师,无论是什么专业毕业的,到学校以后就开始教书,教的书也未必符合自己的专业,但都敢上去讲。吴老敢于讲诗词是因为他会作诗词,敢于讲书法是因为他会写书法,敢于讲京剧是因为他会唱京剧,而且还见过很多一流的演员。他自己有研究,才能教得更好。教师和学者这个身份是统一的,必须有研究你才能讲到点子上去。不能说我从书上学到的就直接贩卖给学生,那是讲不到点子上,讲得也不会有什么深度。第三点就是吴老是一个通才,我们其实对老师,尤其是在高校工作的老师,要求应该是相当高的。你没有水平,没有足够的知识的宽度,你是无法做一个合格的老师的。我从中也受到一些启发,就是尽量地去扩大自己的知识范围。就我所从事的制药工程专业而言,我起码要知道工业用药是怎么做的,化学药是怎么做的,中药是怎么做的,尽量地扩大自己的知识范围。

另外一个就是吴先生不务虚名。《吴小如纪念文集》里边有一篇文章讲有人拜访,吴小如先生当天不在家。第二天他又去,小如先生就告诉他说,昨天国务院准备给连战先生发一个邀请函,一个传统的请柬,叫小如先生去写。这种事,如果是发生在其他学者身上,可能要去大肆地宣扬,好像是很高的荣誉。但是小如先生从来没有把这个作为谈资,没去大肆地宣扬。包括莫言先生也是听过他讲课的,我觉得他应该是认识莫言的,毕竟是一个这么大牌的作家,但是他也从来没有宣扬过。他是不务虚名的,所以他的名声也不大。这里我也讲一个小小的插曲吧。我以前在浙江大学工作的时候,在教工宿舍跟我住隔壁的是一个学古典文学的,他听过刘宁老师讲课,是北京师范大学的,读过博士,是那边博士毕业的。然后我跟他聊,不经意地就聊到吴小如先生,聊了很多,他说你说的这个人好像很有学问,我怎么没听说过？我说那你要去了解了解他。过几天我们又聊,他说我知道这个人了,我们读过《先秦文学史参考资料》,还有《两汉文学史参考资料》。他说这两本书我毕业的时候都带着,现在还在我书架上,我以前不知道这书是吴老师编的,这两本书很有水平,从我读本科一直到我现在当老师,我都能从这两本书中受益匪浅。

所以这就是我们今天为什么来开这个座谈会,来出版《吴小如纪念文集》。我们今后确实要做更大量的工作去宣传、推广真正有含金量的著作、学者,我觉得这也是我们出版《吴小如纪念文集》的意义所在。我今天就给大家分享这么多,谢谢大家。

翟津壮(天津惠风图书公司):说起来我和小如先生这缘分也是始于 70 年代末我读大学的时候,那两本《参考资料》叫我给翻烂了,前几天我又买了一套。介绍我和小如先生见面的,是韩嘉祥先生,好像是在 2009 年的年底。那时候小如先生已经中风了,我第一次去就带了一幅书法,叫小如先生给指导指导。小如先生坐在椅子上,看了半天说:"嗯,比我写得好。"后来韩嘉祥先生就总调侃我:"小如先生说你写得好。"后来我琢磨着就是小如先生当时写不了了,他是对自己的一种感慨吧。小如先生说:"别光看我的,要多临帖。"我也收藏了小吴先生的一些作品。我想,为什么小如先生走了7年之后,我们还在这儿越讲越有感受,就是因为小如先生的业绩就是一座历史丰碑。韩先生写的"斯人独憔悴"那种情况就是另外一种情况,有很多老师写的文章里边也提到小如先生一生坎坷,晚景凄凉,有的文章里边涉及这个。这个我是深有感触,所以我后来在他最后在世的两三年当中,经常跟着韩先生去小如家,这方面是有感触的。

陈熙中:我还是要强调一下,吴先生是一个模范的教师,作为学生我特别有感受,吴先生不但有学问,而且认真负责地教书。尽管吴先生是最年轻的一个老先生,职称是讲师,可是你看看同事回忆录里面,写吴先生的是最多的。我认为这不是偶然的,我们以前系里学生都认为吴先生讲课好。研究古典文学的专家里面,吴先生是最注重语言文字的。所谓的小学,"治文学者宜略通小学",对,这个"小学"就是文字学。现在好多人文字不通,很多文学教师欠缺的就是这个,他不欠缺西方的什么理论,就是这个比较缺。吴先生说他做学问,有的是不攻的,不是说什么都搞的。古文字学他不碰的,敦煌学不搞。他的意思是什么?这些学问是要花很多时间才能搞的……像吴先生这样的学者太少太少了。我的学长上次来开会的时候讲吴先生比较坎坷,一颗珠子,明珠啊,最终是要发光的,当时大家都鼓掌。那么我就补充一句,就是颗珠子啊,不但发光,而且越来越亮!

范洛森(书面发言,刘凤桥转述):凤桥君邀请我赴京参加吴小如先生的小型追思会,因家事蹉跎,未能前往,借此回忆与吴先生交往点滴。1985年初识吴先生,一直过从甚密,自诩算是一个私淑弟子和忘年交。他身上具有当今知识分子十分稀有的高贵品质,要之有三。因常萦于胸,特附此记,以充交流。

一、他是改革开放后学术界首先在公开场合对文化教育现状提出怀疑和批评的人。这是我和他交往多年里较多谈论的话题,总听他说起,又在某某讲座或会议上呼吁这样或那样的问题。回忆起来大概有这几个方面。一是对教师的青黄不接现象深感忧虑,有好学生,但少好老师。二是对高校的行政色彩日益浓厚提出批评,认为资源配置存在随意性,也坏了规矩,学风日下,北大在学术上的一些优秀传统逐渐消失。他对后来学术上抄袭成风、学术造假、自我炒作等现象深恶痛绝。三是对京剧界人才青黄不接、社会鉴赏力下降深表遗憾。四是对中国书协的作用提出质疑,认为其对当下丑书盛行负有责任。他形容书坛种种乱象已退化成当年北京天桥的杂耍,让人啼笑皆非。我在网上见过一个吴冠中先生抨击美协的音像资料片,句句切中时弊,他的口吻、愤懑之态与吴小如先生何其相似乃尔,真可谓殊途同归,有异曲同工之妙,从中也可见他们的一片赤子之心。五是社会上对文化和文明的理解有失偏颇,在东西方文化交流上人为设置障碍,对学术的基础研究和人才的培养严重忽略,精神文明多为一些假大空的口号,不中不西,不及根本。六是媒体、出版物上出现大量错别字和语法错误,令人痛心疾首。

二、他坚守底线,是一个有原则的人。一是我同他交往几十年,常有书信往来,但凡我信中出现错别字和语法错误,他在回信中一定会指出,不留情面。二是对我请教的一些问题的回答,往往事后提出一些补充,力求全面,不留尾巴,件件画上句号。三是不随时风,坚守原则。20世纪90年代,师母身体不好,他虽然想给她尽量服用好一些的药,可又囊中羞涩。我将一个熟悉书协的人带到他家,想为他的书法寻找点市场收益。此人不了解吴先生的秉性,按照世俗逻辑,认为吴先生学问好字又写得好,还愁什么钱,加入中国书协或利用书协的资源对他适当推介,什么问题都解决了。未料送走客人后,吴先生第一次对我动怒,将我狠狠批评了一通。他对此等沽名钓誉的事,不屑一顾,也不越雷池半步。再就是书法的润格,最早他说启功先生好像是1000块,那我就收500吧。后来随着物价不断上涨,改收1000。再后来启功先生的字过万了,他才改收1500,再到后来2000元也就封顶了。另外就是不卖字,吴先生给人写字一般都是在熟人之间,或通过熟人介绍。我后来在下面做县委书记,我让吴先生多写点字,我来代为推介,他依然不同意卖字,给谁写字一定先了解一下请托人的基本情况,遇到他认为不合适的对象,照样拒绝。他是确定好人选后才动笔写字,这也导致他的收益十分有限。

三、他是一个对文化情有独钟、对现实高度关切的人。我因为在基层工作,亲历了改革开放过程。改革从来是一波三折,尤其是物质层面改善以后,社会精神文化层面的矛盾和问题反而越来越多。我在向吴先生请教学问之余,也常谈及现实问题。关于改革,吴先生认为经济改革是因为太穷了,搞起来容易,综合改革难,但没有全面的改革,中国的问题解决不了,还会派生许多新的问题,中国的前途就看改革改到什么程度。他也一直鼓励我积极投身这场改革事业,我在职业生涯中曾两次下海和在基层探索改革,都得到吴先生的认可。另外,他认为我们的文化土壤已遭破坏,这个问题不解决,其他问题只会越来越多,我们的后代将承担难以承受之重。他对社会功利化、教育产业化、学校行政化、环境污染、土地浪费等话题都有涉及,对前景颇为忧虑,对时下所谓国学、红学热颇有微词。他认为这是走火入魔、故步自封、井底之蛙。他一方面挚爱中国文化,一方面强调东西方文化的交融,他的学术底色仍是北大先贤们的学贯中西、文化融合。他认为中国文化本身就是一个多民族文化交融的产物,我们今天的落后源于交融得不够;我们既要看到自身文化里的精华,也要辨识出存在的许多糟粕。他说文化不是技术层面的事,涉及价值观、审美观,国家应引导国民追求真善美,让一代接一代的人有更好的文化素养和品质,让我们的国民越来越文明。所有的竞争到后来都是创造力的竞争,而创造力最终都是文化和文明的竞争。

吴小如先生性格耿直,为人率真,治学严谨,敢于直言。我认为他在学术上做到了"致广大、尽精微",在处世之道上讲究经世致用、知行合一,在个人品行上笃守君子之道。我在与吴先生交往的过程中,也认识了一些同时期的大知识分子,有的还是经吴先生引见的,像吴先生这样关注改革、关注民生、关心教育、议论时政、放眼看世界的,是少有的比较全面的一位,堪称当代文化楷模。

刘凤桥: 我为什么要宣传吴小如先生?

近日宅家无事,又重新学习了一下2019年《吴小如先生临帖十种》出版座谈会上,陈复兴、刘宁、杨天石、陈丹晨、许宏泉等十几位先生的发言,并转发在微信朋友圈。这次座谈会,引用陈复兴老先生的话说,"开得比较诚实!没有虚头巴脑的东西,质量很高。和一般的座谈会不一样"。《北京青年报》对座谈会作了整版报道。我参与了这个座谈会的组织工作,但我没有发言。这几年,我时常做些宣扬吴小如先生人品学品艺品方面的事情,比如组织研讨会、写文章、编辑出版图书等等,所以,有人就问我:"为什么对吴先生这么情有独钟,要反复宣扬他呢?"之前,我都没有正式或者是认真地回答过这个问题。因为,我要回答的都在我写的关于吴先生的一些文字里面了,或者说,已经在别人对吴先生的评价里了,无须我画蛇添足了。但现在看来,确实不够。所以,我还是要正儿八经地说几句,算是我的补充发言吧。

我宣扬吴先生的人品学品艺品主要有三点考虑,一是情感,二是道义,三是理想或者是使命吧。

先说情感。我2005年经北京大学程道德先生介绍,有幸认识了吴先生,直到2014年吴先生去世,陪侍先生杖履前后有十年之久,在与先生的相处中,我得到了先生很多的教益,沾溉良多!不仅是知识学问层面上的,还有很多是做人处世方面的,特别是先生对"文化滑坡"现象的揭露批评,更让我看到了一位知识分子的社会良知和责任担当!先生不说假话敢讲真话的品格,也是我一生受用不尽的。我是行伍出身,知识底子本来就薄,虽然跟随先生学了一点点皮毛,但始终不敢以先生的学生自居。说实话,先生也没有把我当作他的学生,但先生却称我为"贤友"!我可能是先生一生中极少被称为"贤友"的幸运者之一。孟子说,人生有三乐,其中一乐就是乐多贤友!我虽然没有资格做先生的学生,但能得到先生的"贤友"之赐,也是我今生莫大的荣幸了!夫复何言哉!古人讲,受人滴水之恩,当以涌泉相报。"一日为师,终身为父"。所以,从情感上讲,宣传师说、弘扬师道是我这"贤友"的责任,说白了,就是我要对得起先生!

再说道义。吴先生这样的学者恐怕不会再有了,这是多么可怕的事情!在今天的社会上,我们经常会看到一些"伪学者""伪大师"呼啸而过,招摇撞骗。问题的危害更在于,很多人没有分辨是非对错的能力,不知就里,所以常常被假象迷惑,甚至无意中推波助澜,助纣为虐(比如前几年风靡一时、此起彼伏的文化现象等等),致使我们今天的文化建设大有黄钟毁弃、瓦釜雷鸣之危。吴先生生前担心和不遗余力批评的"文化滑坡现象"愈演愈烈。在这种情势下,"守正"就是当务之急,亟须像吴先生这样的人站出来示范,正本清源,去伪存真,为民众树立标准,提高鉴别能力!正如陈复兴先生所言,宣扬吴先生的学品人品,对净化当下的学术风气是大有裨益的!

其三,说说理想。我虽然读书不多,但热爱中国的传统文化,也深信中华民族的伟大复兴一定能够实现!但实现伟大复兴,文化是重要的支撑!没有真正意义上的文化的复兴,民族复兴是很难实现的。那么,什么是真正意义上的文化呢?吴先生就是一个标准!

我今年50多岁了。我们这一代是非常幸运的一代,为国家和社会做了一些贡献,同样,也得到了国家和社会给予我们的丰厚的回报,我们应该知足,应该更多地报效国家和社会,干一些力所能及的、对国家对社会真正有益的事情。试想,如果我们这样的既得利益者,或者说是受益者,都没有这个觉悟、这份情怀,那我们的国家和社会的发展会是一个什么样子,也就可想而知了。所以,我从40岁开始,编吴先生的艺术丛书,办吴先生的书法展、座谈会、纪念会,现在编吴先生的纪念文集、研究文集,等等,都是基于以上的考虑。

我的一位朋友给我发微信说,吴小如先生在文章中讲过,传承,首要的是要传承正确的东西,否则他做得越起劲,读者受害就越大。

我的朋友对我宣扬推介吴先生的做法表示赞赏,希望我多做这样的工作。他的理由是,像吴老这种学者,如果没有人去推介,一般的读者是很难有机会走近他的。他举例说:"我的几位朋友,我一开始和他们提到吴老,他们基本都不认识,包括北师大的博士,并且读过吴先生的先秦、两汉文学史参考资料的,竟然也不知道吴老。后来我推荐了几本吴老的书,现在有时候交流,他们就满口吴老的话了。"我的这位朋友说:"由此看来,他们是有辨别能力的。但是现在书太多,没有人去宣传推荐,他们接触不到。而且,这些都是专业人士,他们的学问还是可以的,他们都没注意到吴老,一般读者更是可想而知了。"

朋友说:"我在高中班群里推荐过《吴小如讲杜诗》这本书。后来一位同学说,她本来是买给孩子看的,后来一家五口抢着看。"

《吴小如纪念文集》出版座谈会合影

通过这些,我的朋友得出结论:把高水平的真正的学者和他们的作品推介给读者,也是一种财富挖掘,是一件非常有意义的事情!

2021 年 5 月 22 日

吴小如年表

张青阳 编

1922年　出生

吴小如原籍安徽泾县茂林,出生于哈尔滨,原名吴同宝,是家中长子。高祖吴崇寿,道光丁酉科举人。曾祖吴瞻菁,道光癸酉科举人,曾出使朝鲜。祖父吴彝年曾任吉林电报局局长。父亲是著名学者、诗人、书法家吴玉如,母亲是满族官员傅文锦的女儿傅孝实。

1926年　4岁

家人开始带吴小如至戏院看戏。

哈尔滨东铁俱乐部有京戏票房,吴小如因居所与著名票友白希董相邻,经常由白希董带至票房。

此后数年间,吴小如在这里看到了陈远亭(老生)、林均甫(花旦)、顾珏孙(兼演小生、花衫)、白希董(花脸)、韩诚之(丑)、傅雪岑(老旦)等造诣精深的著名票友彩排表演,还有专业演员赵喜奎在此助演,兼管说戏拍戏和后台事务。

1928 年　6 岁

随母傅孝实回南京省亲,旋北返。

是年,吴小如入小学,就读哈尔滨市立第十七小学。

小学时期,吴小如爱读《三国演义》《水浒传》《说唐》《七侠五义》等,后来扩展至神魔小说、谴责小说、武侠小说、侦探小说和鸳鸯蝴蝶派小说。

仰承庭训,开始学习书法,从《崔敬邕墓志》、欧阳询《皇甫诞碑》入门。

1930 年　8 岁

祖母六十岁整寿,农历腊月二十三日晚上演"封箱"戏,大轴戏是《穆柯寨》《枪挑穆天王》《辕门斩子》三场折子戏连演,演毕加演"跳灵官"。这是吴小如生平唯一一次观看"跳灵官",印象深刻。

因吴玉如去莫斯科,吴小如私自临习《颜家庙碑》,后来受到吴玉如批评。但吴玉如很赞赏吴小如脱手临《黄庭经》而不用白褶子。

1931 年　9 岁

在《小朋友》"儿童创作栏"发表了一篇文章。

1932 年　10 岁

在哈尔滨外道新舞台初观著名老生演员雷喜福演出,二牌旦角是鲜牡丹,上演全部《雪艳娘》,表演配合默契。

是年,吴小如随家人由哈尔滨迁至北平定居。

经常去西单报子街路口的"同懋增南纸店"买红格毛边纸本子抄古文。

吴玉如教吴小如读诗,每日洗漱时,口授唐诗一首,一般为五绝或七绝。此后,吴玉如口授过《毛诗》和《论语》,后教吴小如读《孟子》。

居北平后,吴小如先后观看过马连良、裘盛戎、荀慧生等著名京剧演员的表演。程永龙的《水淹七军》《战宛城》,裘盛戎《法门寺》中的刘瑾和《群英会》中的黄盖都给吴小如留下了难忘印象。

秋,吴小如观看孟小茹与王泊生合作全部《单刀会》,杨小楼、钱金福的《青石山》,在哈尔飞戏院看过荀慧生全部《十三妹》,倒二为贯大元《南阳关》。贯大元是著名京剧老生演员,日后成为吴小如的戏曲老师。

冬,吴玉如为答谢孩子的英语老师毕绍明,偕家人陪同毕绍明到华乐戏院看富连成演出,大轴为《借东风》。

1933年　11岁

吴小如看戏兴致一发不可收拾,尤其看了大量富连成的戏,兼看中华戏校的戏,也看高庆奎、马连良、言菊朋和程砚秋、荀慧生、小翠花等名角挑班的戏,观看贯大元演《连营寨》时,感觉其中反西皮两段异常动听。

同时,吴小如阅读了唐伯弢编著的《富连成三十年史》,对戏曲史初有所知。

1934年　12岁

春,吴家迁居天津。

是时天津曲艺主要演出地点是泰康商场楼上小梨园。吴小如在此看过刘宝全、荣剑臣、张寿辰、小蘑菇等曲艺名家表演及听过女老生周菊娥京剧清唱。

初学作诗,因不合音韵,受到父亲批评。

秋,傅孝实携吴小如返回北京居住,后傅孝实返回南京陪伴吴小如祖母。

吴小如所用文具逐渐高档,习字时,常去琉璃厂买胡开文"千秋光""富贵图",用李鼎和戴月轩的中档毛笔。

是年,吴小如就读于北京私立育英中学初一年级乙班。

进入初中后,吴小如开始读现代文学作品,老师在课堂上讲胡适、鲁迅、老舍的文章和事迹,吴小如即至育英中学图书馆,借得相关著作,从老舍的《老张的哲学》始,先后读过《呐喊》《彷徨》《胡适文存》,还有茅盾、巴金等人的作品。

因上学要从东四步行到灯市口,吴小如常观察沿路牌匾。吴小如曾自述,印象最深的有两块牌匾,一是清末帝师翁同龢书写的"广埠堂","气势磅礴,体宗颜鲁公而苍劲饱满,略具行书笔意";另一块是郑孝胥写的"为宝书店","法度谨严、笔力朴厚"。

1935 年　13 岁

常去文津街北京图书馆读书。

上学时吴小如与顾嘉恩同班。顾嘉恩是龚派老旦著名票友顾佑臣之子。顾佑臣家中设有票房,吴小如常去听戏。

母亲携吴小如拜识鬻文为生的姨老爷张醉丐。虚龄 14 的吴小如学写剧评和随笔,经张醉丐润色,常在报刊发表。

吴小如常听姑父何静若谈余叔岩艺术精髓,又听张醉丐言:"看戏不能只看科班小孩子演戏,要看杨小楼。"

1936 年　14 岁

初夏某周末,吴小如观看王又宸在哈尔飞戏院(今西单剧场)演日场双出:《盗魂铃》《连营寨》。大雨倾盆,仍然客满,王又宸当场致谢,表演加倍卖力。

是年,吴小如观看了著名京剧老生余叔岩在堂会上表演《盗卷宗》,这是吴小如唯一一次看余叔岩的戏。杜元田与郭元汾的《挡谅》,是吴小如仅见的富连成"元"字科老生表演。

夏,再迁往天津。

在天津南开中学读初中二年级,清华大学毕业生陶光教授吴小如国文课,吴小如第一篇作文即受到赞赏。

在吴玉如指导下,开始学习行书和草书。吴小如回忆说:"先父只教临孙过庭的《书谱》,不令写怀素《自序》;只教写二王墨迹和《兰亭》《圣教》,不许写阁帖;只教写李北海,不许写赵松雪;只教写文徵明,不许写祝枝山。"这些禁忌都让当时的吴小如不解。

秋,天津中国大戏院落成,吴小如观看马连良及其扶风社作开幕演出。第一晚大轴是《借东风》,开场由马连良"跳加官"。

初冬,吴小如看了两晚天津中国戏院义务大戏,剧目:韩富信《金沙滩》开场,侯喜瑞《丁甲山》,梅兰芳、小翠花、萧长华、孙甫亭等《樊江关》。《樊江关》下场,剧场休息。休息后叶盛兰演《雅关楼》,其后尚有马连良、小翠花、马富禄《坐楼杀惜》、杨小楼、梅兰芳、姜妙香、萧长华、王少亭、贯盛习等《霸王别姬》。叶盛兰戏码列于梅兰芳之后,而观众无一离座,使吴小如认识到叶盛兰艺术水准高超。

1937年　15岁

七七事变以后,吴小如休学在家,每天习字自课。吴小如回忆:"先父嫌我笔力纤弱,嘱我备大方砖一块、炊帚一柄,每天蘸水在砖上写径尺大字一个小时。"从此笔力益进。

在南开中学礼堂观看朱作舟演《金钱豹》。

1938年　16岁

考入天津工商附中,高中一年级开始听朱星老师讲《伦理学》,听朱经畬老师讲语文课。朱经畬从《诗经》《楚辞》讲起,然后讲授先秦诸子,《左传》《战国策》《史记》《汉书》。吴小如从此知道了康有为、梁启超、胡适、钱玄同、顾颉刚、罗根泽这些学者的著作和观点,知道治《诗经》有姚际恒、方玉润,治《左传》要看《新学伪经考》和《刘向歆父子年谱》,读先秦诸子要看《先秦诸子系年考辨》和《古史辨》,以及什么是经学上的今、古文,史学上的"六家"与"二体",等等。

开始写《雄谈李少春》,评价李少春表演艺术。

在长安戏院看杨小楼演出的《金钱豹》,心中对比不同演员表演同一剧目时表演风格与细节设计的异同。

1939年　17岁

高中二年级,听朱星老师讲国文。工商附中高中二年级共有三个班,学生百余人,朱星不仅能叫出所有学生的姓名,而且了解每个学生的兴趣、才智、理想,根据学生的才华和专长,因材施教。

郝振基在天津中央戏院演《安天会》,列大轴。吴小如陪祖母观看,由于祖母年老不耐久坐,中场离去。这是郝振基最后一次演《安天会》,吴小如以后回想,每感遗憾。

8月,天津水灾,吴小如陪祖母避居北京,其间观看谭富英贴演《桑园会》《碰碑》双出。谭富英抱病,体力不支,《桑园会》由谭小培代演。

在京无事,吴小如便在北京图书馆手抄了大量有关《诗经》的材料。

1940年　18岁

因读程树德的《论语集释》而勤搜有关"四书"的著作。

就父执安寿颐、闫景平学唱老生戏。

1941年　19岁

于天津私立工商学院附中高中毕业。此时正值抗日战争,平津沦陷。吴小如虽同时考上燕京大学和辅仁大学,却因时事、家庭等原因无法离津,只能升入工商学院商科做本科生。

与后来成为新华社驻外记者的谢国权成为同窗。

1942年　20岁

秋,吴玉如在天津永安饭店举办为期两周的书法展,展品共有300余件,真、草、篆、隶、行兼备。展览观者如云。吴小如亲历盛况。

1943年　21岁

在安益龄之子安熊的陪同下,吴小如赴南京接母亲傅孝实回北京。傅孝实回北京后,居住在东单附近,后来吴小如到京,住北京大学宿舍,往返照料母亲生活。

是年,吴小如因病辍学,在拮据中开始了教书生涯。开始在天津私立达文中学教国文,兼任教导处教务员,曾通过列举介绍大量武侠小说,缓和偷看武侠小说的学生与英文教师间的矛盾。后任教于私立志达中学、圣功女中等学校。

教授古诗文课程时,吴小如认为,欲使学生明晓,教师应有写作古诗文的实践经验,遂从张纪方老师学写桐城派古文。每成一篇,即呈吴玉如批改。

经同学介绍拜谒著名学者林宰平,初见即接席长谈。自此向林宰平学习古诗文和书法。

开始章草临习,得林宰平指导,"我与宰老比邻,一度从学章草,每将日课呈览,也总是先肯定进步,然后再详示不足之处,令人心悦诚服"。吴小如迷上章草后,吴玉如便告诫他:"只许写《月仪帖》和《出师颂》,不许写赵孟頫的《急就章》,尤禁染指宋克。"

1944年 22岁

继童年的浅尝辄止后,吴小如再次开始学作旧体诗词。

吴玉如此时对吴小如点破规定临习禁忌的原因,并讲"要想熔南帖北碑于一炉,体会其相通相承而不相反相悖之理,还需细绎《元略》《龙藏》"。此后他开始同意吴小如临写褚遂良《圣教序》和赵子昂的各种字帖。

吴小如认为,研究现代作家的白话文,当从数量求质量。故搜罗裒集鲁迅、茅盾、老舍、巴金、郁达夫、叶圣陶、朱自清、废名等作家单行文集。

1945年 23岁

春,吴小如与高庆琳常去中国大学和辅仁大学听课。其间听过俞平伯、顾随等名师讲课。听俞平伯讲《孟子》《杜诗》《清真词》,生拜师之念。

抗战胜利,吴小如考入燕京大学文学院(一年级不分系)。"中国通史"由邓之诚和聂崇岐两位分班讲授;"西洋通史"由翁独健先生讲授;"大一英文"是公共必修课,开学之初有一段基本训练,由以陆志韦先生为首的一批老专家分班讲授。

吴小如进京即登门拜谒严群(严复侄孙,执教于燕大哲学系),严群留饭并长谈,彼此宛如旧识,后受教于严群。在燕京大学学习期间与周南(外交部原副部长、新华社香港分社社长)同窗。

秋,吴小如写信给俞平伯表达拜师之愿,俞平伯俯允。吴小如以小楷抄写俞平伯新作五古长诗《遥夜闺思引》为贽敬。

12月2日,俞平伯作《吴小如写赠本〈遥夜闺思引〉跋》,以志师生之谊,跋文:"右本吴小如同学写赠,古槐书屋入藏第一。君沉潜秀异,甫逾冠年,于诗文有深赏。乙酉冬孟,惠款斋扉,旨欲问业。于时闲庭拥叶,悄寡欢惊;欣挹清芬,自惭尘陋。斯篇粗就,遽出稿本畀之。中多慷慨之音,缠绵之语,生平怀想,略见其樊。小如三复之,或有忘言凤契,而亮余之草草也。嘱小如为清写一过。越数日,书成见惠,点翰轻妙,意愜骞腾,可谓桃琼报觊,冰水凌寒矣。唯兰膏可惜,多费铅华耳,为错他山,敢云识路;启予绚素,深藉君贤。"

12月4日,俞平伯作第二跋,以吴小如此书赠夫人许宝驯,文中有云:"曾有手写多本,分贻友好之说,而劳人匆迫,未能如愿。适吴生来游,书此篇为贽。用笔如蜻蜓点水,致足赏也。即赠筠箱,可为闲时吟寻之一助乎?"

1945年11月,吴小如开始以少若(怕父亲怪罪,用母亲爷爷的字)的笔名撰写现代文学评论,相继写出《读张爱玲〈流言〉》《读老舍〈猫城记〉》《读百灵〈未明集〉》等。

1946年　24岁

结婚。婚后偕妻子游玉泉山。

对林宰平提起自己曾因在课堂上偷读沈从文《湘西散记》而受到责罚。林宰平遂介绍吴小如拜入沈从文门下。吴小如《废名的文章》得沈从文亲自修改。

经俞平伯介绍,吴小如于北京大学教师宿舍谒见废名。废名对吴小如"勖勉有加,允其问业"。从此,吴小如拜师废名,先后听废名讲过论语、陶诗、李义山诗、庾子山集,常至废名宿舍请教。

常至南官坊口顾宅向著名学者顾随请教,一直持续至1949年。

是年,吴小如考入清华大学中文系三年级,因插班生需补修大量公共必修课,听了吴晗"中国通史",金岳霖"大一逻辑",张岱年"哲学概论"。当时学制,凡文科生都要学一门自然科学,吴小如选了李继侗先生的"大一生物学"。而李先生是当时生物学界的权威,后来荣任过内蒙古大学校长。当时教授大一、大二英文的主讲者有杨善荃先生(莎士比亚研究专家)、周珏良先生等。大一国文,主讲者有王瑶、范宁、季镇淮等。吴小如还选修了陈寅恪《唐诗研究》课,亲见著名学者陈寅恪因目疾,凭听力自助手朗读的英、日文资料中获悉当前学术动态,凭记忆解答文献资料问题。

因宿舍太吵,吴小如借住于严群在燕大南门的甲八号寓所,住了两个学期,与燕京大学哲学系学生时有过从,如陈晋泽、段昭麟、高庆琮、陈熙橡等,当时同住于此的还有王维贤、穆民瞻等。

吴小如先后撰写现代文学评论《从〈汉源集〉到〈十年诗草〉》《读毕树棠译〈贼及其他〉》《读钱锺书〈写在人生边上〉》《读钱锺书〈人·兽·鬼〉》《读冰心〈关于女人〉》《读巴金〈还魂草〉》《废名的文章》《读老舍〈面子问题〉》等。

1947年　25岁

为贴补家用,吴小如听从沈从文劝告,离开清华大学,考入北京大学,为中文系三年级插班生。清华大学中文系主任朱自清先生闻之叹息:"好不容易招了个好学生,可惜转学了。"

转入北京大学中文系后,吴小如发现许多名教授、名作家如川岛、杨振声、俞平伯、废名、沈从文、周祖谟等都要教一班大一国文。废名还教一班大二英文,用《维克斐牧师传》做教材。吴小如听沈从文"现代文习作"课程一年，先后从俞平伯学杜诗、周邦彦词，从游泽承（国恩）学《楚辞》，从废名（冯文炳）学陶诗、庾子山赋，从周燕孙（祖谟）学《尔雅》，从吴晓铃学戏曲史。

沈从文将《华北日报》文学副刊交给吴小如经营。吴小如从此开始编辑生涯，并把副刊办得有声有色。其间宁可与国民党总编拍案争执，也要坚持发表邵燕祥小说《沙林果记》。

经沈从文介绍，结识著名文学评论家常风，常拜访请教。

在林宰平寓所结识林宰平之子林庚。

撰写现代文学评论《读萧乾先生〈南德的暮秋〉》《读沈从文〈湘西〉》《读沈从文〈春灯集〉》《读朱光潜〈谈修养〉》《从〈蜕变〉经〈腐蚀〉到〈清明前后〉》《读〈笑林广记〉》《读茅盾〈耶稣之死〉》《读冯至〈伍子胥〉》《读〈穆旦诗集〉》《读冯至〈山水〉》《读李广田〈诗的艺术〉》《读顾随〈乡村传奇〉》《读江绍原〈发须爪〉》《读萧乾〈人生采访〉》《读鹤见祐辅〈拜伦传〉》《读罗家伦〈西北行吟〉》《读朱自清先生〈经典常谈〉》《读罗家伦〈西北行吟〉》，以及《读张爱玲〈传奇〉》（1947年发表于天津益世报《文学副刊》），《读刘西渭先生〈咀华集〉和〈咀华二集〉》《读萧乾先生〈梦之谷〉》（写于1947年年末，1948年2月25日发表于北平《经世日报·文艺周刊》第四十八期上），等等。吴小如评价张爱玲的文章，肯定了张爱玲的文学才华，认为可以与当时的大家比肩，也指出了张爱玲的问题，他的文章是北方最早认识与评定张爱玲作品文学价值的文章。

1948年　26岁

因时人误解已逝的朱自清先生，吴小如伏案50天，完成了近13000字的《读朱自清先生〈诗言志辩〉》。

夏，林宰平迁往上海，吴小如护送至津港上船。

观看了侯喜瑞、小翠花、奚啸伯合演的玩笑戏《胭脂虎》,末场石中玉与庞勋对白抓哏,比一般演员台词多出数倍,效果火爆。

秋,拜访少年作者邵燕祥,两人从此订交。

年末,北平解放前,于东安市场旧书摊购得王力《中国音韵学》。

撰写现代文学评论《读师陀〈结婚〉》《〈文学杂志〉的去来今》《关于〈子恺画存〉》《读常风先生〈弃余集〉》《读朱自清先生〈诗言志辨〉》。吴小如在《读常风先生〈弃余集〉》里表达了自己的文学批评观:批评家虽要具备基本的知识修养,但最该秉持的态度应是公正与宽容,既不要吹毛求疵也不要敷衍塞责,他的任务在于指导作者和读者,并不是专事责难与挑剔。所谓仁者之事,和而不同。

1949 年　27 岁

年初,天津解放。

吴玉如时任津沽大学中文系主任。吴小如于津沽大学讲授文艺理论,用《在延安文艺座谈会上的讲话》和《马克思主义与文艺》作教材,给全系各年级上课。

1950 年　28 岁

自 50 年代始,吴小如先后从王瑞璞、张伯驹、韩慎先、刘曾复学得若干谭、余两派老生戏。

1951 年　29 岁

受原燕京大学校长陆志韦和国文系主任高名凯之邀,到燕京大任教。

初到燕京大学,暂住教员单身宿舍,当时张伯驹先生也在燕京大学兼课,居住承泽园,将园后藏书楼内两间空屋借给吴小如一家居住。吴小如成为张伯驹的座上客,与常来张伯驹家的周汝昌一见如故,交为莫逆。

此时林宰平已于新中国成立后迁回北京,吴小如再次得以面见请教,过从愈密。林宰平不仅指点吴小如学术、艺术,也教诲吴小如以诚待人。

在林庚宅中初见著名作家老舍。

代理主持燕京大学中文系的林庚请来诸多名家。吴小如先后听过赵树理、李伯钊、老舍、金岳霖等作报告。

每周日到张伯驹组织的京剧研习社旁听,结识著名京剧票友顾赞臣。

为张芷江创办的华生电台清唱《碰碑》,由名琴师朱嘉夔操琴,此后朱嘉夔还曾为吴小如调嗓,并多次指点。

是年,吴小如教学忙碌,无暇他顾,书法练习从此搁置。

1952 年　30 岁

暑假,在听了一整天报告后,吴小如与俞平伯、废名及吴同宾一起吃饭。席间吴小如提到周作人,使废名不快,饭后方释然。这是吴小如最后一次见到废名。

各大学院系调整。吴小如留在北京大学任教。

院系调整后,北京大学名教授云集,中国文学史的主讲老师就有著名学者游国恩、林庚、浦江清、吴组缃等等,吴小如作为讲师,也在其中。

与自清华大学调来的王瑶交好。

1953 年　31 岁

天津市第一次曲艺会演,吴小如针对评剧《杜十娘》的表演,给当导演的弟弟吴同宾提出了意见。后正式演出时，表演设计按吴小如意见作了修改。

与著名学者金克木同时当选为九三学社北京大学支部委员会委员，定期在游国恩家开会。

1954 年　32 岁

撰写论文《吴敬梓及其〈儒林外史〉》，其间曾求教于吴组缃。

作为浦江清的助手为北京大学中文系五一级讲"中国文学史·宋元明清"部分。

1955 年　33 岁

参与游国恩主持的《先秦文学史参考资料》注释工作。

10 月，吴小如《中国小说讲话及其它》出版（上海出版公司）。《中国小说讲话及其它》是吴小如独自撰写的第一部学术专著，分为两个部分，第 1 辑是《中国小说讲话》，目的在于向读者概括地介绍我国古典小说中的优秀遗产，由神话、传说讲起，直至晚清的侠义公案小说和谴责小说，共分 5 讲，每讲五六千字。此书缘起于《文艺学习》连载王瑶《中国诗歌讲话》结束，王瑶推荐吴小如写《中国小说讲话》继续连载，后结集出版。

1956 年　34 岁

吴玉如在东城钱粮胡同吴小如家养病。经吴小如介绍，欧阳中石来拜访吴玉如，最终拜在吴玉如门下。

1957 年　35 岁

在北京大学中文系开设专业基础课"工具书使用法"，并讲授中国文学史宋元阶段。"工具书使用法"是中文系 1955、1956、1957 三级学生的必修课,课程极受学生欢迎。

中华书局出版吴小如学术随笔《读人所常见书日札》,何满子为责任编辑。《读人所常见书日札》分为读《左传》日札、读《论语》日札、读晚清小说日札、日札零拾四个部分。

观看李万春在中和剧场演数场《青石山》,王福山配王半仙。吴小如座位距离舞台很近,得以观察到王福山的细腻表演,并与曾看过的扮演同一角色的王长林、慈瑞泉相比较,认为王福山演《青石山》中王半仙最佳。

在北京东安市场旧书摊购得京剧剧作家罗瘿公《瘿庵诗集》。

12 月,《先秦文学史参考资料》出版(高等教育出版社)。

1958 年　36 岁

在吴小如元明清戏曲课和京剧讲座的影响下,北京大学中文系 1956 级 4 班决定编写《中国戏曲史》,吴小如多次带京剧唱片去学生宿舍播放,讲解剧目。编写《中国戏曲史》一事写进了学生档案,后来多名学生毕业后从事与戏曲相关的工作并取得了不俗的成就。

吴小如在红旗夜大授课,一学生是京剧名演员钮骠,两人从此结交。

8 月 16 日夜场,观看中国戏校教师为勤工俭学义演,在西单长安戏院演出,《泗州城》开场,压轴为萧长华、姜妙香、钮骠的《连升店》,大轴为于连泉、雷喜福的《坐楼杀惜》。

为中华书局开设"唐诗宋词专题研究"选修课。

1959 年　37 岁

参与游国恩主持的《两汉文学史参考资料》的注释工作。

吴小如与爱人骑自行车到北展剧场观看马连良、裘盛戎的戏。马连良的《三娘教子》让吴小如感叹不已。

10月,《两汉文学史参考资料》出版(高等教育出版社)。由吴小如注释并统稿、定稿的《先秦文学史参考资料》和《两汉文学史参考资料》广受学界好评,至今仍是各大学古汉语必修教材。

1960年　38岁

是年,吴小如再次开始临池习书。

学生诸天寅拜访吴小如时遇到吴玉如,尊为"太师公",并获得吴玉如赠送诗稿两册。

母亲傅孝实因病辞世。

1961年　39岁

年初,得知好友邵燕祥从农场回来,吴小如写信问候并赠诗:"初识心惊俱少年,新诗遥忮捷能先。归帆误泊狂涛里,小跌何妨跻大贤。"

向毕业后分配到北京市外国语学校教语文的诸天寅传授讲课技巧。一个学期后,诸天寅的《琵琶行》教学观摩课获得广泛好评。

经钮骠介绍认识贯大元,欲从贯大元学戏。恰好贯大元之子贯涌欲学古典文学,双方交换教授。从此,吴小如正式从贯大元问业。

开始撰写论述老生流派的系列文章。

秋,吴小如成为研究生齐裕焜的导师。

陪京剧著名票友韩慎先在中国唱片社录音,共录《李陵碑》《鱼肠剑》《桑园寄子》三出。吴小如配演《李陵碑》六郎、《鱼肠剑》姬光、《桑园寄子》娃娃生,并得人传授李顺亭的六郎唱法。

在韩慎先处见到程派《武家坡》单讲台词手抄本。

1962 年　40 岁

在人民剧场看内部演出：毕英琦《战北原》，萧盛萱、高玉倩《打刀》，叶盛兰《雅观楼》。吴小如座位与老舍相邻，二人就台上表演评论交谈至终场。

1963 年　41 岁

春，吴小如在北京大学第一次讲授戏曲研究专题课。

学生吴志雄从北大图书馆借来《重刻增补燕居笔记》请吴小如看，书中有《杜丽娘慕色还魂》全文，经研究为汤显祖创作《牡丹亭》的蓝本之一。在吴小如指导下，吴志雄写论文《一个有关牡丹亭传奇的话本》并发表。文章的结论以后成为学界共识。

京剧名家萧长华文集《萧长华戏曲谈丛》即将出版，吴小如做修改润色。

于纪念萧老演出专场散场时，在戏校排演场前台匆匆见了叶盛兰最后一面。

为中华书局中华历史小丛书《汉字史话》写行、楷、草三体"祖国万岁"。

1967 年　45 岁

断断续续和贯大元学了《天水关》《万里缘》《南阳关》三出戏。加上之前学习的《让成都》《困曹府》《甘露寺》《审头》《盗宗卷》《连营寨》《扫雪打碗》《翠屏山》《焚烟墩》《上天台》《骂殿》，吴小如前后随贯大元共学习了 14 出戏。

吴小如向同住"牛棚"的厉以宁口诵一首旧作："欲罢轻阴问柳丝，远山冥默送青迟。关情南陌将雏燕，遣兴中庭曳尾龟。旅食一身牛马走,著书千卷死生期。蓬门昼永思佳客,珍重春风啜茗时。"

厉以宁脱口评:"你是学宋诗的。"从此两人常私下交流。

1969 年　47 岁

赴江西鲤鱼洲农场劳动。

10 月,吴小如递给厉以宁一张纸条,上面有一首《鹧鸪天》:"聚散萍踪事可思,当时魇梦画楼西。百年驹影惊回首,一纸家书慰展眉。新旧雨,短长堤,平生幽素几心知,相看两鬓随缘老,莫待吟成已是诗。"厉以宁当即步原韵回赠一首:"莫道红湖巧遇迟,萍踪难得两心知。青莲自幸身无染,银杏何愁鬓有丝。堤上路,画中词,升潮也有落潮时,江风吹尽三秋雾,笑待来年绿满枝。"

1978 年　56 岁

为评为副教授的学生李汉秋书写对联:"江汉流终古,春秋集大成。"

1979 年　57 岁

赠著名学者周一良《敬善寺石像铭》临本。

9 月,应齐裕焜之邀到兰州,给兰州大学中文系和甘肃师范大学中文系讲学近两个月。

在兰州遇到阔别三十多年的常风,一同游园叙旧。

1980 年　58 岁

向孙盛文、孙盛武请教《大小骗》的剧情。吴小如对孙盛文循序渐进、重视基础的教学方式很赞同。

被评为教授。

纪念吴敬梓诞辰280周年学术讨论会举办,吴小如撰写了《两个没有很好解决的问题》一文。

俞平伯八十大寿,吴小如集李白、张说诗句写了一副"共看明月皆如此,且喜年华去复来"的草书对联借申贺悃,俞平伯很欣赏,将对联装裱成轴,悬挂客厅正壁,并对吴小如说:"你不用惶恐,将来挂你字的人会越来越多!"这副对联在古槐书屋悬挂多年,80年代末才换上了吴小如父亲吴玉如写给俞平伯的另一副对联:"欣处即欣留客住,晚来非晚借灯明。"

1981年　59岁

到沈从文新居,沈从文热情接待,畅谈一小时。分别时,沈从文一直送到电梯口。

为学生朱则杰批改作业,前后不到一年,共有五篇文章:(一)《也论〈圆圆曲〉——向姚雪垠先生请教》(1980年8月21日,初稿);(二)《〈论《圆圆曲》〉献疑——向姚雪垠先生请教》(1980年9月6日,二稿);(三)《"天上人间"——秣陵春的思想艺术特色》(1980年12月中旬);(四)《读吴梅村词》(1980年12月下旬);(五)《永嘉四灵琐记》(1981年4月下旬)。

秋,与自加拿大归国的著名学者、诗人叶嘉莹相识。叶嘉莹是著名学者、辅仁大学教授顾随的入室弟子。

吴小如对父亲书法直陈己见,认为老人作字已有精力渐衰、笔力难到处。父子对这一问题进行了讨论,吴玉如部分地认同吴小如的意见。

高盛麟、王正屏合演《连环套》,钮骠演《盗马》一折。吴小如为给学生钮骠捧场,赶来观看,钮骠演出结束,吴小如即离开。

1982年　60岁

3月,《中国文史工具资料书举要》出版(中华书局),吴小如与吴同宾合著。《中国文史工具资料书举要》循由"面"到"点",由"点"及"线"的治学理路,以为文史工作者寻检资料提供便利为原则展开介绍,同时归纳出中国古代文献的发展脉络,同一类书籍往往提及多个版本,指出其中优劣及错漏之处,供读者自主选择。

吴小如《古典小说漫稿》出版(上海古籍出版社)。《古典小说漫稿》共收录15篇文章及2篇附文。是新中国成立后吴小如治古典小说的主要研究成果。

《文史知识》杂志社与中央电视台文艺部、北京市团委合作,连续三年举办全国性迎春征联大赛。《文史知识》杂志社负责邀请评委和组织评审,评委有朱家溍、俞明月、吴小如、白化文、张富华、杨牧之等。

为自己中学、大学的老师朱星写纪念文章。

是年,吴小如离开北京大学中文系,后调入北京大学中古史研究中心,讲授"中国文学史""历史文献选读"等课程。

8月8日,父亲吴玉如因病辞世。

10月,吴小如撰写了《关于〈牡丹亭〉的几件小事》,刊载于《汤显祖研究论文集》(中国戏剧出版社1984年5月出版)。后改为《关于〈牡丹亭〉札记三则》,重新发表于《学林漫录》。

4月,吴小如《台下人语》出版(中国戏剧出版社)。《台下人语》是吴小如近三十年撰写的戏曲散论、短评文章结集,分为两部分。第一部分是散论文章,共计39篇,有对京剧传统剧目的分析研究,有对著名演员表演艺术的评述,有关于剧坛的掌故逸闻,还有辅导青年观众欣赏京剧表演艺术的文章,以及有关戏曲改革的杂感等。第二部分为"中国戏曲发展讲话"。

1983年　61岁

1月与高名凯合译的《巴尔扎克传》出版（上海译文出版社）。

为中国社会科学院文学研究所编写《中国历代诗话选》科研项目进行稿件审定工作。

北京大学中古史研究中心在宋史专家邓广铭主持下，开始整理、标点宋代赵汝愚《国朝诸臣奏议》，孔繁敏负责该书职官、兵部及边防门部分奏议，由吴小如审阅。

夏，江苏昆剧团到北京公演，吴小如连看八场，并撰写《看昆曲演出断想》一文。

12月中旬，中国戏曲学院为筹募北京儿童福利基金，义演三场传统戏。其中两场大轴是王金璐、张关正、钮骠主演的《潞安州》。吴小如观看后撰写《试论〈潞安州〉的改编和表演》一文。

1984年　62岁

为北京大学历史系大二学生和留学生讲授"中国文学史"。

4月上旬，应河南社科院之邀，到洛阳讲课。

7月，关于老生流派的系列文章完成。

吴小如推荐齐裕焜参加第二届《三国演义》学术研讨会。

吴小如经研究断定，诸天寅和孙毅中在旧报刊中发现的两篇关于京剧的佚文为著名文学家郁达夫所作，后发表《郁达夫话京剧佚文二篇的笺注和跋》。此文对京剧史研究和郁达夫研究皆有贡献。

钮骠和肖润德拍成电视剧《连升店》，吴小如写信指出剧中字幕、表演的一些问题。

吴小如《古诗文述略》出版（山西人民出版社）。《古诗文述略》分为古诗述略、唐诗述略、古典散文述略等部分，是一本古典诗文普及读物,后来多次再版。

1985 年　63 岁

5 月,吴小如陪同胡友鸣、马欣来两位年轻编辑历经周折,为俞平伯作"治学之道"访谈。后吴小如撰写《越墙采访俞平老》发表于《文汇读书周报》。

为《中国现代散文 120 家札记》作题为《为散文呼吁》的序言。

吴小如看了昆曲名演员沈世华表演的《孽海记·思凡》,给予肯定,指出不足,并著文推介。

1986 年　64 岁

对孔繁敏正在编写的《包拯年谱》提出重要意见,并在该书出版时撰写题记。

吴小如参观晋祠唐代石刻《华严经》后,提出写经体与唐代碑版楷书同出一源,只是碑刻与手写有区别。通过观察,对初唐四大家,尤其是褚体的流行和对后世的影响,有了新的认识。

中华书局出版了《京剧老生流派综说》。《京剧老生流派综说》是吴小如以学术眼光,从文学、史学角度观照京剧艺术的心得,是感性经验的集萃,也是系统化专门化的铺陈归纳,为中国京剧老生流派形成和发展厘脉溯源。

观看王金璐在天津第一工人文化宫的演出时,吴小如在后台见到中国京剧院老生李世霖。二人初见即长谈,对艺术滑坡现象共有担忧。

11 月,"纪念明代伟大戏剧家汤显祖逝世 370 周年活动周"举办,20 日举行戏曲片《牡丹亭》首映式,随后举行了学术研讨会。吴小如参加首映式和首场学术研讨会,12 月写成文章《汤显祖与迪斯科》,批评《牡丹亭》电影中的问题。

是年,吴小如杂文《是流派束缚了艺术发展吗?》《记晋祠〈华严经〉石刻》《汤显祖与迪斯科》连续在中国侨报《华声报》第四版副刊《黄河》头条位置发表。

1987年　65岁

齐裕焜开始撰写《中国古代小说史》,以小说类型分类叙述,着重体现不同类型小说的演变过程。吴小如对其中的重要难题提出了解决方案,后通审全书,提出大量修改建议。

孔繁敏撰写了《赵汝愚国朝诸臣奏议初探》(载《文献》1989年第1、2期)一文,吴小如阅改后于1987年5月向《文献》杂志推荐。后来孔繁敏被评聘为副教授时,此论文起了重要作用。

吴小如《读书丛札》出版(北京大学出版社)。《读书丛札》收录《〈诗三百篇〉臆札》《〈左传〉丛札》《〈论语〉丛札》《〈史记〉丛札》等考据丛札17篇,按写作年代排序。

吴小如《古文精读举隅》出版(山西人民出版社)。《古文精读举隅》依据吴小如1959年到1964年间在北大开设古代散文选的课程,选文42篇,详为解说,全书之首还有一篇《古代散文发展述略》提挈纲维。

1988年　66岁

2月,好友邵燕祥作一诗寄吴小如:"毕竟诗情渐不多,苏州船板记曾过。华年尽日愁风雨,御路何期布网罗。寒信频催新鬓白,人生几见醉颜酡。西郊风景殊萧瑟,春到门前好踏莎。"吴小如和诗一首:"明知来日渐无多,犹自强颜发浩歌。棋罢何尝人换世,春归依旧雀投罗。少年意气风兼雨,晚岁牢骚叟共婆。永夜静思惭一笑,蛇神牛鬼入诗魔。"

吴小如《诗词札丛》出版(北京出版社)。《诗词札丛》收吴小如四十年间撰写的古典诗、词、曲鉴赏和评论文章80多篇,分《诗歌札丛》《词曲札丛》《其他》三辑。

1989年　67岁

秋,迁回中关园楼居,与北京大学英语系教授王岷源住对门。

看了昆曲名演员沈世华表演的《牡丹亭·游园》,吴小如赋诗一首并书写成条幅赠予沈世华。诗曰:"喜看北苑秀南枝,人到中年大有为。一曲《游园》真善美,端庄平正见神奇。"

1990年　68岁

俞平伯90寿诞。吴小如请天津篆刻家卢启善刻了"平伯长寿""千秋事业在名山"两方印章送给俞平伯,并参加了于贵阳餐厅举办的寿宴。

是年,吴小如已"立雪俞门"45载。

吴小如为齐裕焜《中国古代小说史》写序。

《华声报》副刊全年登载吴小如"古诗词赏析"15篇。

《文汇月刊》刊登吴小如文章《谈马补微——致汪曾祺》,指出了汪曾祺谈京剧的文章中在戏目和演出上的问题。

10月,俞平伯逝世。依俞平伯生前关照,俞平伯和夫人许宝驯在北京西山福田公墓合葬墓碑文由吴小如书写。

1991年　69岁

4月,吴小如在上海参加俞振飞舞台生活70周年和90寿辰大会纪念活动,并在会后发表文章评价俞振飞的艺术特色与成就。翌日,吴小如接到著名演员程之邀请,会面畅谈,从此订交。

作家出版社邀请吴小如为俞平伯选一本《美文精粹》。吴小如把俞平伯全部散文著作重新披诵,梳理脉络,精选篇目。

主编《365天中外名人大事词典》,学生诸天寅为编辑之一。

为北京大学中文系1956级毕业生毕业三十年题诗:"人间露从今夜白,天上月是故乡明。卅年相聚谈何易,砥柱中流仰众擎。"

观看全国中青年京剧演员电视大赛后,吴小如撰文指出京剧表演重点在"戏",不应过分炫"技";服装设计应符合人物身份地位;加入伴舞和西方音乐、表演不符合京剧本身艺术规律等新时期京剧发展存在的重要问题。

1992年　70岁

受聘为中央文史馆馆员。与秦岭云共同主编中央文史研究馆《诗书画》杂志。

应邀到香港大学作演讲。

周培源90寿辰,吴小如代表北京大学撰"道德文章,科学之光;春风化雨,桃李芬芳"的祝词并以八尺宣纸书写。

在吴小如推荐下,孔繁敏撰写的论文《赵汝愚国朝诸臣奏议初探》获北京市高校第二届哲学社会科学中青年优秀成果奖。

10月,《俞平伯美文精粹》出版(作家出版社)。

上海辞书出版社出版吴小如参与编写的《汉魏六朝诗鉴赏辞典》。

吴小如应邀至德国海德堡大学汉学系讲授"中国诗歌史""京剧研究""近代文学作家研究"。授课至翌年2月结束。

1993年　71岁

回国后,吴小如以在德国写成的几段读书笔记结为《京剧温故知新录》,应约编入《庆祝杨向奎先生教研六十年论文集》。

为《中国四大古典小说论稿》作序。

吴小如参与编写的《文心与诗魂:诗文欣赏》出版(海南出版社)。

8月,吴小如带病为陈曦钟、吴书荫、张明高校注的《三言》作序,题为《新注本〈三言〉题记》。

帮助申报正高职称时,材料送审出现意外的诸天寅顺利通过职称评定。

1994年　72岁

撰写文章《学戏与临帖》。该文通过对戏曲与书法基础学习和艺术创造的分析,表达对传统艺术学习、传承、创新的意见。

诣陶然亭宾馆,与来京主持中央电视台节目的程之长谈。

1995年　73岁

应邀至香港中文大学做演讲。

吴小如自选集《书廊信步》出版(辽宁教育出版社)。《书廊信步》第一部分为吴小如先生关于当代文学作品的书评与序文,是此书主要部分。《废名的文章》《读刘西渭先生〈咀华集〉和〈咀华二集〉》《读常风先生〈弃余集〉》是吴小如现代文学评论中重要的著作。序文部分关于俞平伯先生的文章共有四篇:《俞平伯序跋集序》《俞平伯诗全编序》《俞平伯美文精粹序》《读俞平伯日记》,全面评述俞平伯的学术、文章、为人风范,同时也表明吴小如"立雪俞门"数十年,对于恩师学术正脉的承续和师德行止的摹效。第二部分总称

《师友怀想录》。第三部分题为《现身说法》,是吴小如的读书体会。

11 月《吴小如戏曲文录》出版(北京大学出版社)。

1997 年　75 岁

值金克木 85 岁寿辰,与启功同往贺寿,并畅谈。

应白化文之请,为《周绍良先生欣开九秩庆寿文集》题签。

1998 年　76 岁

开始写《鸟瞰富连成》,再次重读《富连成三十年史》,并为之写书评,从中国京剧史、京剧演出史、京剧科班发展史等不同角度解析评定。

吴小如《今昔文存》出版(湖南人民出版社)。《今昔文存》分为《昔日书评》《近年文稿》两部分,《昔日书评》中收入吴小如 1946 至 1948 年间撰写的现代文学评论 20 篇,《近年文稿》收录 30 余篇围绕读书与治学展开议论的散文。

山西教育出版社出版吴小如《读书拊掌录》。

吴小如《心影萍踪》出版(上海教育出版社)。

辽宁教育出版社出版吴小如《鸟瞰富连成》。《鸟瞰富连成》评述了富连成戏校各科演员的艺术经历、艺术特色、发展道路等,是吴小如又一部系统化的戏曲研究著作。

是年,吴小如重新临池已近 40 载,遍临自"二王"以下晋唐法帖、北魏墓志等,常在临习时作题记,部分文字辑为《莎斋论书法文字辑存》《莎斋碑帖跋语辑存》。

1999 年　77 岁

北京大学中文系请吴小如讲授了一个学期"经史举要"课程。

指导檀作文论文《朱熹诗经学研究》。

发表《古书今译也要"信达雅"》,对古文今译提出了自己的主张和要求。

《当代学者自选文库(吴小如卷)》出版(安徽教育出版社)。

吴小如编著《微笑着离去:忆萧乾》出版(辽海出版社)。

吴小如《莎斋笔记》出版(东方出版中心)。《莎斋笔记》是"大家小品丛书"之一,全书共分为10卷,是作者精心选编的有关诗词、书法、碑帖、治学、戏曲、杂谈等内容的学术笔记集。

2000年　78岁

袁良骏为福建教育出版社主编《学术随笔自选丛书》,吴小如提供了学术随笔集《常谈一束》,编入丛书出版。

著名学者周绍良亲请吴小如为其著作《唐传奇笺证》题签。

辽宁教育出版社出版吴小如《盛世观光记》。

2001年　79岁

清华大学成立90周年,吴小如代表北京大学撰贺联:"水木清晖,荷馨永播;九旬华诞,棣萼同欢。"

上海东方电视台开办《绝版赏析》栏目,邀请吴小如作为主讲。

2002年　80岁

1月,吴小如《古典诗词札丛》出版(天津古籍出版社)。《古典诗词札丛》为古典诗词研究津梁,分《古代诗歌札记》《词曲札记》《学诗小札》三部分,书首一篇《我是怎样讲析古典诗词的》指陈枢要。

吴小如到上海在儿子家小住,其间与学生王水照见面畅谈。吴小如自上海去南京大学讲学,因为"非典"疫情发生,王水照特别安排学生王同祥陪同照顾。返回后,王同祥带来吴小如手书《再赠水照》一绝"人如秋水涵空照,学拟春风育晚花。头白重逢真一快,知音原不在天涯。"

在《绝版赏析》周年庆晚会上,吴小如演唱了《蟠桃会》选段。

11月3日,汪少华至上海接吴小如到杭州。4日晚,在杭州师范学院(今杭州师范大学)文一路校区讲学。5日晚,在杭州大学玉泉校区讲学(朱则杰主持)。

新世界出版社出版吴小如《霞绮随笔》。

2003年　81岁

为檀作文讲"杜诗"一学期。

3月,在上海寄赠张鸣绝句二首:

"晚岁逢君大有缘,醇如涧底酌清泉。时贤谁会溪山美,莫羡人间造孽钱。""燕尘重踏知何日,朝野风光异惜时。子拥书城堪遣兴,春暄无忽岁寒姿。"

10月,陈熙中、张鸣和胡友鸣为自上海返京的吴小如接风,席间讨论北京大学百年讲堂的昆曲演出。

为邵燕祥70寿辰作贺诗:"记否鸡鸣昼晦天,作诗把酒共陶然。书中自有忘忧草,阅历还宜享大年。"

2004年　82岁

4月,吴小如与林庚为张鸣写推荐信,帮助他解决职称问题。

冬,吴小如审读彭庆生论文《贞观诗歌系年考》,与林庚、程毅中共同向《燕京学报》推荐。《燕京学报》翌年初发表该文。

学生顾农撰写一篇2.5万字的《玄言诗初探》,不仅太长,而且观点与时下流行的意见有很大出入,找不到合适的地方发表。吴小如得知后一方面对此文提出若干具体意见,一方面以编委身份专门写信给《燕京学报》的主事编委,郑重推荐,使文章得以在该刊新十六期(2004年5月)刊出。顾农在文末特别声明:"本文承吴小如先生审阅后提出若干重要意见,已遵示修改,特此致谢!"

2005 年　83 岁

为学生袁良骏的《袁良骏学术争论集》题签。

5月,《吴小如戏曲随笔集》《吴小如戏曲随笔集续集》出版(天津古籍出版社)。第一本收入《台下人语》和《台下人新语》;第二本收入《菊坛知见录》《津门乱弹录》《看戏知见录》《看戏琐谈》《戏迷闲话》。

2006 年　84 岁

10月,《皓首学术随笔·吴小如卷》出版(中华书局)。

《吴小如戏曲随笔集补编》出版(天津古籍出版社)。

吴小如写了讽刺错别字现象的诗《丙戌上元戏成五律一首》:

"世事日蹊跷,太牢狌犴栖。舟沉遭破斧,鹤立愧群鸡。人我同家父,存亡共品题。洛滨思白傅,芳草正萋萋。"

2007 年　85 岁

应邀在中国人民大学讲《京剧的前途和命运》。

为《李汉秋振传统文化实录》题签。

3月28日,吴小如应邀为来北京学习考察的美国新墨西哥州大学师生讲中国戏剧史,讲授了京剧表演要素、京剧舞台上的孙悟空形象等内容,并为华侨黄温良分析了她幼年所看的未知剧名的戏,应为《奇双会》。

9月,《吴玉如手卷精品》出版(天津古籍出版社),吴小如在题词中赞道:"展读先君手泽,知与造化为邻。昔谓后无来者,今知前无古人。"

2008年　86岁

年初,上海东方电视台开办《梨园往事》栏目,吴小如受邀赴沪讲析。

1月,《吴小如讲孟子》出版(天津古籍出版社)。该书通过逐章讲解《孟子》全书,既尊重先贤讲疏而又有自家心得,语言易而简地阐发历史辩证法,并将之灵活而适切地运用于学术研究。

3月,带病为彭庆生《初唐诗歌系年考》一书作序。

指导中国人民大学谷曙光开设《文心雕龙》选修课。

北京大学中文系纪念吴组缃百年诞辰,于勺园开纪念会,吴小如在发言时痛批北京大学中文系学风。

8月,吴小如主编《中国文化史纲要》出版(北京大学出版社)。

因出版社乏人校对,吴小如自告奋勇,为已逝世二十余年的恩师严群校对200余万字的《严群文集》。

2009年　87岁

春,吴小如校对师兄卞慧僧45万字的《陈寅恪年谱长编》。

为袁良骏《张爱玲论》题签。

吴小如读汪少华《古诗文词义训示十四讲》后,撰写《学术规范应"守正"》,发表于《文史知识》2009年第1期。

7月,吴小如突患脑血栓。

8月《吴小如书法选》《吴小如录书斋联语》《吴小如手录宋词》

出版(天津古籍出版社)。

为学生谷曙光、刘宁、沈莹莹讲"杜诗",每周1次,共15次。

2010年　88岁

10月5日,妻子去世,享年80岁。

吴小如不慎摔倒,腿部骨折。

《绝版赏析》栏目筹备《小生三虎:姜妙香、俞振飞、叶盛兰》专题,请吴小如主讲。因意外受伤,吴小如未能完成录像。

2011年　89岁

在学生们的筹划下,北京大学出版社出版了《学者吴小如》。《学者吴小如》内容分为四个部分:《创发新意,金针度人》《唐碑晋字几人看》《先生教我怎样读书》《山高水长师生情》。此书集吴小如朋友、学生、研究者的数十篇文章,分别从学术贡献、书法艺术、教学成就、为人风范等几个方面对学者吴小如作全面介绍与评价。

2012年　90岁

9月《吴小如讲杜诗》出版(天津古籍出版社)。全书正文15讲,讲析杜诗名篇60首。讲析杜诗过程中,联类引发而及关于中国诗歌史与诗歌理论,如古典诗词中所谓豪放派与婉约派的真谛,唐诗与宋诗的关联及宋诗的特点,沉郁顿挫的精义,杜诗各篇的创新性与不可重复性,以及杜诗与李白、李贺、李商隐等在艺术风格上的迥异之点,皆有独得之见,此前杜甫研究者从未涉笔过,令人耳目一新。

北京大学出版社出版吴小如文集五本:《旧时月色(吴小如早年书评集)》《红楼梦影(吴小如诗友回忆录)》《看戏一得(吴小如戏曲

随笔)》《含英咀华(吴小如古典文学丛札)》《莎斋闲览(吴小如八十后随笔)》,比较全面地收录了吴小如各个时期、不同领域的著述。

2013 年　91 岁

《吴小如自书诗》(周退密、何满子、吴小如三老吟草)出版(中华书局)。

2014 年　92 岁

3 月,以《吴小如诗词选》获得首届《诗刊》"子曰"年度诗人奖,并出版《莎斋诗剩》。评委会评价:吴小如先生乃国学名家,学问精深,温厚儒雅,声誉卓著。他的诗词作品,历尽沧桑而愈见深邃,洞悉世事而愈见旷达,深刻地表现了饱经风雨的知识分子的人生感悟,展示了一位当代文人刚正不阿的风骨和节操。

5 月 11 日,因病辞世。

编 后 记

  2021年5月,我们编辑出版了《吴小如纪念文集》。如今,我们再次收集整理了近四年来发现的四十余篇缅怀、研究吴小如先生的文章,辑为《吴小如纪念文集(续编)》。四年来涌现出了数位年轻学者,他们怀着对小如先生的景仰,在工作之余,从小如先生的人品、学问、诗词、书法、戏曲等方面一一明确主题,认真探研,小心求证,为读者奉献了一批高质量的论文。

  《马的眼镜》(莫言)、《小如先生与戏》(赵珩)、《我与"莎斋"主人的过从》(陈子善)等文章皆为作者精心之作,但由于种种原因未能收入前集,此次我们予以一并收录,遗珠之憾,得以弥补。

  "书法莎斋旷世工,腹藏万卷一文宗。天生耿介无虚委,定论百年坦荡胸。"(韩嘉祥)

  感谢各位作者对我们的信任,感谢安徽文艺出版社以及责任编辑胡莉女士对此书顺利出版给予的支持!

编者
2025 年 5 月